다시, 새롭게

다시, 새롭게

지은이 | 이규현
초판 발행 | 2020. 6. 3
등록번호 | 제1988-000080호
등록된 곳 | 서울특별시 용산구 서빙고로65길 38
발행처 | 사단법인 두란노서원
영업부 | 2078-3352   FAX | 080-749-3705
출판부 | 2078-3331

책값은 뒤표지에 있습니다.
ISBN 978-89-531-3763-9 03230

독자의 의견을 기다립니다.
tpress@duranno.com   www.duranno.com

이규현
목사의
말라기

다시, 새롭게.

이규현

지음

40th 두란노

낡은 옷을 벗고
구태(舊態)의 흔적을 지우며

어려운 시대, 영적 혼탁함이 강하게 퍼져 나가고 있다. 그렇다면 이런 시기에 흔들리는 신앙의 세계를 바로잡는 일은 무엇일까? 신앙생활을 오래할수록 나타나는 이상한 증상들은 스스로를 실망하게 만든다. 과연 믿음이 깊어진다는 것은 어떤 것일까?

오래 믿어 온 사람에게서 느껴지는 어색함을 설명한다는 건 어려운 일이다. 죄성을 가진 인간에게 찾아오는 것 중 하나는 변질이다. 사실 변화는 어렵고 변질은 친숙하다. 누구나 출발은 좋다. 시작점에서는 순수함이 있고 진실된 열정도 있다. 그런데 시간 가운데서 자주 경직되고 쇠퇴되어 가는 신앙을 발견하게 된다.

첫사랑은 언제나 아름답고 순수하다. 문제는 첫사랑의 변질이다. 주님은 에베소교회를 향해 첫사랑을 회복하라고 하셨다. 자신도 모르는 사이 신앙이 시들시들해진다. 내용은 사라지고 껍데기만 수북하게 쌓여 구태를 반복하게 된다. 종교화되고 의식화되어 가다 보면 냉랭한 수행만 남는다. 사랑은 식어버리고 의무만 남아 있는 부부관계는 불행하다. 친밀한 교제가 끊어지고 거래만 오가는 상업적인 하나님과의 관계에서는 기대할 것이 없다.

변질은 서서히 찾아온다. 대개는 자신의 변질을 눈치 채지 못한다. 사실 끊임없는 영적 갱신이 없으면 변질의 속도를 막을 수 없다. 그러므로 말씀의 거울 앞에 서서 치열한 자기 응시를 놓치지 말아야 한다. 영적 타락(墮落)

도 무섭지만 영적 타성(惰性)은 더 무섭다.

말라기서는 굳어질 대로 굳어진 종교적 위선을 고발한다. 지금 우리는 시대의 끝 지점에서 드러난 여러 가지 영적 폐해로 몸살을 앓는 실상을 바라보고 있다. 말라기서를 읽다 보면 깜짝 놀라게 된다. 2,400년 전의 상황과 오늘이 너무 닮아 있기 때문이다. 마치 현재의 상황을 들여다보고 있는 것 같다는 착각이 든다.

말라기서에는 경고들이 나온다. 누구든 경고는 피하고 싶어 한다. 그러나 꼭 들어야 한다. 경고를 들어야 할 일차적 대상은 영적 지도자들이다. 지도자가 타락하면 모든 것이 끝이다. 거룩한 곳이 더러워지면 속수무책으로 무너질 수밖에 없다. 백성도 예외는 아니다. 위기 가운데 빠져 있다. 돌아보면 총체적 난국이다. 과연 우리에게 영적 복원력이 있는지 묻고 싶다.

그렇다고 해서 길이 없는 것은 아니다. 그 길은 멀리 있지도 않다. 바로 성경 안에 길이 있다. 돌이키면 된다. 온전히 돌이키면 산다. 하나님에게로 돌아가면 산다. 성경은 끊임없이 돌이키라는 음성으로 가득 차 있다.

그가 아버지의 마음을 자녀에게로 돌이키게 하고 자녀들의 마음을 그들의 아버지에게로 돌이키게 하리라 돌이키지 아니하면 두렵건대 내가 와서 저주로 그 땅을 칠까 하노라 하시니라 **말 4:6**

회개가 답이다. 돌이키라는 명령은 경고이지만 사랑의 초청이다. 말라기서는 거칠어 보이지만 하나님의 애정 어린 심정이 곳곳에 묻어나 있다. 우리는 어디서부터 곁길로 빠지게 되었는지 확인해야 한다. 하나님은 언제나 기다리고 계신다. 누가복음 15장에 나오는 둘째 아들을 기다리는 아버지에게서 애타게 기다리시는 하나님을 만난다. 회복을 기다리시는 분은 하나님이다. 하나님은 새로운 출발을 기다리신다.

이 책은 읽기에 편한 내용이 아니다. 불편한 내용이 많다. 또한 성도들과 직접적으로 부딪히기에 까다로운 주제가 등장한다. 신앙의 본질을 다루고 있는 말라기서의 말씀은 우회적이지 않고 선명하다. 우리는 본질로 돌아가야 한다. 새로워지는 것은 본질의 회복이다. 경고의 메시지로 말미암아 때로는 아픔을 느낄 수도 있다. 아픔을 느낀다면 소망이 있는 것이다. 책을 읽는 동안 자신에게서 신음소리가 나온다면 다행인 일이다. 과거의 실패가 끝이 아니다. 직접 실패를 보지 못하는 것이 끝이다. 진단이 중요하다. 진단하는 순간, 치유의 작업은 시작된다. 비정상을 정상으로 돌려놓아야 살 수 있다. 이 책에서 그 길을 찾아야 한다.

이 책의 출판을 위해 수고한 이들에게 감사를 표하고 싶다. 언제나 좋은 책을 펴내기 위해 수고하는 두란노에 감사하고, 수영로교회의 편집팀과 김나빈 목사에게도 감사를 전한다. 어두운 시대에 좀 더 깨어 있기를 갈망하는 모든 분에게 이 책이 조금이라도 기여할 수 있기를 바라는 마음이 간절하다.

해운대에서

이규현 목사

다시, 새롭게

차례

" Part 1 ,

기본을

새롭게.

1

나의 사자여, 들으라

"

"

1 여호와께서 말라기를 통하여 이스라엘에게 말씀하신 경고라
———— **말라기 1:1**

말라기서는 구약의 마지막 책으로, 여기서 말라기는 '나의 사자' '나의 특사' '나의 메신저'라는 뜻입니다.

말라기가 사람의 이름이라는 견해가 많지만, 말라기가 사람의 이름인가 아닌가는 그리 중요하다고 생각하지 않습니다. 우리는 그저 하나님이 무슨 말씀을 하시는가에 대해 집중해야 합니다.

말라기서의 시대적 배경은 기원전 430~460년경으로 에스라서와 느헤미야서, 에스더서와 비슷할 거라고 추정됩니다. 말라기 선지자는 학개나 스가랴 이후 에스라, 느헤미야와 비슷한 시기에 활동한 것으로 보입니다. 시대적 상황은 바벨론 포로 귀환 이후 성전이 완공되고 세월이 어느 정도 흘렀던 때인 것 같습니다.

학개서와 스가랴서를 보면 당시 이스라엘 백성이 힘들게 성전을 지었음을 알 수 있습니다. 그들은 바벨론에서 돌아와 갈망하던 성전을 지었습니다. 그러나 시간이 흐르면서 그 영적 열기는 차츰 식어 갔습니다. 말라기서는 이런 시대에 쓰여졌습니다.

─────── **하나님과의 관계가 무너지다**

당시 이스라엘 백성은 종교에 불만을 느꼈고, 제사장들은 타락했습니다. 지도자와 백성이 함께 불순종하는 일이 공공연히 일어났습니다. 더 큰 문제는 이스라엘 백성이 자신들의 실상을 보지 못했다는 것입니다. 무엇이 문제인지 제대로 인식하지 못하는 것이 가장 위험한 일입니다.

예배가 없었던 것이 아닙니다. 그들은 늘 예배를 드렸습니다. 이스라엘 백성의 가장 근본적 문제는 하나님과의 관계가 무너졌다는 것이었습니다. 말라기는 잘못된 행동을 지적했지만 이스라엘 백성은 자신들의 잘못이 무엇인지 몰랐습니다. 이것은 영적 무감각증입니다. 표면적으로는 문제가 전혀 없어 보이지만 사실속은 곪을 대로 곪아 있었습니다.

병명을 알지 못하면 병을 치료하기가 어렵습니다. 암에 걸렸다는 의사의 말을 받아들이지 않는다면 어떻게 되겠습니까? 환자가 자신의 병을 인정하지 않고, 수술을 거부하고, 약도 먹지 않고, 오히려 의사를 향해 냉소적 태도로 일관한다면 그는 절대 병을 고칠 수 없습니다.

말라기서는 영적 냉소주의로 가득합니다. 오늘날 우리의 신앙을 진단하는 데 있어 말라기서는 매우 중요한 책입니다. 2,400여년 전의 상황이지만, 오늘날 상황과 비슷합니다. 말라기서를 읽다 보면 현재 우리의 모습을 보는 듯합니다. 구약시대에 일어난 일이 오늘날 그대로 재연되는 것에 놀라지 않을 수 없습니다.

과거는 현재와 연결되어 있으므로 우리는 과거의 역사를 통해 오늘날 자신의 모습을 살펴보아야 합니다. 이처럼 말라기서는 신앙의 핵심과 본질, 기초, 근본 등을 다루고 있습니다.

하나님은 말라기 선지자를 통해 이스라엘 백성에게 필요한 메시지를 전하게 하셨습니다. 본문 말씀은 말라기서의 서론에 해당합니다. 말라기서에는 경고가 많이 나오는데, 경고는 혹독하므로 들으면 기분이 좋지 않습니다. 그러나 경고는 반드시 필요합니다. 듣는 것은 어렵지만 경고에는 우리가 사는 길, 축복의 길, 은혜의 길이 있습니다. 경고를 들어야 살 수 있습니다.

────── **하나님이 이스라엘을 향해 경고하시다**

하나님은 이스라엘 백성에게 어떤 경고를 하셨습니까?

첫째, 경고는 이스라엘 백성의 처한 현실을 있는 그대로 보여 줍니다. 상태가 심각하다는 것을 알려줍니다. 더 이상 기다릴 수 없을 때 경고합니다. 거의 끝 지점에 다다랐을 때 경고합니다. 경고하지 않으면 큰일이 날 수 있기 때문입니다. 상태가 그만큼 심각하다는 뜻입니다.

십자가를 대할 때 처음부터 굿 뉴스로 받아들이기는 어렵습니다. 사실 십자가 자체가 경고입니다. 십자가 앞에서 우리는 가장 먼저 자신의 죄를 발견하게 되는데, 십자가에 가까이 갈수록 그 죄가 선명해집니다. 반면 십자가가 없으면 죄는 드러나지 않습니다. 도리어 감추어집니다.

십자가 앞에 서면 당혹스럽습니다. 죄의 실체가 드러나 자신이 얼마나 심각한 죄인인지 알려주기 때문입니다. 그래서 사람들은 십자가를 거부합니다. 십자가가 죄를 고발하기 때문입니다.

성령은 죄를 드러내고, 아픈 곳이 드러나면 치유가 시작됩니다. 죄를 드러내는 것이 경고입니다. 죄의 실상을 드러내는 경고를 통해 우리는 무엇이 문제인지 알 수 있습니다. 그런 점에서 경고는 유익합니다.

둘째, 경고는 직설적입니다. 말라기서에서는 원색적인 단어를 써서 빙빙 둘러대지 않고 직설적으로 경고합니다. 경고는 분명해야 하기 때문입니다. 그러다 보니 화법이 직설적일 수밖에 없습니다. 이것이 경고의 역할입니다.

의사가 환자의 몸에서 암을 발견하고 충격 받을 환자가 걱정스러워 미화하거나 둘러대며 시간을 끈다면 어떻게 되겠습니까? 환자가 위험해집니다. 환자가 충격을 받을 수도 있지만 의사는 둘러말하지 말고 사실대로 말해야 합니다. 병에 대해 정확히 말해주고 환자를 살릴 길을 찾아야 합니다.

흡연자들은 담배를 피울 때마다 담뱃갑에 적힌 경고 문구를 보게 됩니다. 담뱃갑에는 폐암을 비롯해 흡연하면 걸리는 여러 가지 병에 대해 적혀 있습니다. 금연학교에 가면 폐가 썩어 가는 것을 보여줍니다. 이것은 모두 경고입니다. 경고는 부드럽게 하면 효과가 없습니다. 죽을 수도 있다고 강하게 말해야 합니다.

셋째, 경고는 되돌리는 것이 목적입니다. 이스라엘 백성은 하나님의 언약 백성이며, 하나님이 특별히 선택하신 백성입니다. 하나님은 언약을 신실하게 지키셨지만 이스라엘 백성은 하나님과의 언약을 깨뜨렸습니다. 그래서 경고는 그들을 돌이키는 데 목적이 있습니다. 본래의 자리로 돌아가라는 것입니다.

─────── **본래의 자리로 돌아가라**

역사는 항상 반복됩니다. 처음에는 신선하지만 세월이 흐르면 변질됩니다. 세월이 흐르면 뜨겁게 사랑했던 부부의 사랑도 변질됩니다. 사업하는 사람도, 직장에서 일하는 사람도 처음에는 각오가 대단합니다. 그러나 첫 마음을 유지하는 것이 참 어렵습니다.

신앙의 뜨거움을 끝까지 유지할 수 있다면 얼마나 좋겠습니까! 처음 예수님을 믿었을 때의 감격과 순수함을 지킬 수 있다면 얼마나 좋겠습니까! 그러나 어느 순간 신앙도 왜곡됩니다. 변질 됩니다. 타락합니다.

이스라엘은 모든 영역에서 총체적으로 무너졌습니다. 이런 일이 한순간에 일어났을까요? 아닙니다. 이스라엘은 서서히 무너졌습니다. 처음에는 죄를 알았지만 나중에는 그것이 죄라고 인식하지 못했습니다. 처음에는 알맹이가 있었는데, 나중에는 껍데기만 남았습니다. 그래서 불신앙의 삶이 문화가 되고, 삶의 패턴이 되었습니다. 이것이 변질입니다.

역사 가운데 신앙인이 가졌던 슬로건이 있습니다. 라틴어로 '아드 폰테스'(Ad Fontes)라고 하는데, '근본으로 돌아가자' '기본으로 돌아가자'라는 뜻입니다. 이것이 말라기서의 주제입니다. "근본으로 돌아가자"는 종교개혁자들이 외친 구호이기도 합니다. 잘못된 곳으로 왔으니 본래의 자리로 돌아가자는 것입니다.

마르틴 루터(Martin Luther)는 "성경으로 돌아가자"라고 외쳤습니다. 무너지고 망가졌다면 본래의 자리로 돌아가야 합니다. 답은 멀리 있지 않고 가까운 곳에 있습니다. 이것이 우리가 살 길입니다.

경고의 목적은 처음 출발한 자리로 돌아가게 하는 것입니다. 가장 순수했고 뜨거웠던 신앙의 처음 순간으로 돌아가는 은혜가 있어야 합니다. "하나님, 제가 변했습니다. 빗나갔습니다. 본질에서 벗어났습니다. 그러니 처음의 모습을 되찾게 해주세요. 기본으로 돌아가게 해주세요. 본래의 모습으로 돌아가게 해주세요"라고 기도해야 합니다.

하나님이 경고하신 이유는 무엇일까요? 심판이 있기 때문입니다. 심판은 반드시 있습니다. 하나님은 악을 그냥 두지 않으시며, 대충 다루지도 않으십니다. 초림(初臨) 예수님은 구원자이시고, 재림(再臨) 예수님은 심판주이심을 기억해야 합니다.

성경에 보면 하나님의 심판은 에덴동산에서부터 시작되었습니다. 그리고 하나님의 심판은 시대마다 있었습니다. 심판이 없다면 기독교의 메시지는 의미가 없습니다. 기독교는 아무것도 아닙니다. 심판이 없다면 그냥 살던 대로 살면 됩니다. 구속받을 이유가 하나도 없으니 마음대로 살면 됩니다.

심판이 없다면 기준도 없습니다. 십자가는 죄에 대한 기준입니다. 하나님의 인내가 끝나고 하나님이 악에 대해 심판하실 날은 반드시 옵니다. 심판은 두려운 것이며, 하나님의 심판은 혹독합니다. 상상을 초월하는 일이 일어납니다. 뒤집혔던 것이 바로잡히는 날이 올 것입니다. 그러므로 하나님의 경고를 받는 자는 반드시 돌이켜야 합니다.

오늘날 죄가 만연한 이유는 무엇일까요? 심판에 대해 무지하기 때문입니다. 우리는 하나님의 심판을 가볍게 여겨선 안 되며, 죄에 대해 민감해야 합니다. 경고는 하나님의 심판을 알리는 것으로, 하나님은 죄에 대해 반드시 다루십니다. 이것이 말라기서가 우리에게 주는 엄중한 메시지입니다.

다시, 새롭게

말라기서는 누구에게 주어졌습니까?

이스라엘에게 말씀하신 경고라 **말 1:1**

하나님은 이방 나라가 아니라 하나님의 백성에게 경고하셨습니다.

이스라엘 백성은 하나님의 특별한 사랑을 받았습니다. 하나님의 사랑을 받은 민족은 하나님이 책임지시는 민족이라는 뜻입니다. 특권과 책임은 붙어 다니기 때문에 이스라엘 백성은 아무렇게나 살면 안 되었습니다.

오늘날 신자는 영적 이스라엘입니다. 그러므로 하나님은 신자들을 그냥 두지 않으십니다. 하나님이 우리 삶을 간섭하신다는 것은 축복입니다. 그리스도 안으로 돌아온 이후 우리는 하나님의 간섭하심을 끊임없이 경험합니다. 하나님은 내버려두지 않고 어떤 방식으로든 그분의 백성을 다루십니다.

하나님의 경고는 그분의 관심과 사랑의 표현입니다. 이 경고에는 자비를 베푸시려는 하나님의 의도가 내포되어 있습니다. 그러므로 경고는 증오가 아니라 사랑입니다. 사랑하지 않으면 경고할 것도 없습니다. 심판만 있을 뿐입니다. 하나님이 경고하시는 것은 심판하지 않겠다는 뜻이기도 합니다. 가장 무서운 심판은 내버려두는 것, 유기(遺棄)입니다.

또한 그들이 마음에 하나님 두기를 싫어하매 하나님께서 그들을 그 상실한 마음대로 내버려 두사 합당하지 못한 일을 하게 하셨으니 **롬 1:28**

하나님은 아무에게나 경고하지 않으십니다. 그러므로 영적 이스라엘인 우리를 향한 하나님의 경고를 듣기 바랍니다. 말라기 선지자가 외친 메시지를 통해 우리의 신앙이 왜곡된 것을 발견하기 바랍니다.

이 말씀을 통해 우리의 신앙을 진단해야 합니다. 진단하면 그에 대한 해결책을 발견할 수 있습니다. 사실 어떤 말씀은 듣기 거북할 수도 있습니다.

'듣고 싶다' '듣고 싶지 않다'는 중요하지 않습니다. 들어야 하는 말씀을 듣는 것이 중요합니다. 말라기 선지자의 입장에서 생각해 보면 하나님의 경고 메시지를 전하는 건 부담스러운 일입니다. 누구든 듣기 좋아하는 것을 이야기하기 원하기 때문입니다.

———— **메시지 속에 답이 있다**

말라기 선지자의 역할은 무엇입니까? 하나님의 말씀을 대언하는 것입니다. 선지자는 자신이 말하고 싶은 것을 얘기하는 것이 아니라 하나님의 말씀을 전해야 합니다. 하나님의 말씀을 전하는 것이 선지자의 사명입니다. 그런데 이것은 쉬운 일이 아닙니다. 칭찬하고 위로하는 메시지를 전하는 것은 쉽지만 경고와 심판의 메시지를 전하는 것은 어렵기 때문입니다.

다시, 새롭게

소선지서를 보면 심판을 외치는 것이 선지자들의 사명이었습니다. 그래서 선지자의 설교를 좋아하는 사람은 단 한 사람도 없었습니다.

선지자가 하나님의 경고를 전하려면 어떻게 해야 합니까? 하나님의 분노에 공감해야 합니다. 선지자는 이스라엘 백성을 바라보며 분노해야 합니다. 이스라엘 백성 때문이 아니라 그들의 죄때문에 분노해야 합니다. 그러나 분노로만 끝나서는 안 됩니다. 하나님은 심판 가운데서도 긍휼을 베푸시는 분이기 때문입니다.

선지자도 마찬가지입니다. 선지자가 심판을 외쳐도 마음속으로는 울고 있습니다. 백성들에 대한 안타까움 때문입니다. 그런 점에서 어두운 시대에 활동한 선지자들은 슬픔을 머금은 사역자였습니다.

여호와여 내가 주께 대한 소문을 듣고 놀랐나이다 여호와여 주는 주의 일을 이 수년 내에 부흥하게 하옵소서 이 수년 내에 나타내시옵소서 진노 중에라도 긍휼을 잊지 마옵소서 **합 3:2**

하나님께 '진노 중에라도 긍휼을 잊지 말라'고 구했던 하박국처럼 선지자는 무거운 짐을 진 채 자신의 사명을 다해야 합니다. 오늘날에도 이런 선지자가 절실히 필요합니다. 경고의 나팔을 부는 한 사람으로 말미암아 수많은 사람이 살아날 수 있기 때문입니다. 경고의 나팔을 부는 사람이 한 사람도 없다면 모두 죽을 수밖에 없습니다.

선지자는 하나님으로부터 말씀을 받아 전할 때 자신의 생각을 가미해서도 안 되고, 자신의 생각을 강하게 드러내서도 안 됩니다. 자신의 생각을 말하려는 것을 자제해야 합니다.

본문은 하나님이 일하시는 방식에 대해 말씀합니다. 하나님은 메신저인 말라기를 세워 말씀하시고자 하는 것을 전하셨습니다. 이처럼 하나님은 시대마다 그분의 종들을 세우고 그분의 말씀을 전하게 하십니다. 지금 하나님은 말라기를 통해 그분의 말씀을 전하고 계십니다.

말씀을 받은 사자들은 하나님의 말씀을 그냥 삼켜버리면 안 됩니다. 사람들이 듣든 듣지 않든 그 말씀을 하나님의 백성들에게 넘겨주어야 합니다. 그러면 하나님의 백성은 그분의 뜻을 알 수 있습니다.

하나님은 시대마다 말씀의 종들을 부지런히 보내 백성들과 소통하십니다. 하나님이 시대마다 주시는 메시지가 있습니다. 구약의 마지막 책인 말라기를 통해 주시는 메시지가 있고, 신약의 마지막 책인 요한계시록을 통해 주시는 메시지가 있습니다.

예수 그리스도의 계시라 이는 하나님이 그에게 주사 반드시 속히 일어날 일들을 그 종들에게 보이시려고 그의 천사를 그 종 요한에게 보내어 알게 하신 것이라 **계 1:1**

하나님은 요한에게 하늘의 계시를 보내셨는데, 위기의 시대에 그를 통해 백성들에게 말씀하셨습니다. 요한에게 속히 일어날 일들에 대한 말씀을 맡겨 알려주셨습니다. 중요한 것은 하나님이 전하기 원하시는 메시지 속에 그 답이 있다는 사실입니다.

─── 어디서 돌이켜야 하는가?

하나님이 말씀하셨다는 것은 우리를 사랑하신다는 뜻으로, 하나님의 말씀을 듣는 자가 복 있는 사람입니다. 그러므로 우리는 하나님의 말씀에 귀를 기울여야 합니다. 전하는 자가 있어도 듣지 않는다면 소용없습니다. 신앙은 듣는 것에서부터 시작합니다. 듣는 것이 쉬운 것 같아도 결코 쉽지 않습니다.

말씀 듣는 것을 소홀히 하면 신앙에 실패합니다. 우리는 고집 때문에 잘 들으려고 하지 않는데, 자기 방식대로 살고 싶어 하는 고집, 하나님의 간섭을 받지 않으려는 속성 때문입니다.

교만이 무엇입니까? 말씀에 대해 귀를 닫는 것입니다. 귀를 닫는 것은 완악함을 뜻합니다. 특히 소신이 강한 사람은 조심해야 합니다. 자기소신이 강하면 그것이 하나님의 말씀을 듣는 귀를 닫아버립니다. 교만한 사람은 참된 교훈을 받지 않으려고 합니다. 교만한 사람은 손으로 귀를 막아버립니다. 지금 하나님의 말씀이 잘 들리지 않는다면 그것은 교만하다는 뜻입니다.

사람들이 왜 망합니까? 교만 때문에 망합니다. 교만은 가장 치명적인 죄로 교만한 사람은 자신이 높아진 것으로 끝내지 않습니다. 하나님을 버립니다. 하나님을 자신의 중심에서 밀어내버립니다. 교만한 사람은 하나님께 복종하지 않습니다. 교만은 죄의 본질입니다.

육신의 생각은 하나님과 원수가 되나니 이는 하나님의 법에 굴복하지 아니할 뿐 아니라 할 수도 없음이라 **롬 8:7**

하나님의 말씀을 경청하고 그 말씀에 굴복하는 것이 신앙의 핵심입니다. 하나님의 말씀을 잘 들으면 무엇이 문제인지 보입니다. 실체가 모두 드러나기 때문입니다. 하나님의 말씀을 들으면 눈이 열립니다. 영안이 열립니다. 모든 문제의 답이 보입니다. 살 길이 열립니다.

기본으로 돌아감은 말씀으로 돌아가는 것입니다. 하나님께 돌아감은 말씀으로 돌아가는 것입니다. 하나님의 경고에 귀를 기울이는 것입니다. 경고는 돌이키는 것입니다. 살 길을 알려주시는 하나님의 음성에 귀를 기울이면 살 길이 열립니다.

말라기서를 살펴보는 가운데 우리는 자신이 어디서 무너졌는지, 어디서 돌이켜야 하는지 발견해야 합니다. 말라기서는 죄의 본질을 깊이 있게 다루고 있습니다. 이 말씀을 통해 하나님이 우리를 놀랍게 회복시켜 주실 것입니다.

하나님의 경고를 피하지 않고 하나님의 말씀으로 듣는 귀가 있는 사람은 복이 있습니다. 하나님의 음성에 귀를 기울일 때 하나님은 우리를 놀랍게 회복시켜 주십니다. 그러므로 우리는 먼저 자신의 문제를 분명하게 확인하고, 어디서 돌이켜야 하는지 정확히 발견해야 합니다.

말라기 선지자를 통해 주신 하나님의 경고를 저주가 아니라 우리를 살리기 원하시는 하나님의 사랑의 음성으로 듣기를 바랍니다. 그러기 위해선 하나님의 경고를 거부해서는 안 됩니다. 하나님의 경고를 통해 그분의 사랑과 따뜻한 마음을 느껴야 합니다. 하나님의 말씀에 기꺼이 반응해야 합니다. 하나님의 말씀 앞에서 결단해야 합니다. 순종해야 합니다. 그러면 우리의 인생을 회복시켜 주시는 놀라운 하나님의 역사가 있을 것입니다.

2

사랑의 위기

2 여호와께서 이르시되 내가 너희를 사랑하였노라 하나 너희는 이르기를 주께서 어떻게 우리를 사랑하셨나이까 하는도다 나 여호와가 말하노라 에서는 야곱의 형이 아니냐 그러나 내가 야곱을 사랑하였고

3 에서는 미워하였으며 그의 산들을 황폐하게 하였고 그의 산업을 광야의 이리들에게 넘겼느니라

4 에돔은 말하기를 우리가 무너뜨림을 당하였으나 황폐된 곳을 다시 쌓으리라 하거니와 나 만군의 여호와는 이르노라 그들은 쌓을지라도 나는 헐리라 사람들이 그들을 일컬어 악한 지역이라 할 것이요 여호와의 영원한 진노를 받은 백성이라 할 것이며

5 너희는 눈으로 보고 이르기를 여호와께서는 이스라엘 지역 밖에서도 크시다 하리라

———— 말라기 1:2-5

말라기서는 경고와 책망을 담고 있기 때문에 하나님이 무섭게 말씀하실 것 같습니다. 하지만 하나님은 "내가 너희를 사랑하였노라"고 말씀하셨습니다. 먼저 이스라엘을 향한 하나님의 사랑을 확인시켜 주셨습니다.

하나님이 "너희를 사랑한다"고 말씀하신 이유는 그것이 그분의 본심이기 때문입니다. 하나님은 이스라엘 백성을 책망하셨지만, 그들을 사랑하는 것이 하나님의 본심임을 나타내셨습니다. 하나님은 사랑이십니다. 사랑은 하나님의 본성이요 본질입니다. 심판이 아니라 이스라엘 백성의 회복을 원하셨기에 하나님은 책망하기 전 사랑을 말씀하셨습니다.

하나님과 이스라엘 백성은 어쩌다 알게 된 관계가 아닙니다. 언약의 관계입니다. 하나님은 그들과 언약을 맺으셨는데, 이것은 결혼관계와 같습니다. 그래서 하나님은 이스라엘 백성이 음행하고 우상숭배하는 것을 싫어하셨습니다.

야곱이 잘나서 하나님이 그를 사랑하신 것은 아닙니다. 하나님은 일방적으로 야곱을 택하고 그를 사랑하셨습니다. 이는 하나님의 무조건적인 사랑입니다. 하나님은 그분의 편에서 언약을 맺거나 일방적으로 언약을 파기하시는 분이 아닙니다. 반드시 그 언약을 지키십니다.

그런데 이스라엘 백성의 반응이 어떠했습니까? 그들은 "주께서 어떻게 우리를 사랑하셨나이까"라고 반문했습니다. 말라기서를 보면 많은 질문이 보입니다. 이스라엘 백성은 하나님께 자신들을 사랑하시는지 따지듯 물었습니다. 그들은 하나님의 말씀을 그대로 받아들이지 못하고, 도리어 사랑을 의심했습니다.

하나님의 사랑을 의심하는 사람은 세상에서 가장 불행한 사람입니다. 그런데 왜 이런 일이 일어났을까요? 하나님이 사랑하신다는 것보다 자신들이 처한 현실을 주목하기 때문입니다.

─────── **구체적 증거를 요구하다**

바벨론에서 돌아온 이스라엘 백성이 처한 현실은 너무 열악했습니다. 그들은 성전을 재건했지만, 이전의 성전과 비교하면 초라하기 그지없었습니다. 그리고 그들이 처한 상황은 자신들이 꿈꿨던 것과 달랐습니다.

조국으로 돌아오면 형편이 풀릴 거라고 생각했는데, 현실은 그렇지 못했습니다. 이런 현실에 그들은 좌절했고 절망했고 넘어졌습니다. 당시 이스라엘로 돌아온 백성들은 '하나님이 사랑하신다면 오늘 우리는 왜 이 모양, 이 꼴인가'라고 생각했을 것이고, 자신들이 처한 상황에 크게 실망했을 것입니다.

이스라엘 백성에게는 하나님이 사랑하신다는 증거가 전혀 보이지 않았습니다. 그러다 보니 이전에 바벨론에서 포로로 있었던 때가 더 나았다고 생각하는 사람도 있었을 것입니다. 그들은 포로였지만 바벨론 문명의 화려함 가운데서 부스러기라도 먹고 살았던 때가 더 나았다고 생각했을 수 있습니다.

바벨론의 포로로 붙잡혀 갔다가 돌아온 이스라엘 백성은 그곳의 화려함을 보았습니다. 세상의 맛을 경험했습니다. 하나님이 계시지 않는 것 외에는 바벨론에서 지내던 때가 오히려 더 살 만했다고 느꼈을 그들은 하나님이 정말 자신들을 사랑하신다면 구체적인 증거를 보여 달라고 요구했습니다.

이는 광야에 있던 이스라엘 백성의 모습과 비슷합니다. 광야에서 가나안으로 들어가기 전 그들은 애굽에서의 기억을 계속 떠올렸습니다.

> 나 여호와가 말하노라 에서는 야곱의 형이 아니냐 그러나 내가 야곱을 사랑하였고 에서는 미워하였으며 그의 산들을 황폐하게 하였고 그의 산업을 광야의 이리들에게 넘겼느니라 **말 1:2-3**

하나님은 이스라엘 백성에게 야곱을 사랑하기로 선택했다고 답변하셨습니다. 야곱에게 사랑받을 만한 자격이 있어서, 에서의 조건보다 야곱의 조건이 나아서 야곱을 사랑하신 것은 아닙니다. 하나님은 무조건적으로 야곱의 하나님이 되기로, 야곱을 편들어 주기로 작정하셨습니다.

힘들고 어려웠지만 이스라엘 백성이 죽지 않고 여기까지 온 것은 하나님이 그들의 편이 되어주셨기 때문입니다. 여기서 시각의 차이를 발견합니다. 이스라엘 백성은 뭔가 잘 풀리지 않는다고 생각했습니다. 포로 생활을 하며 고생하다가 이제야 돌아왔는데, 나아진 것이 전혀 없었습니다. 하나님을 믿지 않는 민족이 오히려 더 잘 사는 것처럼 보였던 것입니다.

신자로 살아가는 우리도 이와 비슷하게 생각할 때가 있을 것입니다. 삶을 돌아보면 이전보다 나아진 것이 없는 듯합니다. 하나님은 사랑한다고 말씀하시지만, 삶에서 그 사랑을 느낄 수 없습니다. 예수님을 믿지 않는 사람들이 나보다 더 행복해 보입니다.

현실이 마음에 들지 않으면 하나님에 대한 반감이 생깁니다. 신앙생활이 도대체 무엇인가 생각하게 됩니다. 불신자들이 자기 마음대로 사는 것이 부럽습니까? 그것을 자유라고 생각합니까? 하나님의 백성들에게 주어진 율법을 구속이라고 생각합니까? 하나님이 묻고 계십니다.

본문에 보면 하나님은 에서를 미워했다고 말씀하셨습니다. 하나님은 에돔 족속을 쓰러뜨리고 망가뜨리셨습니다. 그들이 아무리 쌓아올려도 하나님은 다시 무너뜨리겠다고 말씀하셨습니다. 겉보기에 대단해 보였던 그들은 망하는 길로 가고 있었습니다.

하나님은 에서가 부러우냐고 물으십니다. 이는 세상에서 번성하는 것을 성공이라고 여기는지 물으신 것입니다.

─────── **영원한 구원으로 이끄는 간섭하심**

성경에서는 자신의 힘으로 잘 먹고 잘 사는 것을 복이라고 하지 않습니다. 하나님 없는 성공을 성공이라고 하지 않습니다. 하나님이 손 들어주시지 않는 인생에 펼쳐진 것들 가운데 우리가 부러워할 만한 것은 하나도 없습니다. 하나님이 내버리신 인생을 보며 자유로운 인생이라고 오해해서는 안 됩니다.

신자는 하나님의 간섭을 피곤하게 느낄 때가 있습니다. 그러나 하나님의 손에 붙잡혀 사는 것이 큰 복입니다. 간섭하시는 것은 하나님이 우리를 사랑하고 책임지신다는 뜻입니다. 하나님의 백성답게 살도록 하나님이 이끄신다는 뜻입니다.

하나님 안에서 사는 것이 복인 줄 모르는 사람은 원망하고 불평합니다. 신앙생활을 하면서 세상의 것을 부러워하는 사람은 하나님 안에서 누리는 축복이 무엇인지 알지 못하는 것입니다.

이스라엘 백성은 하나님께 '무엇이 사랑입니까, 우리는 그 사랑을 느낄 수 없습니다'라고 불평했습니다. 그러나 우리는 눈앞에 일어난 현상과 조건만으로 하나님의 사랑을 판단해서는 안 됩니다.

하나님은 때때로 우리를 간섭하고 징계하십니다. 우리는 하나님의 간섭이 귀찮게 느껴질 때도 있습니다. 그러나 하나님의 징계와 간섭은 우리를 영원한 구원으로 이끄시는 하나님의 손길임을 기억해야 합니다.

만약 예수님을 믿지 않았다면 우리는 어떻게 되었을까요? 하나님이 우리 삶에 끊임없이 개입하지 않으셨다면 우리는 어떻게 되었을까요? 하나님 없는 삶에서 부귀영화를 누린들 그것이 복이라고 할 수 있겠습니까!

우리는 조건적으로 하나님을 만나지만 언약의 하나님은 우리를 조건적으로 대하지 않으십니다. 우리를 향한 하나님의 사랑은 변함이 없으십니다. "내가 너희를 사랑하였노라"는 말씀을 히브리어로 살펴보면 '계속'이라는 의미를 갖고 있습니다. 즉 '옛날에도 내가 너희를 사랑했고, 지금도 내가 너희를 사랑하고, 앞으로도 내가 너희를 사랑할 것이다'라는 뜻입니다.

과거 하나님은 이스라엘 백성에게 어떻게 사랑을 베푸셨습니까? 하나님은 애굽의 종 되었던 이스라엘 백성을 사랑하셔서 그들의 조상에게 하신 맹세를 지키기 위해 바로의 손에서 건져내셨습니다(신 7:8). 그리고 70년간 포로로 있던 이스라엘 백성을 바벨론에서 이끌어내셨습니다(렘 31:3).

하나님의 사랑은 영원합니다. 사라질 것 같아도 사라지지 않습니다. 하나님은 바벨론의 포로로 잡혀 있던 이스라엘 백성을 다시 일으키셨습니다. 430년간 종살이하던 그들을 애굽에서 이끌어내셨습니다.

사라질 것 같고 죽을 것 같고 망할 것 같았지만 하나님은 사라지지 않게 하고 죽지 않게 하고 망하지 않게 하고 이끌어내셨습니다. 재가 되어 없어질 것 같았는데, 하나님은 그 속에서 순이 돋아나게 하셨습니다.

──── 위기가 찾아오는 때

이스라엘 백성은 하나님의 사랑을 망각했습니다. 왜 하나님의 사랑을 느끼지 못했던 걸까요?

> 오직 너는 스스로 삼가며 네 마음을 힘써 지키라 그리하여 네가 눈으로 본 그 일을 잊어버리지 말라 네가 생존하는 날 동안에 그 일들이 네 마음에서 떠나지 않도록 조심하라 너는 그 일들을 네 아들들과 네 손자들에게 알게 하라 **신 4:9**

이 말씀에는 세 가지 원인이 나옵니다. 첫째, 눈으로 본 하나님

다시, 새롭게

의 역사를 잊어버리지 말라고 했습니다. 둘째, 생존하는 동안 그것이 마음에서 떠나지 않도록 조심하라고 했습니다. 셋째, 자손들에게 그것을 알게 하라고 했습니다. 현재에 일어난 일에만 몰두하여 불만을 느끼면서 하나님이 사랑으로 행하신 일을 잊어버리면 안 된다는 뜻입니다.

이스라엘 백성이 하나님의 사랑을 의심한다는 것은 그들 안에 하나님을 향한 사랑이 식었음을 뜻합니다. 사랑은 모든 것을 움직이는 힘입니다. 그런데 하나님을 향한 사랑이 식어버리면, 이로 말미암아 여러 가지 문제가 발생합니다.

헌신도 사랑에서 나옵니다. 사랑이 있기에 헌신할 수 있습니다. 사랑에서 위대한 힘이 나오고, 사랑의 힘은 우리를 살게 합니다. 그러므로 사랑이 식는다는 것은 큰 위기가 아닐 수 없습니다. 하나님을 향한 사랑이 식었다면 제사를 드린다고 해도 '눈 가리고 아웅' 하는 것과 같습니다. 하나님을 사랑해 제사를 드리는 것이 아니기 때문입니다. 그래서 하나님이 받지 않으실 병든 것을 거리낌 없이 제물로 드리게 됩니다.

오늘날 한국 교회의 위기는 무엇일까요? 하나님에 대한 사랑이 식은 것입니다. 한국 교회의 전성기에는 하나님에 대한 사랑이 대단했습니다. 전 세계 어디에 내놓아도 부족함이 없을 정도였습니다.

그리스도를 향한 한국 교회 신자들의 헌신과 열심은 하나님을 사랑하는 마음에서 나온 것이었습니다. 뜨겁게 하나님을 사랑했고, 교회를 사랑했습니다. 그래서 집을 팔아 예배당을 지었습니다. 하나님을 사랑하는 마음이 없었다면 그것이 가능했겠습니까.

동네마다 교회를 짓기까지 성도들의 눈물과 사랑, 정성이 있었습니다. 하나님을 향한 성도들의 열정이 있었기에 그렇게 할수 있었습니다. 그런데 세월이 흘러 그 사랑이 모두 식어버렸습니다. 열정이 없는 사랑은 볼품없습니다.

하나님을 향한 사랑이 식으면 신앙은 혼란에 빠집니다. 모든 것을 형식적으로 하게 됩니다. 하나님의 사랑이 빠지면 우리는 아무것도 아닙니다. 우리의 모든 행위는 형식과 의무에 지나지 않습니다. 종교적 의식에 불과합니다. 부담스러운 마음이 드는데, 그 속에 기쁨과 자발성이 없습니다. 그래서 위기가 찾아옵니다.

─────── **헌신의 동기**

부부는 서로 사랑하기 때문에 함께 살아갑니다. 사랑하면 아까운 것이 없습니다. 더 해주지 못해 안달입니다. 그러다가 어느순간 사랑이 희미해지면 의무만 남습니다. 부부라서 같이 살 뿐입니다. 어느 순간부터는 섭섭함을 느낍니다. 외적 조건만으로 비교하고 판단하기 시작합니다.

신앙이 식으면 세상이 좋아집니다. 하나님에 대한 사랑이 식을수록 세상이 좋아집니다. 이때 문제는 세상이 좋아지는 것이 아니라 눈이 타락한 것에 있습니다. 눈에 보이는 것이 부럽다면 하나님에 대한 사랑이 식은 것입니다.

우리는 세상의 것을 눈에 들이지도 부러워하지도 말아야 합니다. 하나님을 사랑하면 세상의 것을 사랑하지 않게 됩니다. 세상의 것을 사랑하면 그 속에 하나님의 사랑이 거할 수 없습니다.

지금 이스라엘 백성은 하나님께 따지고 있습니다. 바벨론에서 세상을 맛본 그들은 눈에 보이는 세상의 것을 말하고 있습니다. 그때의 여운이 남아 하나님께 시비를 걸고 있는 것입니다. 하나님이 사랑한다고 말씀하셨는데, 이스라엘 백성은 그분의 사랑을 느끼지 못했습니다. 이것은 관점의 문제입니다.

이스라엘 백성은 '하나님이 우리를 사랑하신다면 왜 이렇게 고생하게 하시는가' '무엇이 나아졌나'라고 생각했습니다. 그래서 하나님을 향한 원망과 불평이 쌓여 갔습니다. 그들은 바벨론 포로 생활을 통해 훈련시키시는 하나님의 뜻을 이해하지 못했습니다. 하나님은 하나님의 백성답게 만들기 위해 광야에서의 40년, 바벨론에서의 70년을 허락하셨지만 이스라엘 백성은 그런 사실을 자각하지 못했습니다.

세상에서 잘 먹고 잘 사는 것이 우리의 목적이 아닙니다. 하나님은 우리를 하나님의 백성답게 빚기를 원하십니다. 이것이 하나님의 백성을 향한 하나님의 뜻입니다. 그런데 당시 이스라엘 백성은 하나님 앞에서 그분의 백성답게 살지 못한 것을 자각하지 못한 채 오히려 하나님이 자신들을 힘들게 하려고 작정하셨다고 오해했습니다.

모든 헌신은 사랑에서 나오고, 사랑에서 나오지 않은 헌신은 오래가지 못합니다. 머리로, 아는 것으로 행동하지는 않습니다. 훈련을 받았다고 헌신할 수 있는 것이 아니라는 뜻입니다. 내적 동기가 중요합니다. 헌신의 동기는 사랑이어야 합니다. 사랑이 없으면 아무것도 할 수 없지만, 사랑이 있으면 불평하지 않습니다. 아까운 것이 하나도 없기 때문입니다.

─────── **교회를 교회 되게**

예수님은 소아시아의 일곱 교회 가운데 에베소 교회를 향해 "너를 책망할 것이 있나니 너의 처음 사랑을 버렸느니라"(계 2:4)고 말씀하셨습니다. 에베소 교회는 처음에 순수했습니다. 그런데 세월이 흐르면서 사랑이 식어버렸습니다. 그러자 예수님은 에베소 교회가 처음 사랑을 버렸다고 말씀하셨습니다.

사랑이 식는 것은 굉장히 위험합니다. 그래서 예수님은 에베소 교회를 향해 "어디서 떨어졌는지를 생각하고 회개하여 처음 행위를 가지라 만일 그리하지 아니하고 회개하지 아니하면 내가 네게 가서 네 촛대를 그 자리에서 옮기리라"(계 2:5)고 경고하셨습니다. 이것은 교회를 없애겠다는 뜻입니다.

교회가 처음 사랑을 회복하지 않으면 교회다운 모습이 없어집니다. 교회로서의 기능을 상실하게 됩니다. 사랑이 사라진 교회는 더 이상 교회로서 존재할 수 없습니다. 그러므로 사랑은 교회의 절대적 요소입니다. 다른 것은 부족해도 됩니다. 그러나 교회에 다른 것이 다 구비되었어도, 시스템이 완벽해도, 사랑이 없으면 교회의 기능은 사라집니다.

예수님은 왜 이처럼 엄중하게 말씀하셨을까요? 우리는 모여서 하는 일이 많습니다. 봉사도 하고, 전도도 하고, 어려운 이웃

다시, 새롭게

도 돕습니다. 그러나 그 동기가 사랑이 아니라면 핵심을 놓치게 됩니다. 우리는 봉사하면서도 싸우고, 이웃을 구제하면서도 싸우고, 심지어 전도하면서도 싸웁니다. 봉사하고 전도하는 모습 가운데서 하나님의 백성다운 모습을 찾아볼 수 없습니다. 모든 행위 가운데 사랑이 빠져 있기 때문입니다. 오늘날 한국 교회는 이 열병에 걸려 있습니다.

교회가 처음 사랑을 버렸다는 것은 무슨 뜻입니까? 교회는 유기체로 관계가 중요합니다. 관계에 있어 중요한 것은 사랑입니다. 교회에 사랑이 없다면 세상과 구별되지 않습니다. 사랑은 교회를 교회 되게 하는 힘입니다. 즉 교회는 사랑으로 움직입니다.

교회는 사업체가 아닙니다. 국가기관이 아닙니다. 민간단체도 아닙니다. 그런데 우리는 교회다운 모습을 깨고 무엇인가 이루려고 합니다.

한국 교회 안에 있는 다툼과 아픔을 생각하면 마음이 아픕니다. 교회의 생명력이 깨어졌다면 교회가 무엇을 하든 웃음거리가 될 수밖에 없습니다. 교회 자체가 사랑이기 때문입니다.

처음 사랑을 회복하라는 말씀은 백성들에게 행하신 하나님의 사랑을 기억하라는 뜻입니다. 하나님의 사랑은 변덕스럽지 않습니다. 이기적이지 않습니다. 하나님은 사랑할 만한 것을 사랑하신 것이 아닙니다. 하나님의 사랑은 무조건 주는 사랑입니다. 감정에서 비롯된 사랑이 아닙니다. 하나님은 그분의 마음에 들지 않아도 의지적으로 끝까지 사랑하십니다.

사랑은 하나님의 본성입니다. 하나님은 이스라엘 백성을 향해 사랑을 쏟아 부으셨습니다. 그리고 사랑할 수 없는 우리를 사랑하십니다. '처음 사랑을 회복하라'는 공동체 안에서 사랑을 드러내라는 뜻입니다. 하나님으로부터 받은 사랑이 우리를 움직이게 합니다. 그러므로 교회에서 봉사하고 섬길 때 하나님으로부터 받은 사랑을 기억하고 그 받은 사랑을 흘려보내야 합니다. 우리는 이 일에 생명을 다해야 합니다.

──── 굳게 서도록 하는 힘

사랑을 회복하는 것이 신앙의 핵심입니다. 하나님의 사랑에 대한 감격을 잃어버리는 순간 모든 것은 허공에 맴돕니다. 신앙의 에너지가 발생하지 않습니다.

한국 교회에 열기가 사라진 이유가 무엇일까요? 지금 우리는 무엇을 하든 피곤을 느낍니다. 상처를 받습니다. 에너지가 발생하지 않습니다. 이런 때일수록 하나님의 사랑을 기억해야 합니다. 하나님의 사랑에 대한 감격을 회복해야 합니다.

우리를 향한 변함없으신 하나님의 사랑을 의심해선 안 됩니다. 하나님이 우리를 얼마나 사랑하시는지 깊이 깨닫기를 바랍니다. "내가 너희를 사랑하였노라"는 하나님의 말씀이 우리를 향한 그분의 음성이 되기를 바랍니다.

왜 예수님을 믿었습니까? 언제 하나님께 빠져들었습니까? 어떻게 예수님을 믿게 되었는지 생각해 봅시다. 하나님이 나를 얼마나 사랑하시는지 깨달았을 때입니다. 그때가 언제입니까? 십자가와 대면했을 때입니다.

다시, 새롭게

2,000년 전 예수님이 십자가에 못 박혀 죽으신 사건은 역사 속에서 흘러가버린 일이 아닙니다. 그 사건을 통해 예수님이 우리를 얼마나 사랑하셨는지 깨닫고 그 순간, 우리는 뒤집어질 수밖에 없습니다.

　하나님이 우리에게 별로 관심 없으신 것 같고, 우리 삶이 그분과 상관없이 흘러간다고 생각하여 섭섭함을 느낄 때가 있습니까? 십자가를 만나면 모든 것이 바뀝니다.

　하나님이 우리에게 관심 없으시다고 생각합니까? 하나님이 우리를 내버려두셨다고 생각합니까? 십자가 앞에서는 그렇게 생각할 수 없습니다. 십자가는 하나님의 사랑에 대한 의심을 한순간에 몰아냅니다. 하나님이 얼마나 오랫동안 우리를 사랑하셨는지 깨닫게 된다면 그분의 사랑에 빠져들 수밖에 없습니다.

　우리는 십자가를 통해 하나님의 사랑을 만나게 됩니다. 우리보다 우리를 더 사랑하시는 하나님을 만나면 그분을 사랑하지 않을 수 없습니다. 하나님을 쫓아다닐 수밖에 없습니다. 하나님의 사랑의 포로가 되어 주님만 위해 살겠다고 고백하게 됩니다.

　십자가 안에 감추어져 있는 사랑을 깊이 경험하면 하나님께 요구할 것이 없어집니다. 십자가를 통해 우리에게 그분의 전부를 주셨기 때문입니다. 하나님은 자기 아들을 아끼지 않고 내어주셨는데, 우리가 어찌 그런 사랑을 갚을 수 있겠습니까! 우리의 목숨을 바친다고 하나님의 사랑에 보답할 수 있겠습니까!

　하나님이 우리를 얼마나 사랑하시는지 알고 있습니까? 바울은 하나님의 사랑이 알고 싶었습니다.

능히 모든 성도와 함께 지식에 넘치는 그리스도의 사랑을 알고 그 너비와
길이와 높이와 깊이가 어떠함을 깨달아 하나님의 모든 충만하신 것으로
너희에게 충만하게 하시기를 구하노라 **엡 3:18-19**
누가 우리를 그리스도의 사랑에서 끊으리요 환난이나 곤고나 박해나 기근
이나 적신이나 위험이나 칼이랴 **롬 8:35**

측량할 수 없는 하나님의 사랑이 바울을 덮었습니다. 그 어떤
것도 하나님의 사랑에서 우리를 끊어낼 수 없습니다. 우리는 하
나님의 사랑을 의심해선 안 됩니다. 하나님의 사랑을 회복하고,
그 사랑 안에서 굳게 서야 합니다.

하나님의 사랑으로 신앙이 회복되기를 바랍니다. 하나님의 사
랑 안에 완전히 빠져들기를 바랍니다. 그 사랑의 힘으로 하나님
을 아름답게 섬기기를 바랍니다.

3

훼손된 기초

6 내 이름을 멸시하는 제사장들아 나 만군의 여호와가 너희에게 이르기를 아들은 그 아버지를, 종은 그 주인을 공경하나니 내가 아버지일진대 나를 공경함이 어디 있느냐 내가 주인일진대 나를 두려워함이 어디 있느냐 하나 너희는 이르기를 우리가 어떻게 주의 이름을 멸시하였나이까 하는도다

7 너희가 더러운 떡을 나의 제단에 드리고도 말하기를 우리가 어떻게 주를 더럽게 하였나이까 하는도다 이는 너희가 여호와의 식탁은 경멸히 여길 것이라 말하기 때문이라

8 만군의 여호와가 이르노라 너희가 눈 먼 희생제물을 바치는 것이 어찌 악하지 아니하며 저는 것, 병든 것을 드리는 것이 어찌 악하지 아니하냐 이제 그것을 너희 총독에게 드려 보라 그가 너를 기뻐하겠으며 너를 받아 주겠느냐

9 만군의 여호와가 이르노라 너희는 나 하나님께 은혜를 구하면서 우리를 불쌍히 여기소서 하여 보라 너희가 이같이 행하였으니 내가 너희 중 하나인들 받겠느냐

10 만군의 여호와가 이르노라 너희가 내 제단 위에 헛되이 불사르지 못하게 하기 위하여 너희 중에 성전 문을 닫을 자가 있었으면 좋겠도다 내가 너희를 기뻐하지 아니하며 너희가 손으로 드리는 것을 받지도 아니하리라

———————— 말라기 1:6-10

본문에는 하나님의 책망이 나옵니다. 하나님은 먼저 지도자들을 책망하셨습니다. 말라기서에는 제사장의 부패와 타락상이 나옵니다. 이를 통해 당시의 시대상을 알 수 있습니다. 하나님이 제사장들을 책망하신 것은 그분의 이름을 멸시했기 때문입니다. 하나님의 이름을 어떻게 멸시했습니까? 그들은 여호와의 제단을 더럽혔습니다. 이것은 충격적인 사건이었습니다.

제사장은 하나님께 제사하는 일을 맡은 사람인데, 그들을 통해 하나님의 제단이 더럽혀졌습니다. 그렇다면 제사장은 더 이상 직무를 감당할 자격이 없습니다. 가장 거룩한 곳이 제사장을 통해 가장 속된 자리가 되었기 때문입니다.

─────── **지도자들이여, 거룩을 지켜내라**

제사장은 어떻게 제단을 더럽혔습니까? 백성들과 결탁해 제단을 더럽혔습니다. 백성들이 흠 있는 제물을 가져왔을 때 뒷돈을 받고 그것을 받아줬던 것입니다.

이런 행동은 세상 사람들의 관점에서는 백성들의 형편이 어려운 것을 배려해 주는 것처럼 보입니다. 그러나 사실은 제사장이 하나님께 드리기에 부적절한 제물을 받고 자신의 잇속을 챙겼던 것입니다. 흠 있는 제물을 가져온 백성에게도 문제가 있지만, 그렇게 해서 사익을 챙긴 제사장은 백성들보다 더 나쁩니다.

제사장이 거룩한 직책을 자신의 욕망을 이루는 수단으로 이용해 성소(聖所)가 죄를 쌓는 쓰레기장과 같이 되고 말았습니다. 그런데 이보다 나쁜 것이 있습니다. 제사장들은 "우리가 어떻게 주를 더럽게 하였나이까"(1:7)라며 자신의 죄를 인정하지 않았습니다. 그들이 자신의 저지른 죄를 알지 못했다는 데 죄의 심각성이 있습니다. 회개하면 살 길이 열립니다. 그런데 제사장들은 죄를 짓고도 그런 짓을 한 적이 없다고 우겼습니다.

백성은 연약하여 타락할 수 있습니다. 그렇지만 제사장은 그러면 안 됩니다. 제사장은 구별되고 구별된 신분으로, 거룩한 직무를 위해 구별된 사람입니다. 백성의 타락을 막고 거룩을 지켜야 하는 무거운 책무를 맡은 사람입니다. 그런데 본문에서 제사장은 백성의 죄를 묵인하고 오히려 그들과 동조하고 결탁했습니다. 백성이 타락하도록 부추기까지 했습니다. 유해한 존재로 전락하고 만 것입니다.

시대마다 위기가 있었습니다. 그중 하나는 지도자의 타락입니다. 호세아 시대도 마찬가지였습니다. 호세아 선지자는 백성들과 제사장이 똑같다고 했습니다(호 4:9). 누가 낫다 못하다 말할 수 없을 정도로 한통속이 되어 타락했다는 뜻입니다.

사사시대의 비극이 무엇입니까? 지도자가 타락한 것입니다. 지도자가 타락하면 끝입니다. 다른 길은 없습니다.

───── **왕 같은 제사장으로 부름 받다**

이것을 오늘날에 적용하면 어떻습니까. 구약의 제사장이 신약 시대 이후로는 없습니다. 예수님이 오심으로써 제사와 관련된 제도가 모두 없어졌기 때문입니다. 그러므로 오늘날은 우리 모두 제사장입니다.

너희는 택하신 족속이요 왕 같은 제사장들이요 거룩한 나라요 그의 소유
가 된 백성이니 이는 너희를 어두운 데서 불러내어 그의 기이한 빛에 들어
가게 하신 이의 아름다운 덕을 선포하게 하려 하심이라 **벧전 2:9**

소수의 목회자만 소명을 받은 것이 아닙니다. 모든 성도는 왕
같은 제사장입니다. 우리는 소명 받은 자로서 정체성을 분명히
가져야 합니다.

어느 정도 신앙생활을 했다면 다른 사람에게 영향을 끼치는
위치에 있게 됩니다. 예수님을 믿은 지 2년 된 사람은 예수님을
믿은 지 일 년 된 사람에게 영향을 끼치는 위치에 있습니다. 영향
력은 참으로 무서운 것입니다. 한 사람의 말과 행동의 파급력은
매우 큽니다.

우리는 왕 같은 제사장으로 부름을 받았기에 한 사람이 따르
더라도 우리는 지도자이며 리더입니다. 아기가 태어났을 때 그
손을 붙잡는 순간 그는 지도자입니다. 부모는 가정에서 제사장과
같은 존재입니다. 리더가 바로 서면 세상을 바꿀 수 있지만 리더
가 무너지면 모든 것이 무너집니다. 지도자가 살아있으면 소망이
있지만 지도자가 죽으면 소망의 불은 꺼집니다.

우리 교회는 한국 교회의 젊은 목회자들을 바로 세우기 위한
프로그램을 진행하고 있습니다. 개인적으로 이 일에 관심을 갖고
섬기는 중입니다. 젊은 목회자들을 건강하게 세우는 것이 한국
교회를 변화시키는 데 매우 중요하다고 생각하기 때문입니다.

목회자 한 사람이 바로 세워지면 한 교회가 산다고 믿습니다.

그러므로 신학교를 위해 많이 기도해야 합니다. 지도자를 배출하는 학교는 매우 중요합니다. 이런 중요함 때문에 마귀가 바글바글합니다. 마귀가 강하게 역사합니다.

영향을 끼치는 지위를 악용하면 많은 부작용이 나타납니다. 본문에서 하나님은 제사장들의 죄를 지적하셨습니다. 성소가 제사장들의 죄로 더럽혀진 것을 지적하셨습니다(1:6-7). 그리고 나서 하나님과 이스라엘 백성의 관계가 어떠해야 하는지 말씀하셨습니다.

하나님은 그들을 특별한 관계로 부르셨습니다. 말라기서에서는 하나님과 이스라엘 백성의 관계를 아버지와 아들의 관계로 비유합니다.

> 너는 바로에게 이르기를 여호와의 말씀에 이스라엘은 내 아들 내 장자라
>
> 출 4: 22
>
> 어리석고 지혜 없는 백성아 여호와께 이같이 보답하느냐 그는 네 아버지시요 너를 지으신 이가 아니시냐 그가 너를 만드시고 너를 세우셨도다
>
> 신 32:6

하나님이 이스라엘을 아들로 세우셨다면 아들은 아버지를 공경해야 합니다. 그런데 하나님의 책망을 들은 이스라엘 백성은 오히려 어떻게 주의 이름을 멸시했는지 반문하며 자신들의 잘못을 인정하지 않았습니다.

이스라엘이 자신들의 죄를 인정하지 않자 하나님은 "너희가

더러운 떡을 나의 제단에 드리고도 말하기를 우리가 어떻게 주를 더럽게 하였나이까 하는도다 이는 너희가 여호와의 식탁은 경멸히 여길 것이라 말하기 때문이라"(1:7)고 말씀하십니다.

——— 마음을 지키라

하나님은 이스라엘 백성에게 하나님을 존중하라고 요구하셨습니다. 하나님의 백성에게 가장 중요한 일은 하나님에 대한 경외심을 갖는 것입니다. 하나님을 경외하고 존중하는 것은 제단에서 나타납니다. 바로 예배입니다. 예배드리는 곳이 어디입니까? 본문에 보면 "나의 제단", "여호와의 식탁"이라는 표현이 나옵니다.

하나님과 관련된 것은 무엇이든 조심해야 합니다. 하나님께 드리는 제물을 올려놓는 제단은 지상에서 가장 신성한 곳입니다. 지상에서 하나님을 만나는 곳이요, 하나님과 접촉하는 가장 중요한 곳입니다. 이스라엘의 흥망성쇠가 여기서 결정됩니다. 하나님에 대한 최상의 예우(禮遇)는 예배를 통해 드러납니다.

그런데 문제가 생겼습니다. 제사장과 백성들이 하나님의 이름을 더럽혔습니다. 가장 무서운 죄는 '신성모독'으로, 그들은 더러운 떡을 하나님께 드리고도 "우리가 어떻게 주를 더럽게 하였나이까"라고 반문했습니다.

이 질문에 하나님은 좀 더 구체적으로 지적하셨습니다. 이스라엘 백성은 하나님의 식탁에 눈 먼 희생제물, 저는 것, 병든 것을 올려놓았습니다(1:8). 레위기에 보면 하나님이 제물에 대해 엄격하게 규정하셨음을 알 수 있습니다.

> 그러나 그 짐승이 흠이 있어서 절거나 눈이 멀었거나 무슨 흠이 있으면 네
> 하나님 여호와께 잡아 드리지 못할지니 신 15:21

우리는 하나님께 흠 없는 것, 깨끗한 것을 드려야 합니다. 하나님이 제물을 강조하신 것은 제물은 그분에 대한 예우, 그분에 대한 존중을 표현하는 것이기 때문입니다. 하나님은 "너희가 나에게 가져온 제물을 너희 총독에게 드려 보라"고 말씀하셨는데, 당시 이방 권력자들의 상(床)에 대단한 것을 올려놓았음을 알 수 있습니다.

오늘날 '제단'은 어떤 곳입니까? '성소'는 어디입니까? 우리 삶에 적용하면 제단과 성소는 우리의 마음입니다. 그러므로 우리가 지켜야 할 곳은 바로 마음입니다. 하나님이 우리를 만나주시는 지성소는 우리의 깨끗한 마음입니다.

하나님이 인간의 탐욕과 이기심이 가득한 마음으로 드리는 예배를 받으시겠습니까? 주일에 예배당이 차고 넘치더라도 하나님께 얼굴만 내미는 것을 예배라고 말할 수 있을까요? 우리가 드리는 이런 예배를 하나님이 받으실까요?

신앙생활을 바르게 하려면 하나님이 민감하게 다루시는 것이 무엇인지 알아야 합니다. 하나님이 참지 못하시는 것이 하나 있는데, 그분의 영광이 훼손당하는 것입니다. 하나님은 당신의 영광이 훼손되는 것을 그냥 지나치지 않으십니다.

나를 존중히 여기는 자를 내가 존중히 여기고 나를 멸시하는 자를 내가 경멸하리라 **삼상 2:30**

멸시한다는 것은 가볍게 여긴다는 뜻입니다. 하나님을 멸시하는 것은 그분의 영광을 가볍게 여기는 것과 같습니다. 그분의 이름을 가볍게 여기는 것입니다. 그분을 존중히 여겨야 하는 예배를 가볍게 여기는 것입니다. 우리는 절대 하나님을 가볍게 여겨서는 안 됩니다. 하나님은 존귀하신 분입니다.

영광은 히브리어로 '카보드'(kabod)이며, '무겁다'라는 뜻이 있습니다. 하나님의 영광이 가진 무게는 이 세상의 어떤 것과도 비교할 수 없습니다. 하나님의 이름은 이 세상의 어떤 것보다 무게가 나갑니다. 그러므로 가볍게 다루어서는 안 됩니다. 우리는 온 마음을 담아 하나님의 이름을 표현해야 합니다. 하나님의 영광을 잘못 다루어서는 안 됩니다.

사실 우리가 존중히 여기든 멸시하든 하나님의 영광에는 전혀 영향을 미치지 못합니다. 하나님은 영원히 홀로 영광 중에 계시는 분이기 때문입니다. 하나님을 존중히 여기라는 것은 그분을 존중히 여기지 않는 순간 우리가 형편없는 존재로 전락하기 때문입니다. 반면 하나님께 최고의 영광을 돌리는 순간 우리는 가장 복된 사람이 됩니다.

——— **하나님이 경고하신 이유**
하나님을 향한 사랑이 식어버리자 가장 먼저 예배가 변질되었

다시, 새롭게

습니다. 가장 기본이 무너진 것입니다. 기초가 훼파되었습니다. 하나님은 이것에 대해 무섭게 경고하셨습니다.

왜 이런 일이 일어났습니까?

첫째, 마음은 없고 형식만 남았기 때문입니다. 처음에는 거룩한 소명으로 시작되었지만 세월이 흐르면서 제사장직을 하나의 직업으로만 생각한 것입니다. 제사장직을 생존의 도구로 여겼고, 나중에는 욕망을 이루는 도구로 여겼습니다. 엘리 제사장 시대를 비롯한 구약시대를 들여다보면 성전이 심각하게 오염되고 변질되었습니다. 별의별 것이 성전에 들어와 있었습니다.

하나님은 예배를 통해 백성을 만나주십니다. 그러나 형식화된 예배에서는 만나주시지 않습니다. 하나님의 임재가 없는 예배는 인간들의 잔치에 불과합니다. 형식만 남은 예배는 거짓된 희생제물만 있을 뿐입니다.

하나님은 속지 않으십니다. 눈이 멀지 않으셨습니다. 우리의 마음을 정확하게 스캔하십니다. 병든 짐승을 제물로 바치는 백성들의 영혼을 보십니다. 하나님께 드리는 제물의 상태와 그 제물을 드리는 사람의 영혼 상태는 비슷합니다. 예배 가운데서 하나님의 임재를 경험하지 못하면 예배의 형식만 남게 됩니다.

예수님을 믿기 전에는 집에서 제사를 지냈습니다. 제사가 굉장히 많았습니다. 경제적으로 어려운데 제사가 많으니 조상님이 와서 먹는 것도 아니고 형편도 어려운데 적당히 하자고 했습니다. 생선은 조금 작은 것, 조금 싼 것으로 하자고 했습니다. 어느 때는 제사를 지내는 조상이 누구인지도 모른 채 절을 했습니다.

제사를 지내지 않으면 마음이 찜찜하고 두려워 할 수 없이 제사를 지냈습니다. 제사의 형식만 남았던 것입니다.

예배의 형식은 중요합니다. 그러나 그 속에 정성스러운 내용이 담겨 있지 않은 예배는 의미가 없습니다. 하나님은 형식을 받으시는 분이 아닙니다. 무엇이 담겨 있느냐가 중요합니다. 하나님은 마음에 없는 제사를 형식적으로 드리는 것을 혐오하십니다. 진심이 담겨 있지 않다면 그 예배는 시간 낭비입니다.

하나님은 "너희 중에 성전 문을 닫을 자가 있었으면 좋겠도다"(1:10)라고 말씀하셨습니다. 헛된 제사를 드리지 말라는 뜻입니다. 심각하게 제사다운 제사를 드리지 않는데 성전이 왜 필요하냐, 의미 없는 일을 왜 하느냐고 물으신 것입니다.

형식적인 예배, 오염된 예배는 하나님과 상관없습니다. 사람의 마음을 위로할 수 있을지 모르지만 하나님과는 관계없습니다. 하나님은 잘못된 예배를 받지 않으십니다. 하나님은 변질된 예배를 드릴 바에야 차라리 성전 문을 닫으라고 말씀하셨습니다. 무서운 말씀입니다.

우리는 오늘의 예배를 진지하게 살펴봐야 합니다. 이 예배를 하나님이 받으실지, 예배에 대한 우리의 태도가 변질되지 않았는지, 예배를 드리는 우리의 마음이 어떠한지를 돌아봐야 합니다.

둘째, 하나님에 대한 두려움이 없어졌기 때문입니다. 더러운 떡과 눈 먼 희생제물을 제단에 올려놓았다는 것은 하나님에 대한 두려움이 사라졌음을 뜻합니다. 하나님은 "너희 총독에게 드려 보라"고 말씀하셨습니다. 이는 인간의 권력자인 총독을 두려

다시, 새롭게

위한다면 그렇게 행동할 수 있겠느냐는 뜻입니다. 직장에서 진급에 영향을 미치는 상사를 집에 초대했을 때 상한 음식을 내놓는 사람이 어디 있겠습니까?

하나님은 어떤 분입니까? 세상의 왕들을 통치하는 왕 중의 왕이십니다. 그런데 하나님의 식탁에 생각 없이 제물을 올려놓는다면 이 얼마나 무례한 행동입니까! 이것은 기본 중의 기본을 무시한 행동입니다.

우리 삶에서 가장 무서운 일은 하나님을 두려워하지 않는 것입니다. 이는 제어장치가 없는 자동차와 같습니다. 하나님에 대한 두려움이 없다 보니 하나님의 성전을 강도의 소굴로 만들었던 것입니다. 말라기 시대가 타락한 것도 하나님에 대한 두려움이 없었기 때문입니다.

교회를 움직이는 힘은 무엇일까요? 교회는 세속적인 힘을 통해 움직이지 않습니다. 세상의 힘이 교회 안에 들어오면 안 됩니다. 교회는 인본주의적 시스템으로 운영되어서는 안 됩니다. 교회를 움직이는 힘은 오직 하나, 하나님의 백성들 안에 있는 하나님에 대한 경외심입니다.

우리의 행동 하나하나가 하나님에 대한 두려움에서 나온 것이어야 합니다. 하나님을 두려워하는 백성들이 모여 교회를 섬기는 것입니다. 하나님을 두려워하면 자기 마음대로 행동할 수가 없습니다. 철학자 블레즈 파스칼(Blaise Pascal)은 "만약 당신이 두려워한다면 두려워하지 말고, 만일 당신이 두려워하지 않는다면 두려워하라"고 말했습니다. 우리는 아주 작은 일에도 하나님을 의식하고 행동해야 합니다. 하나님을 두려워할 줄 아는 사람이 하나님의 사람입니다.

셋째, 율법을 의도적으로 무시했기 때문입니다. 이스라엘 백성은 율법에 분명히 명시된 규정을 어겼습니다. 이처럼 말씀을 무시하는 것은 불순종으로 이어집니다.

가나안을 정복하기 전 하나님은 여호수아에게 "이 율법책을 네 입에서 떠나지 말게 하며 주야로 그것을 묵상하여 그 안에 기록된 대로 다 지켜 행하라 그리하면 네 길이 평탄하게 될 것이며 네가 형통하리라"(수 1:8)고 말씀하셨습니다.

우리는 율법을 거추장스러운 것으로 여겨서는 안 됩니다. 왜 주야로 말씀을 묵상해야 합니까? 그 속에 형통의 길이 있기 때문입니다. 율법을 지킬 때 율법이 우리를 보호해 줍니다. 말씀에서 벗어나 복을 받을 수 있는 길은 없습니다.

신명기와 말라기는 구약에서 앙상블을 이룹니다. 신명기의 핵심은 순종입니다. 왜 순종을 강조했을까요? 말씀에 불순종한 것이 이스라엘에 고통과 질곡을 가져왔기 때문입니다. 이스라엘 백성은 하나님의 율법을 무시했기 때문에 고통을 당했습니다. 그래서 하나님은 새로운 세대를 이끌어갈 여호수아에게 경고의 말씀을 하셨던 것입니다.

율법이 무엇입니까? 우리의 기준이 아니라 하나님의 기준입니다. 우리가 '이 정도면 되겠지'라고 생각하는 것은 중요하지 않습니다. 하나님이 규정하신 것이 중요합니다. 이스라엘 백성은 자신들이 보기에 이 정도면 괜찮다고 생각했을지 모릅니다. 형편도

다시, 새롭게

어려운데 이 정도면 최선을 다한 것이라고 생각했을지 모릅니다. 그러나 하나님의 기준에는 맞지 않았습니다.

──── 온 마음을 다해 예배 드리라

가인이 실패한 이유가 무엇입니까? 가인은 자신의 기준에 맞춰 제사를 드렸습니다. 그리고 하나님이 자신의 제사를 받지 않으시자 화를 냈습니다. 화내는 사람은 자기 기준이 강한 사람입니다. 그러나 우리의 기준은 중요하지 않습니다. 하나님의 기준이 중요합니다.

우리는 자신의 기준을 만들고 자기 방식대로 하나님을 섬기려고 합니다. 그러나 우리의 기준은 변화무상합니다. 사실 우리가 정한 기준은 상황을 고려한 것입니다. 기준을 정할 때 합리화합니다. 그럴 듯한 사정도 생깁니다. 그래서 기준이 점점 낮아집니다. 이스라엘 백성은 하나님께 더러운 떡을 드리고도 "우리가 어떻게 주를 더럽게 하였나이까"라고 말했는데, 이것은 영적 무지에 따른 아주 불손한 태도입니다.

구약시대에 제사는 하나님을 만나는 수단이었습니다. 제사는 하나님과 이스라엘 백성의 관계에서 기본 중의 기본입니다. 다른 것은 몰라도 제단은 지켜야 합니다. 제단은 하나님이 그분의 백성을 만나주시는 통로이기 때문입니다.

제사에 문제가 생기면 모든 것이 엉겨버립니다. 역사를 살펴보면 항상 여기서 문제가 발생했습니다. 제단을 경홀히 여기는 것에서 이스라엘이 영적으로 병들었다는 사실을 알 수 있습니다.

예배가 타락하면 모든 것이 타락합니다. 제단이 무너지면 더 이상 소망이 없습니다.

하나님은 이스라엘 백성을 만나기 원하시는데, 그들은 스스로 길을 막아버렸습니다. 예배의 수준은 그 시대의 영적 상태를 알려줍니다. 예배가 타락하면 삶도 타락합니다. 예배가 무너진 자리에 죄의 쓰레기가 밀려옵니다. 예배를 온전히 드리지 않는다면 타락이 그만큼 깊어집니다. 예배의 자리에서 하나님을 무시하는데, 무엇을 기대할 수 있겠습니까! 기초가 무너진 곳에 무엇을 세울 수 있겠습니까!

말라기의 말씀을 통해 우리의 예배를 회복해야 합니다. 하나님을 향한 사랑을 드러내야 합니다. 그렇다면 어떻게 해야 그 사랑을 드러낼 수 있을까요? 하나님을 얼마나 사랑하는지, 얼마나 높이는지는 제단에서 드러납니다. 예배의 자리에서 드러납니다. 하나님을 사랑한다고 아무리 고백해도 예배에서 실패하면 모든 것이 끝입니다.

오늘 우리의 예배는 변질되지 않았습니까? 우리는 예배를 통해 하나님을 하나님으로 온전히 높여드리고 있습니까? 예배를 통해 하나님께 우리의 최상을 드리고 있습니까? 주님 앞으로 나올 때 우리는 최상의 상태로 와야 합니다.

우리는 예배를 드리기 위해 사는 사람입니다. 제대로 예배를 드리면 모든 문제가 해결됩니다. 하나님이 원하시는 것은 일이 아닙니다. 하나님을 가장 기쁘시게 하는 일은 하나님을 예배하는

다시, 새롭게

것입니다. 하나님을 높이는 것입니다.

우리는 온 마음을 다해 예배를 드려야 합니다. 정성과 열정, 희생, 헌신을 예배에 쏟아 부어야 합니다. 이것이 없는 교회는 목적을 잃은 것입니다. 이것이 없는 신앙은 방향을 잃은 것입니다.

그러므로 예배를 회복하고, 하나님의 기준으로 돌아가야 합니다. 우리 몸을 하나님이 기뻐하실 만한 산 제물로 올려놓아야 합니다. 우리 인생에 지존은 하나님 한 분밖에 없습니다. 하나님만이 예배를 받기에 합당하십니다. 우리는 예배 가운데 우리의 마음을 표현해야 합니다.

예배에 우리의 진심이, 우리의 헌신이 담겨 있습니까? 정성을 다한 예배입니까? 하나님께 예배드리는 제단이 우리 삶에서 가장 중요한 것입니까?

예배가 회복되어 우리 신앙에 새로운 변화가 일어나기를 바랍니다. 예배가 죽으면 다 죽은 것입니다. 예배가 살면 모든 것이 살아납니다. 예배다운 예배를 드릴 때 그곳에 부흥이 일어납니다.

4

최고의 예배자

11 만군의 여호와가 이르노라 해 뜨는 곳에서부터 해 지는 곳까지의 이방 민족 중에서 내 이름이 크게 될 것이라 각처에서 내 이름을 위하여 분향하며 깨끗한 제물을 드리리니 이는 내 이름이 이방 민족 중에서 크게 될 것임이니라

12 그러나 너희는 말하기를 여호와의 식탁은 더러워졌고 그 위에 있는 과일 곧 먹을 것은 경멸히 여길 것이라 하여 내 이름을 더럽히는도다

13 만군의 여호와가 이르노라 너희가 또 말하기를 이 일이 얼마나 번거로운고 하며 코웃음치고 훔친 물건과 저는 것, 병든 것을 가져왔느니라 너희가 이같이 봉헌물을 가져오니 내가 그것을 너희 손에서 받겠느냐 이는 여호와의 말이니라

14 짐승 떼 가운데에 수컷이 있거늘 그 서원하는 일에 흠 있는 것으로 속여 내게 드리는 자는 저주를 받으리니 나는 큰 임금이요 내 이름은 이방 민족 중에서 두려워하는 것이 됨이니라 만군의 여호와의 말이니라

———————— **말라기 1:11-14**

하나님으로부터 선택을 받고 그분의 사랑을 입은 백성들이 하나님을 예배하는 데서 실패했습니다. 하나님의 특별한 사랑을 받은 백성들이 예배에서 실패했다는 사실은 아이러니입니다. 예배의 실패는 작은 문제가 아닙니다. 예배는 핵심이기 때문입니다.

이스라엘 백성이 예배를 드리지 않았습니까? 아닙니다. 그들은 예배를 드렸습니다. 그런데 하나님은 그 예배를 받지 않겠으니 그만두라고 말씀하셨습니다. 그리고 하나님은 다른 민족을 통해 예배를 받겠다고 말씀하셨습니다. 다른 민족을 일으켜서 하나님을 예배하도록 하겠다고 말씀하셨습니다.

하나님은 모든 민족 가운데서 높임을 받으셔야 합니다. 본문에 "내 이름이 크게 될 것이라"는 표현이 두 번 나옵니다(1:11). 먼저 "이방 민족 중에서 내 이름이 크게 될 것이라"고 했으며, 다음으로 "내 이름이 이방 민족 중에서 크게 될 것임이니라"고 했습니다. 여기서 '크다'는 '위대하다'라는 뜻입니다. 이스라엘 백성이 하나님을 온전히 공경하지 않으면 이방 민족이 하나님을 높일 것이라는 뜻입니다.

───── **하나님보다 크신 분은 없다**

이스라엘 백성의 예배가 왜 무너졌습니까? 하나님을 하찮은 존재로 여겼기 때문입니다. 하나님을 무시했기 때문입니다. 하나님을 작게 생각했기 때문입니다. 하나님을 자기들과 비슷한 존재로 여겼기 때문입니다. 하나님을 세상의 총독보다 못한 존재로 여겼기 때문입니다.

그러나 하나님은 멸시당하거나 소홀히 여기심을 받을 존재가 아닙니다. 예배를 멸시한다는 것은 하나님을 멸시하는 것과 같습니다. 하나님에 대한 우리의 태도는 예배를 통해 나타납니다. 그래서 하나님의 위대하심을 인정하지 않으면 예배에 문제가 생깁니다.

하나님이 우리에게 베푸신 사랑을 축소하면 우리 입에서 찬양이 나오지 않습니다. 십자가를 통한 구속의 은혜가 얼마나 큰지를 알지 못하면 우리는 예배를 예배답게 드릴 수 없습니다. 하나님은 지존하시며, 그분보다 큰 존재는 없습니다.

> 땅의 모든 끝이 여호와를 기억하고 돌아오며 모든 나라의 모든 족속이 주의 앞에 예배하리니 **시 22:27**
> 하나님이여 주는 하늘 위에 높이 들리시며 주의 영광이 온 세계 위에 높아지기를 원하나이다 **시 57:11**

시편 기자는 하나님의 위대하심을 찬양했습니다.

이스라엘이 온전히 공경하지 않으면 이방 민족이 하나님을 높일 것입니다. 하나님은 유대인만의 하나님이 아닙니다. 모든 열방의 찬양을 받기에 합당하신 분입니다. 그런데 누구보다 하나님을 예배해야 할 민족이 오히려 그분을 무시했습니다.

"이방 민족 중에서 내 이름이 크게 될 것이라" "내 이름이 이방 민족 중에서 크게 될 것임이니라"는 말씀은 하나님의 관심이 옮겨질 것이라는 뜻입니다. 하나님의 관심은 예배를 드리는 곳에 있습니다.

다시, 새롭게

예루살렘이 왜 중요합니까? 예배의 중심지이기 때문입니다. 예배의 제단이 무너지면 예루살렘은 아무 소용없습니다. 예전에 예루살렘이 바벨론의 공격으로 무너졌던 것은 성전이 타락했기 때문입니다.

역사를 살펴보면 예배의 자리가 쉽게 변질되었습니다. 우상을 숭배하는 곳이 되었습니다. 겉으로는 하나님을 부르짖었지만, 안에서는 바알 신을 섬겼습니다. 하나님을 섬기지 않은 것이 아니라 그분을 섬기는 자리에서 우상을 동시에 섬겼습니다. 하나님은 그들의 거짓된 예배에 질리셨습니다.

성경은 "나는 인애를 원하고 제사를 원하지 아니하며 번제보다 하나님을 아는 것을 원하노라"(호 6:6)고 말씀합니다. 하나님은 이스라엘 백성이 그분을 제대로 알기 원하셨습니다.

예배의 자리는 전쟁터와 같습니다. 모든 영적 전쟁은 예배의 자리에서 일어납니다. 사탄은 어떻게 해서든 예배다운 예배를 드리지 못하게 방해합니다. 예배를 흐트러뜨립니다. 사람들이 예배를 무시하게 만듭니다. 그러므로 예배의 자리는 영적으로 매우 치열한 자리입니다. 하나님을 참되게, 바르게 예배하는 것은 거대한 싸움과 같습니다.

───── **하나님이 받으실 만한 예배를 드려라**

성소가 왜 중요합니까? 하나님이 임재하시는 곳이기 때문입니다. 직장에서 예배를 드린다면 그곳이 성소입니다. 나라 전체가 하나님을 예배한다면 그 나라는 복 있는 나라입니다. 하나님은 온전한 예배를 드리는 곳에 마음을 쏟으시기 때문입니다.

가장 강력한 교회는 어떤 교회일까요? 하나님을 잘 예배하는 교회입니다. 예배를 무시한 채 하는 모든 것은 우상숭배입니다. 자기 일을 하는 것입니다. 예배를 온전히 드리지 않으면 하나님은 떠나십니다.

가인과 아벨의 인생을 구분한 것은 제사입니다. 예배를 통해 그들의 인생이 나눠졌습니다. 우리는 가인과 아벨을 통해 하나님이 받으시는 예배와 받지 않으시는 예배가 있음을 깨닫게 됩니다.

가인은 예배의 실패로 말미암아 살인을 저질렀습니다. 그는 자기 마음대로 예배를 드려놓고 오히려 하나님께 대들었습니다. 가인은 하나님이 원하시는 예배가 아니라 자기중심적인 예배를 드렸습니다. 자기만족을 위해, 자신을 위로하기 위해 자신을 숭배하는 예배를 드렸던 것입니다.

이스라엘 백성도 마찬가지입니다. 그들은 하나님께 "우리가 예배를 드리지 않았습니까. 우리는 제사를 드렸습니다"라고 오히려 하나님께 대들었습니다(1:7). 그러자 하나님은 그들의 제사를 받지 않았다고 말씀하셨습니다.

예배에 실패한 가인의 인생은 계속 꼬였습니다. 우리는 어떤 식으로든 예배를 드리면 하나님이 받으실 것이라고 생각해서는 안 됩니다. 하나님이 받으실 만한 예배를 드려야 합니다. 사실 어떻게 예배를 드려야 하는지 모르는 사람이 많습니다. 신자이지만 참된 예배를 경험하지 못했을 수도 있습니다.

우리는 하나님이 어떤 예배를 받으시는지 배워야 합니다. 신앙이 깊어진다는 것은 예배가 깊어진다는 뜻입니다. 우리가 하나님의 이름을 높이면 하나님은 그곳에 머물러 계십니다. 우리 인생의 최고 전성기는 언제입니까? 하나님을 참으로 예배할 때입니다. 예배자로 사는 사람이 참으로 복 있는 사람입니다. 이것이 인간 본연의 모습이기 때문입니다.

그렇다면 하나님을 어떻게 높여야 할까요? 하나님은 깨끗한 제물을 받으십니다(1:11).

> 그러나 너희는 말하기를 여호와의 식탁은 더러워졌고 그 위에 있는 과일 곧 먹을 것은 경멸히 여길 것이라 하여 내 이름을 더럽히는도다 만군의 여호와가 이르노라 너희가 또 말하기를 이 일이 얼마나 번거로운고 하며 코웃음치고 훔친 물건과 저는 것, 병든 것을 가져왔느니라 너희가 이같이 봉헌물을 가져오니 내가 그것을 너희 손에서 받겠느냐 이는 여호와의 말이니라 **말 1:12-13**

본문에는 말라기 1장 7-8절의 말씀이 반복되는데, 하나님은 더러운 제물을 드리지 말라고 거듭 말씀하셨습니다.

——— 제사의 모든 과정은 거룩해야 한다

이스라엘 백성은 하나님께 드릴 좋은 짐승이 있는데도 흠 있는 것을 속여 드렸습니다. 흠 있는 제물을 드릴 뿐 아니라 하나님을 속이기까지 했다는 것입니다. 하나님이 제물을 드릴 때 "기쁘게 받으심이 되도록 소나 양이나 염소의 흠 없는 수컷으로 드릴지니"(레 22:19)라고 말씀하셨음에도 불구하고, 이스라엘 백성은 자신들이 위험한 짓을 하고 있다는 사실을 알지 못했습니다.

아마도 '이제 죽을 짐승인데, 병든 것과 건강한 것이 차이가 있겠는가'라고 생각했던 것 같습니다. 그들은 영적으로 눈이 어두워져 하나님의 눈도 감겼다고 생각했습니다. 그러자 하나님은 분노하셨습니다.

하나님을 속이는 것은 결코 작은 죄가 아닙니다. 하나님께 거짓으로 제물을 드리는 것은 그분을 욕하는 것과 같습니다. 거룩한 제단에서 하나님을 속이는 것은 큰 죄입니다.

하나님은 거룩하신 분입니다(사 6:3). 이사야는 환상 가운데서 천사의 노랫소리를 들었습니다. 천사들은 하나님을 향해 "거룩하다 거룩하다 거룩하다"라고 찬양했습니다.

제사의 처음도 거룩이요 끝도 거룩입니다. 그러므로 거룩하신 하나님께 드리는 제사는 거룩의 절정이어야 합니다. 구약시대에 피의 제사를 강조한 것은 거룩을 생명처럼 지켜야 하기 때문입니다.

하나님을 예배하는 제사는 거룩해야 합니다. 제단에 올리는 제물도 거룩해야 하고, 제물을 드리는 자도 거룩해야 합니다. 열정적으로 부르짖고 찬양해도 거룩을 놓치면 하나님은 그 예배를 받지 않으십니다.

아나니아와 삽비라 부부의 사건은 초대 교회에 엄청난 충격을 안겨주었습니다. 그들은 소유를 팔아 그 값에서 얼마를 감추고 나머지를 하나님 앞에 가지고 나왔다가 현장에서 즉사했습니다. 우리는 아나니아와 삽비라 부부의 사건을 통해 성령을 속이는 것이 얼마나 무서운 일인지 깨닫게 됩니다.

무엇을 드리느냐 하는 것은 중요하지 않습니다. 무엇을 드리느냐 하는 것보다 드리는 자의 마음이 더 중요합니다. 마음이 잘못되어 있다면 하나님은 무엇을 드려도 받지 않으십니다. 예배의 자리는 자신의 유익을 찾는 자리가 아닙니다. 그러므로 우리는 자신의 목적을 이루기 위해 성소를 이용해서는 안 됩니다. 마음의 성결이 중요합니다.

─── 내가 완전히 깨어지는 참된 회개

오늘날의 제물은 예배를 드리는 예배자 자신입니다. 흠 있는 제물은 더럽혀진 예배자의 양심을 뜻합니다. 죄의 문제를 해결하지 않은 채 드리는 예배는 의미가 없습니다. 그러므로 철저히 회개해야 합니다. 철저히 회개하지 않으면 온전한 예배를 드릴 수 없기 때문입니다.

오늘날은 회개 없음이 큰 문제입니다. 사람들은 왜 회개하지 않을까요? 무엇이 잘못되었는지 모르기 때문입니다. 우리는 영적으로 어두운 시대를 살아가며, 무엇이 잘못되었는지 모르고 있습니다. 이스라엘 백성의 모습도 그러했습니다. 그들 역시 자신의 잘못을 알지 못했습니다.

선지서를 읽어 보면 예언자들이 절망하는 모습을 볼 수 있습니다. 그들이 절망한 것은 죄 짓는 백성들 때문이 아닙니다. 잘

못하고 있음에도 무엇이 잘못인지 전혀 인식하지 못하는 백성들 때문입니다. 회개가 희귀합니다. 거짓 회개가 성행합니다.

2014년 5월, 해운대 백사장에서 회개의 날 집회가 있었습니다. 원래 회개집회를 계획했던 것은 아닙니다. 당시 하나님이 제 마음에 주신 생각이 있었는데, 이 시대를 살리는 힘은 회개밖에 없다는 것이었습니다. 그래서 회개집회로 진행하게 되었습니다. 사실 회개는 오늘날 인기 없는 주제입니다. 그럼에도 그날 놀라운 은혜가 있었습니다. 집회를 끝마친 뒤 완전한 회개가 정말 어렵다는 것을 느꼈습니다.

감정적으로 훌쩍이는 정도로 참된 회개를 할 수 없습니다. 회개했음에도 삶이 달라지지 않는 것은 거짓 회개를 했기 때문입니다. 참된 회개는 순종을 동반하며 삶을 돌이키게 합니다. 오늘날에 '회'(悔)는 있지만 '개'(改)가 없습니다. 그러므로 이것은 참된 회개가 아닙니다.

하나님께서 구하시는 제사는 상한 심령이라 하나님이여 상하고 통회하는 마음을 주께서 멸시하지 아니하시리이다 **시 51:17**

이것은 날마다 제사를 드리는 구약시대의 이야기입니다. 하나님은 회개하는 심령을 원하십니다. 자신이 완전히 깨어진 회개를 원하십니다. 하나님이 받으시는 것은 제물이 아닙니다. 하나님은 상한 심령을 받으십니다. 상한 심령이 없다면 어떤 제물을 드려도 아무 소용이 없습니다. 하나님은 상하고 통회하는 심령을 멸시하지 않으십니다.

오늘날 우리의 예배에 눈물이 필요합니다. 회개가 필요합니다. 진정한 돌이킴이 필요합니다. 우리 안에 잘못된 것이 무엇인지 깊이 들여다보아야 합니다. 성령께서 비추어주고 이끌어주시는 참된 회개가 우리 안에 있을 때 우리의 예배가 살아납니다.

참된 예배는 어떤 것입니까? 본문에 보면 이스라엘 백성은 제물을 가져오며 "이 일이 얼마나 번거로운고"(1:13) 하고 푸념을 늘어놓았습니다. 하나님께 제사드리는 것을 귀찮은 일로 여겼던 것입니다. 그들은 의무적으로 반복해 제사를 드리다 보니 제사를 드리는 것이 지겨워졌습니다. 제사를 지겨운 것으로 여기니 자주 드린다는 생각이 들었습니다. 그래서 기쁨으로 제사를 드리지 않았고, 오히려 부담으로 여겼습니다.

월삭과 안식일을 성실하게 지키는 것처럼 보였지만, 이스라엘 백성의 속마음은 그렇지 않았습니다. 이스라엘 백성은 월삭을 지키는 것보다 곡식 파는 것을 중요하게 생각했습니다(암 8:5). 그러다 보니 월삭과 안식일이 자주 돌아온다고 생각했습니다.

먹고 사는 것을 더 중요하게 여겨 거짓 저울을 사용하여 자신의 이익을 챙기는 데 급급했습니다. 안식일과 월삭을 지키는 것은 그들의 욕망을 감추기 위한 수단이었습니다.

─────── **예배가 살면 모든 것이 살아난다**

억지로 드리는 예배의 폐해는 매우 큽니다. 그런데 예배의 자리에서 위선이 가장 많이 행해집니다. 위선은 무섭습니다. 스스로 인식하기 어렵기 때문입니다. 자신이 위선을 행한다고 말하는 사람을 본 적이 있습니까? 그런 사람은 없습니다.

예수님 당시에는 가장 거룩하다고 인식되던 사람들이 가장 위선적이었습니다. 바리새인들의 외적 모습은 완벽했습니다. 제의(祭儀)적 행위로 보면 그들에게는 부족함이 없었습니다. 그러나 그들의 속마음은 달랐습니다.

그런 점에서 오늘날에는 목회자가 가장 위험합니다. 위선을 가장 많이 행할 수 있기 때문입니다. 예수님을 잘 믿는다고 생각하는 사람이 가장 위선적인 사람일 수 있습니다.

거짓된 예배는 헛됩니다. 하나님 앞에서 가증한 것입니다. 왜 하나님을 예배해야 하는지 망각한 채 예배를 드리기 때문입니다. 의미를 놓치면 껍데기만 남게 되고, 그 껍데기도 오래가지 못합니다. 의무감으로 반복하면 무엇이든 지루해질 수밖에 없습니다. 온몸을 비틀게 됩니다. 동공이 풀립니다. 한숨이 나옵니다. 이것이 말라기의 모습입니다.

우리는 이 세상 어떤 것과도 비교할 수 없는 기쁨으로 예배를 드려야 합니다. 예배는 자발적으로 드려야 합니다. 강요에 따라 비자발적으로 드려서는 안 됩니다.

집에서 가정예배를 드릴 때 아이들에게 예배를 가르치는 것은 좋은데, 비자발적으로 참여하게 하거나 예배 시간에 아이들을 억압해서 예배를 재미없게 만들어서는 안 됩니다.

신약에서 예배는 구원에 대한 감사와 기쁨으로 드리는 최고의 시간입니다. 그러나 오늘날 제도화된 교회에서는 예배가 죽어 있

다시, 새롭게

습니다. 예배에 참석한 사람들은 영적 기대감을 갖고 있지 않습니다. 마음에도 없는 찬양을 부르고, 의례적이고 상투적인 단어를 늘어놓으며, 의미 없는 기도를 되뇝니다. 이것이 오늘날 제도화된 교회의 모습입니다.

예배가 밋밋해지면 안 됩니다. 예배가 지루합니까? 그러면 신앙이 위험한 지경에 이르렀다는 뜻입니다. 신앙생활을 하다가 힘들어하는 사람은 대부분 예배에 실패했기 때문입니다.

신앙의 활력은 예배에서 나옵니다. 그런데 예배가 가진 위력이 얼마나 대단한지 모르는 사람이 많습니다. 살아있는 교회는 예배가 다릅니다. 교회의 전성기는 예배를 통해 결정되고, 예배가 살면 모든 것이 살아납니다. 그러나 예배가 죽으면 모든 것이 죽습니다.

부서에 문제가 생기면 봉사자끼리 모여 예배를 드려야 합니다. 하나님을 높여 드려야 합니다. 하나님을 찬양해야 합니다. 하나님의 위대하심을 말해야 합니다. 예배가 살아있는 곳에는 하나님에 대한 기대감이 넘칩니다. 그런 교회는 예배 시간이 되기 전에 성도들이 모여듭니다. 예배에 대한 기대감으로 주일 아침 일찍 잠에서 깹니다(시 119:62).

하나님은 지루하신 분이 아닙니다. 하나님은 아침마다 새로우십니다.

여호와의 인자와 긍휼이 무궁하시므로 우리가 진멸되지 아니함이니이다
이것들이 아침마다 새로우니 주의 성실하심이 크시도소이다 애 3:22-23

아름다운 자연을 보면 즐겁습니다. 자연은 지루하지가 않습니다. 아름다운 바닷가에서 노을을 본 적이 있습니까? 노을은 매일 다릅니다. 하루도 같은 날이 없습니다. 구름의 크기와 두께, 모양, 햇빛의 강도 등에 따라 노을의 빛깔이 다릅니다. 날마다 장관이 펼쳐집니다. 이 장관을 보고 있으면 자연을 만드신 하나님의 위대하심과 아름다우심을 찬양하지 않을 수 없습니다. 화원에 가면 같은 꽃이 하나도 없습니다. 장미만 해도 여러 종류가 있습니다. 그래서 볼수록 빠져들 수밖에 없습니다.

하나님이 만드신 것이 그러하다면, 과연 하나님은 어떤 분일까요? 하나님의 성품은 하나가 아닙니다. 사람마다 하나님의 사랑을 다르게 느낍니다. 삶의 순간마다 경험하는 하나님의 사랑이 보여주는 색채는 다릅니다. 하나님의 사랑은 무궁합니다. 하나님의 성품은 매력적입니다. 하나님은 우리가 흠모할 만한 분입니다.

예수님을 10년, 20년 믿고 신앙을 지루하게 생각하는 것은 하나님을 다 알아버렸다고 여기기 때문입니다. 신앙생활이 지루해졌다면 그것은 우리의 욕망 때문입니다. 하나님을 섬기려 하지 않고 그분을 욕망의 도구로 생각했기 때문입니다. 욕망은 사랑이 아닙니다. 변질된 사랑은 오래가지 않습니다. 천박한 욕망으로 시작한 사랑은 얼마 가지 않아서 식상할 수밖에 없습니다.

아무리 좋은 것이라도 세상의 것은 우리의 욕망을 채워주지 못합니다. 이 세상의 것으로는 우리의 욕망을 채울 수 없습니다. 백화점은 현대판 신전(神殿)입니다. 그 안으로 들어가면 오직 물건에만 집중하게 됩니다. 세상과 나는 간 곳 없고 오직 신상만 보입니다. 그 안에서 사람들은 세상의 화려함에 압도당합니다. 그러나 오래가지 못하고 곧 식상해지고 맙니다. 욕망 때문입니다.

우리가 각자의 욕망에 따라 하나님을 찾는다면 그 욕망은 채워지지 못합니다. 그러면 우리는 곧 식상함을 느낍니다. 참된 사랑은 끝이 없습니다. 하나님의 사랑은 변함이 없으십니다. 하나님의 사랑에 대한 깊이와 높이를 인간은 경험할 수 없습니다. 참사랑은 지루하지 않습니다.

하나님을 예배하면 세상에서는 맛볼 수 없는 영원한 즐거움을 경험할 수 있습니다. 그러므로 신자는 하나님을 향한 열정을 포기하지 말아야 합니다. 하나님을 향한 열정이 식으면 습관적으로 예배를 드리게 됩니다. 이는 영적으로 무뎌질수록 더 심해집니다. 영적 민감성이 사라진 신자의 삶에는 감격할 것도 없고 기뻐할 것도 없습니다. 그저 지루하고 무료한 예배에 습관적으로 참여할 뿐입니다.

엘리 제사장은 당시의 지루하고 무료한 종교적 일상을 잘 보여줍니다. 사무엘상 전반부에 보면 앉아 있는 엘리 제사장의 모습을 자주 볼 수 있습니다. 그는 자리를 지키고 앉아 있었지만 아무 일도 일어나지 않았습니다. 하나님의 영광이 그에게서 사라져 버렸기 때문입니다. 사무엘만 하나님의 음성을 들었습니다.

오늘날도 마찬가지입니다. 예배의 감격이 식어버렸습니다. 하나님의 임재를 체험하지 못한 신자, 예배실 바깥에서 성도들의 시중을 드는 교역자는 이 시대의 엘리 제사장이 될 수 있습니다.

예배의 자리는 하나님의 음성이 들리는 곳입니다. 하나님의 음성이 들리는 곳에서 하나님의 일은 시작됩니다. 예배의 자리에 있을 때 우리의 영혼은 춤을 춥니다.

이스라엘 백성은 훔친 물건, 도둑질한 것을 하나님께 제물로 드렸습니다(1:13). 자신의 것을 드리려고 하니 아깝다는 생각이 들어 남의 것을 빼앗아서 하나님께 드렸습니다. 도둑질한 물건은 땀 흘려 번 것이 아니라 남의 것을 빼앗은 것이기에 자신의 것이 아닙니다. 도둑질한 것을 하나님께 드리다니, 어디 상상이나 할 수 있는 일입니까!

당시 제물을 드리는 이스라엘 백성의 마음에는 탐욕이 가득했습니다. 드려야 하는데, 드리고 싶은 마음이 우러나지 않았습니다. 그래서 그들은 남의 것을 빼앗아 하나님께 드린 것입니다. 이처럼 거짓 예배자는 제사를 쉽게 드리려는 유혹을 받게 됩니다.

오늘날의 제물은 우리 자신입니다. 제물은 희생을 뜻합니다. 신약시대 이후에는 구약의 개념인 희생제물이 필요하지 않습니다. 그러나 헌신의 의미에서 제물은 지금도 여전히 필요합니다.

우리는 하나님께 헌금을 드릴 때 잘 생각해야 합니다. 액수는 중요하지 않습니다. 헌금하는 돈이 어떤 돈인지가 중요합니다. 하나님은 그것을 보십니다.

그러므로 형제들아 내가 하나님의 모든 자비하심으로 너희를 권하노니 너희 몸을 하나님이 기뻐하시는 거룩한 산 제물로 드리라 이는 너희가 드릴 영적 예배니라 **롬 12:1**

다시, 새롭게

이 말씀은 우리의 예배를 완전히 바꾸어놓습니다. 몸을 하나님께 드린다는 것은 그분께 모든 것을 드린다는 뜻입니다.

하나님이 원하시는 것은 특정 제물이 아닌, 예배자의 몸과 마음, 전부입니다. 희생의 예배를 원하십니다.

─────── **하나님을 높일 때 온전해진다**

우리가 드리는 예배에 희생이 있습니까? 헌신이 있습니까? 땀이 들어 있습니까? 예배를 가볍게 생각하지는 않습니까? 예배를 쉽게 드리려고 하지 않습니까? 예배를 드리기 위해 얼마나 정성을 쏟아 붓고 있습니까? 온 마음을 쏟아 부어야 합니다. 대가를 지불해야 합니다. 절대 예배를 가볍게 생각해서는 안 됩니다. 하나님은 훔쳐서 드리는 제물을 책망하십니다.

예배는 받는 것이 아니라 내어놓는 것입니다. 우리는 예배 시간에 은혜 받는 것에 집중합니다. 그러나 예배는 우리가 받는 것이 아니라 드리는 것입니다. 우리의 모든 것을 온전히 드리는 것입니다.

제물은 희생을 뜻합니다. 그러므로 우리가 드리는 것은 희생이 되어야 합니다. 사실 이것은 우리의 힘으로 되지 않습니다. 복음의 능력이 우리에게 임해야 합니다. 우리에게 성령의 은혜가임해야 합니다.

우리는 처음으로 돌아가야 합니다. 말라기 시대에 일어난 일이 오늘날에도 얼마든지 일어날 수 있습니다. 우리는 하나님의위대하심을 잊어서는 안 됩니다. 하나님을 과소평가해서는 안 됩니다. 우리의 예배가 식으면 안 됩니다. 예배가 식으면 모든 것이 꼬여버립니다.

온 땅에 하나님과 같은 분은 없습니다. 하나님은 우리를 창조하셨습니다. 열방을 통치하십니다. 아들을 보내어 우리를 구원하셨습니다. 우리는 하나님을 하나님으로 높여드려야 합니다. 하나님의 백성으로 살아가는 것이 놀라운 특권임을 예배를 통해 경험해야 합니다. 그러나 하나님을 멸시하는 순간 우리는 끝없이 떨어지고 맙니다.

예배가 살아있는 신자로 살아가기 바랍니다. 그리고 하나님의 임재 가운데 살아가기 바랍니다. 날마다 하나님의 높으심을 인정하기 바랍니다. "하나님은 위대하십니다. 하나님은 크십니다. 하나님보다 높으신 이는 없습니다. 하나님은 전능하십니다"라고 선포하기 바랍니다.

하나님의 능력을 선포하고 그분의 임재 가운데 머물러 있으면 우리 삶에 생동감이 넘쳐흐를 것입니다. 활기가 넘칠 것입니다. 그때 우리 삶은 최상의 삶이 됩니다.

예배를 온전히 드림으로써 하나님을 하나님으로 인정하고 높여드릴 때 우리 삶에 질서가 잡힙니다. 우리 삶이 안정됩니다. 평화가 넘쳐흐릅니다. 우리 내면에 안식이 찾아옵니다. 위로를 달라고 기도하는 것이 아니라 하나님을 높여드려야 합니다. 그러면 위로가 넘칩니다. 평안이 넘칩니다. 우리 안에 안정감이 찾아옵니다. 세상을 능히 이길 수 있습니다.

다시, 새롭게

예배는 모든 면에서 우리를 승리하게 합니다. 그러므로 하나님을 하나님으로 대우해야 합니다. 하나님을 하나님으로 인정해야 합니다. 우리가 하나님을 하나님으로 높일 때 우리 삶의 모든 것에 질서가 잡히고 온전해지는 역사가 일어납니다.

성경에 등장하는 인물들 가운데 가장 위대한 예배자는 다윗이었습니다. 하나님은 다윗을 가리켜 "내 마음에 맞는 사람이라"(행 13:22)고 말씀하셨습니다. 우리는 "최고의 예배자가 되리라"고 결심해야 합니다. 예배에 있어 누구에게도 뒤지지 않는 최고의 예배자로 살아가기로 결단함으로써 하나님과의 관계가 온전히 회복되어야 합니다.

" *Part 2 ,*

관계를

새롭게.

"

5

깨어진 관계의 회복

1 너희 제사장들아 이제 너희에게 이같이 명령하노라

2 만군의 여호와가 이르노라 너희가 만일 듣지 아니하며 마음에 두지 아니하여 내 이름을 영화롭게 하지 아니하면 내가 너희에게 저주를 내려 너희의 복을 저주하리라 내가 이미 저주하였나니 이는 너희가 그것을 마음에 두지 아니하였음이라

3 보라 내가 너희의 자손을 꾸짖을 것이요 똥 곧 너희 절기의 희생의 똥을 너희 얼굴에 바를 것이라 너희가 그것과 함께 제하여 버림을 당하리라

———— 말라기 2:1-3

하나님은 강력하게 요구하시고, 엄중하게 경고하십니다. 명령권자는 최고의 사령관이요, 최고의 통치자시요, 절대 권력을 가지고 계시는 만군의 여호와 하나님입니다. 하나님의 명령은 매우 중요합니다. 그러나 하나님의 계속 경고를 무시한다면 진노를 쌓게 됩니다.

말라기서는 바벨론 포로 생활에서 귀환하고 나서 세월이 상당히 흐른 뒤에 기록되었습니다. 이스라엘 백성이 저지른 죄는 한두 사람이 지은 죄가 아니라 이스라엘 전체의 문제가 되었습니다. 이스라엘 백성의 타락 한가운데는 지도자의 타락이 있었습니다. 시간이 흐르면서 타락의 속도도 빨라졌습니다. 그러다가 곪아터질 지경에 이르렀습니다.

자동차 사고가 나는 것을 살펴보면, 사고가 날 수밖에 없도록 운전하기 때문에 사고가 나는 경우가 많습니다. 잘못된 운전 습관이 쌓여 사고를 일으키는 것입니다. 운전자 자신도 알지 못하는 습관 때문에 사고가 발생합니다. 그러므로 운전자가 경고를 무시하는 행위는 사고 예행연습을 하는 것과 같습니다.

잘못된 습관이 쌓이고 쌓여 대형 사고가 일어납니다. 마찬가지로 누구든 하루아침에 타락하지 않습니다. 시대가 타락하면 개인은 자신이 타락한 것을 인식하지 못합니다.

─────── **거룩한 사랑, 공의와 공평의 하나님**

오늘날 이 시대를 세속화 시대, 세속주의 시대라고 말합니다. 한두 사람이 세속화된 것이 아니라 세대 속에 세속화가 전반적으로 퍼져있다는 뜻입니다.

그러다 보니 사람들은 자신이 무엇을 하는지 인식하지 못합니다. 죄 짓는 것이 일상화되면 죄를 죄로 느낄 수가 없습니다. 그래서 사람들은 한두 번 잘못해서는 별일이 일어나지 않는다고 생각합니다. 보는 사람 없이 그냥 지나간다고 생각합니다.

한두 번은 그냥 지나갈 수 있지만 실수가 반복되면 문제가 달라집니다. 반복된다는 것은 의도적이라는 뜻입니다. 거짓된 제사가 반복해 드려지는 것에는 숨은 의도가 있습니다.

반복적 행위는 태도에서 나옵니다. 잘못된 태도는 잘못된 결과를 초래할 수밖에 없습니다. 지금 이스라엘 백성은 본질적으로 문제가 있습니다.

제단은 하루아침에 무너지지 않습니다. 그리고 하나님은 바로 처벌하지 않으십니다. 때로는 하나님의 속도가 매우 느린 것 같습니다. 역사를 살펴보면 하나님은 경고한 뒤에 심판하신다는 것을 알 수 있습니다.

그러므로 여호와께서 맹렬한 진노와 전쟁의 위력을 이스라엘에게 쏟아 부으시매 그 사방에서 불타오르나 깨닫지 못하며 몸이 타나 마음에 두지 아니하는도다 사 42:25

사방에서 진노가 쏟아지고 불타는데도 깨닫지 못합니다. 몸이 타는데 마음에 두지를 않습니다. 망가질 대로 망가져도 전혀 알지 못한다는 뜻입니다.

다시, 새롭게

본문에서 분노하시는 하나님을 발견합니다. 앞서 하나님은 "내가 너희를 사랑하였노라"고 말씀하셨습니다. 여기서 하나님은 사랑의 하나님이십니다. 그런데 지금 하나님은 "내가 너희에게 저주를 내려 너희의 복을 저주하리라"고 말씀하십니다.

사람들은 구약에 나타나는 하나님은 공의의 하나님이요, 신약에 나타나는 하나님은 사랑의 하나님이라고 생각합니다. 그러나 구약의 하나님과 신약의 하나님은 동일하십니다. 신약에서는 하나님의 공의가 더욱 분명해집니다. 구약시대에는 이스라엘 백성이 다 깨어나지 않았기 때문에 하나님이 지나치신 것이 많지만 신약시대에는 진리의 빛이 환하게 비추었기에 하나님은 불꽃같은 눈동자로 우리를 바라보십니다.

하나님은 사랑과 공의를 모두 행하십니다. 공의가 없는 사랑은 온전한 사랑이 아닙니다. 공의가 있을 때 사랑은 온전해집니다. 공의와 사랑이 마주친 곳이 바로 십자가입니다.

하나님의 사랑은 언제나 거룩함 가운데서 행해집니다. 그런데 요즘 하나님의 거룩하심을 간과하는 경향이 많습니다. 사람들은 하나님이 죄를 따지지 않고 무조건 사랑하시는 아버지라고 생각해 거룩을 빼고 사랑만 이야기하려고 합니다.

하나님은 거룩한 사랑을 행하십니다. 우리를 사랑하지만 죄를 따지십니다. 죄를 그대로 둔 채 우리를 사랑하실 수는 없습니다. 그리스도의 십자가는 이것을 가장 명백하게 보여줍니다.

하나님은 공의를 행할 뿐 아니라 공평하신 분입니다. 세상은 공의를 말하지만, 세상에는 공의가 없습니다. 세상에서 공의를 행한다고 할지라도 공평하지 않습니다. 인간은 정의를 말하지만 어느 한쪽으로 기울어지게 되어 있습니다. 인간은 스스로 모순을 가졌기 때문입니다.

또한 인간이 말하는 정의는 강자(强者)에 의한 정의입니다. 힘을 가진 사람의 편에서 비롯된 정의입니다. 이것이 인간의 한계입니다. 그래서 세상은 억울함으로 가득합니다. 이 억울함을 푸는 방법은 하나님의 공의뿐입니다. 만약 인간이 계속 악을 행하는데도 심판하시지 않는다면 악을 막을 길이 없습니다.

공의의 하나님은 죄에 대해 진노하십니다. '선하신 하나님이 어떻게 분노하실 수 있지'라고 생각할지도 모르겠습니다. 그러나 죄에 대해 심판하는 것은 하나님의 선하심입니다.

성경을 통해 우리는 죄가 절대 숨겨지지 않는다는 것을 깨닫습니다. 하나님은 모든 것을 아시기 때문입니다. 불꽃같은 하나님의 눈동자 앞에서 우리의 죄는 감추어지지 않습니다. 인류 역사를 보면 사람들은 끊임없이 죄를 감추려고 했지만 하나님은 끊임없이 죄를 폭로하고 드러내셨습니다.

제사장들이 제물을 드릴 때 얼마나 교묘하게 속였습니까! 제사장들은 하나님이 모르실 것이라고 생각했습니다. 그러나 하나님은 다 아셨습니다.

너희가 만일 듣지 아니하며 마음에 두지 아니하여 내 이름을 영화롭게 하지 아니하면 내가 너희에게 저주를 내려 너희의 복을 저주하리라 내가 이미 저주하였나니 이는 너희가 그것을 마음에 두지 아니하였음이라 **말 2:2**

다시, 새롭게

그러므로 잘 듣는 귀가 복됩니다.

오직 내 말을 듣는 자는 평안히 살며 재앙의 두려움이 없이 안전하리라
잠 1:33

생명의 경계를 듣는 귀는 지혜로운 자 가운데에 있느니라 잠 15:31

평안히 살고 재앙의 두려움을 없애려면 하나님의 말씀을 들어야 합니다. 잘 듣는 것이 지혜롭게 사는 비결입니다.

───── 쉐마, 이스라엘아 들으라

"쉐마"(shema)는 "이스라엘아 들으라"(신 6:4)는 말씀입니다.

듣지 않으려는 자에게는 경고가 필요 없습니다. 들으려고 하는 자에게 경고가 필요합니다. 잘 듣는 사람은 들은 것을 마음에 둡니다. 들은 대로 행동하려면 들은 것을 마음에 두어야 합니다.

하나님은 한두 번 경고하신 것이 아닙니다. 하나님의 경고를 받는 단계가 되었다는 것은 그 죄가 위험수위에 이르렀다는 뜻입니다. 그렇다면 하나님의 경고는 무엇입니까? 하나님을 더 이상 무시하지 말라는 것입니다. 하나님은 거짓된 예배를 그만두라고 경고하셨습니다.

이스라엘 백성의 제사는 제사가 아니었습니다. 그들은 제사를 드린다고 했지만, 하나님이 보시기에는 그분을 조롱하는 것에 불과했습니다. 이렇듯 하나님과 이스라엘 백성의 관점이 상반되었습니다.

여호와는 긍휼이 많으시고 은혜로우시며 노하기를 더디 하시고 인자하심이 풍부하시도다 시 103:8

하나님은 오래 참으십니다. 그러나 영원히 참지는 않으십니다. 하나님의 경고를 무시하는 행동은 벌을 초청하는 것입니다. 그러면 하나님은 저주하실 수밖에 없습니다. 본문에 보면 "저주"라는 단어가 등장하는데, 절대 흘려들을 단어가 아닙니다.

성경에 보면 축복과 저주는 함께 등장합니다. 축복이 있다는 것은 그 반대편에 저주가 있다는 뜻입니다. 축복이 분명하게 있는 것처럼 저주도 분명하게 있습니다. 하나님은 축복하십니다. 그러나 저주도 하십니다. 신명기 28장은 축복과 저주를 분명하게 소개하고 있습니다.

에덴동산에서 인간이 범죄하므로 저주가 주어졌습니다. 하나님이 허락하신 에덴에서의 복은 인간의 불순종으로 철저히 망가졌습니다. 가장 큰 저주는 무엇입니까? 죽음이 찾아왔습니다. 하나님은 아담에게 "너는 흙이니 흙으로 돌아갈 것이니라"(창 3:19)고 말씀하셨습니다. 아담의 범죄로 말미암아 인간이 받은 저주는 영원한 형벌로써의 죽음이었습니다. 저주로써의 죽음은 오늘날까지 계속되고 있습니다.

새로운 생명이 태어나는 것은 기쁜 일입니다. 그러나 인류에게 내려진 죽음의 저주 아래 모든 사람이 신음하고 있습니다. 참으로 절망스러운 일입니다. 지금도 죽음의 저주는 인류의 목을 겨누고 있습니다.

다시, 새롭게

출애굽하기 전날 밤, 애굽에서 일어난 장자들의 죽음에 따른 애곡은 저주의 무게에 짓눌린 인간의 절규라고 할 수 있습니다. 그것만이 아닙니다. 생존의 무거운 짐도 저주입니다. 먹고 사는 것이 너무 힘듭니다. 저주이기 때문입니다. 인간이 겪는 이런 고통은 모두 불순종의 대가입니다.

흙으로 만들어진 인간은 일평생 흙을 경작하다가 흙으로 돌아갑니다. 에덴에서 추방당한 인간이 겪은 저주는 오늘날에도 계속되어 인간은 땀을 흘려야 살아갈 수 있으나, 그렇게 땀을 흘려 얻은 것도 그저 허무할 뿐입니다.

성경에 보면 하나님의 저주가 자주 언급됩니다. 노아의 홍수 심판은 하나님이 저주를 쏟으신 것입니다. 하나님은 이스라엘 왕들에게 진노하셨습니다. 하나님의 백성들을 공격한 이방 나라들을 심판하셨습니다. 또한 요한계시록에서 하나님은 인류를 향해 심판을 예언하셨습니다.

구약성경에서는 저주가 기근, 전쟁, 전염병 등으로 나타났습니다. 고난과 재앙이 끝없이 이어졌습니다. 평안한 날이 하루도 없었습니다. 이것이 저주의 형태입니다.

하지만 저주 중의 저주는 무엇입니까? 십자가에 매달리신 예수 그리스도의 죽음입니다. 성경은 "나무에 달린 자는 하나님께 저주를 받았음이니라"(신 21:23)고 말씀합니다. 예수님은 저주의 죽음을 당하셨습니다. 십자가를 통해 우리는 저주가 얼마나 끔찍한 것인지 확인할 수 있습니다.

하나님이 저주를 쏟아내실 때는 인정사정없습니다. 조금의 긍휼도 없습니다. 하나님은 아들의 고통을 조금이라도 경감시키려고 하지 않으셨습니다. 극도의 고통을 다 경험하게 하셨습니다. 그러므로 십자가는 저주의 진면목을 보여줍니다. 주님이 저주를 당하심으로써 우리는 죄의 저주로부터 자유로워졌습니다.

——— 맡기신 것에 대해 책임을 물으신다

하나님은 "내가 너희의 자손을 꾸짖을 것이요"(2:3a)라고 말씀하셨는데, 이는 자손이 끊어지게 하겠다는 뜻입니다. '대가 끊어지게 하겠다' '씨를 말리겠다'는 뜻입니다. 이것은 구약시대에 가장 무서운 재앙이었습니다.

제사장에게 내린 저주는 무엇입니까? "절기의 희생의 똥을 너희 얼굴에 바를 것이라"(2:3b)고 말씀하셨습니다. 끔찍한 얘기입니다. 당시 성전 바깥 주변에는 제사를 드리기 위해 가지고 온 짐승들의 배설물을 쌓아놓는 곳이 있었습니다. 본문에 '절기의 희생의 똥'이라는 표현이 나오는데, 제사를 드리는 절기에는 평소보다 도살할 짐승이 많아서 그 똥도 더 많았습니다.

여기서 '똥'은 단순히 배설물만을 가리키는 것이 아닙니다. 짐승의 배설물과 짐승의 내장에 들어 있는 찌꺼기를 뜻합니다. 그런데 하나님은 짐승의 똥을 제사장의 얼굴에 바를 것이라고 말씀하셨습니다. 상당히 직설적인 표현입니다.

똥은 혐오스러운 것을 뜻하는데, 하나님은 그 똥을 얼굴에 묻히는 정도가 아니라 얼굴에 바르겠다고 하셨습니다. 이것은 하나님을 멸시한 자에 대한 보응입니다. 참을 수 없을 만큼 더러운 짓

다시, 새롭게

을 했기 때문에 하나님의 분노가 가득했음을 알 수 있습니다.

제사장의 얼굴에 똥을 바르겠다는 것은 제사장직을 더 이상 감당할 수 없게 만들겠다는 뜻입니다. 더러운 얼굴로 무엇을 할 수 있겠습니까! 얼굴을 들 수 없게 하겠다는 뜻입니다. 얼굴을 들 수 없을 만큼 수치를 당하게 하겠다는 뜻입니다.

명예로운 제사장직은 이제 수치의 상징이 되었습니다. 본문은 거룩을 상징하는 제사장과 더러움을 상징하는 똥을 대비시키고 있습니다. 똥을 얼굴에 바르겠다는 말씀은 하나님을 우롱한 대가로 세상에서 우롱당하는 자로 만들겠다는 뜻입니다. 똥과 같이 취급하겠다는 뜻입니다. 똥처럼 버리겠다는 뜻입니다. 실로 무서운 말씀입니다.

각 사람은 하나님으로부터 받은 역할이 있습니다. 그리고 하나님은 우리에게 맡기신 것에 대해 책임을 물으십니다. 그것을 잘 하느냐 못 하느냐는 중요하지 않습니다. 그것을 행하는 데 있어 하나님을 얼마나 존중하느냐 하는 것이 중요합니다.

하나님은 그냥 화를 내시는 분이 아닙니다. 하나님은 그분의 명예, 그분의 이름, 그분의 영광과 관련된 것에 촉각을 곤두세우십니다. 그런데 제사장들이 예배드리는 가운데 하나님의 명예, 그분의 영광, 그분의 이름을 멸시했습니다. 질이 좋지 않은 짐승을 하나님께 드린 정도가 아니라 하나님을 무시했던 것입니다. 이 행위를 반복적으로 행하면 결국 화를 불러오게 됩니다.

본문을 통해 알 수 있듯 우리가 존재하는 목적, 우리가 일하는 목적은 하나입니다. 하나님을 영화롭게 하는 것입니다. 우리의 이익이나 만족을 추구해서는 안 됩니다. 우리가 화내고 시험에 들고 상처를 받는 이유는 자신에게 초점을 맞추기 때문입니다.

제사장은 어떤 사람입니까? 백성들에게 축복을 선포하는 사람입니다. 제사장이 저주를 받으면 더 이상 백성들을 축복할 수 없습니다. 제사장과 백성들은 깊이 연결되어 있기 때문에 죄를 짓는 데도 결탁되어 있었습니다. 지도자들과 백성은 결탁되어 타협했습니다.

이런 경우 지도자에게 책임이 있습니다. 그래서 하나님은 제사장들을 향해 엄중히 경고하셨습니다. 지도자는 영적으로 건강해야 합니다. 건강한 지도자가 공동체에 미치는 영향이 매우 크기 때문입니다. 지도자가 넘어지면 공동체 전체가 불행해집니다. 역사를 살펴보면 하나님은 그릇된 지도자를 세워 백성들과 공동체를 징계하실 때가 있었습니다. 그러므로 그릇된 지도자는 그냥 생기는 것이 아닙니다. 하나님은 그릇된 지도자를 세워 백성들이 고통당하게 하십니다.

지도자를 잘못 만나는 것은 재앙과 같습니다. 참으로 두려운 일입니다. 그러므로 우리는 영적 지도자를 위해 간절히 기도해야 합니다. 축복해야 하는 사람이 저주를 말하는 자가 되는 것은 비극입니다.

하나님에게서 사명을 받았다는 것은 두려운 일입니다. 잘못하면 얼굴에 똥을 바를 수도 있습니다. 지금 얼굴에 똥을 바른 사람이 많습니다. 명예가 다 떨어져버렸고, 존경심이 전혀 없습니다. 그래서 수치를 당하고 있습니다. 사람들은 지도자를 향해 욕합니다. 등을 돌립니다. 얼마나 무섭고 두려운 일입니까! 그러므로 우리는 얼굴에 똥을 바르는 일이 없도록 기도해야 합니다.

——— 태도를 바꾸라

우리는 왕 같은 제사장입니다. 하나님의 거룩한 백성입니다. 하나님의 자녀로 택함을 받았습니다. 우리는 자신이 맡은 직분을 망쳐서는 안 됩니다. 하나님 말씀의 원리 아래서 두려움과 떨림으로 자신의 직분을 감당해야 합니다.

어떻게 해서든 하나님의 진노를 피해야 합니다. 하나님은 저주를 즐기시는 분이 아닙니다. 우리에게 복 주기를 더 원하십니다. 하나님은 심판을 미루기 원하는 자비로우신 분입니다.

본문을 보면 하나님이 저주를 내리겠다고 말씀하신 것이 아닙니다. 하나님이 진노하신다는 것은 진노를 피하라는 뜻입니다. 하나님의 경고를 듣고 진노를 피하라는 뜻입니다. 저주가 목적이라면 하나님은 나쁜 짓을 할 때 그냥 저주하시면 됩니다. 그런데 하나님은 기회를 주기 위해 계속 경고하십니다.

하나님은 관대하십니다. 피할 길을 열어놓으시는 하나님입니다. 심판은 하나님의 참으심 끝에서 일어납니다. 노아의 홍수에서 우리는 심판에 대한 하나님의 인내가 얼마나 대단한지를 알 수 있습니다. 하나님의 심판은 다시 돌이키기 위함입니다. 하나님은 회복을 원하십니다. 하나님의 심판에는 '더 이상 그 길로 가면 큰일 난다. 돌이키라'는 뜻이 있습니다.

하나님이 분노하시면 우리는 태도를 바꾸어야 합니다. 하나님은 우리가 비뚤어진 태도에서 돌이키기 원하십니다. 하나님으로부터 멀어져 있고, 하나님께 등을 돌린 잘못된 태도에서 돌이키기 원하십니다. 하나님을 무시하고 멸시하는 잘못된 태도를 고치기 원하십니다.

오늘날 우리에게 저주는 없지만 징계는 있습니다. 죄에 대한 심판은 징계로 나타납니다. 본문에 보면 "내가 이미 저주하였나니"라는 말씀이 나옵니다. 이스라엘 백성이 바벨론에서 70년간 포로 생활을 한 것도 징계입니다. 불순종에 대한 하나님의 진노입니다.

그리스도 예수께서 우리를 위해 죽으심으로써 이제 저주는 없습니다. 그러나 우리가 여전히 죄 가운데 살아간다면 이스라엘 백성이 애굽으로 돌아가 종살이하는 것과 같습니다. 실제로 돌아갔다는 것이 아니라 애굽에서 종살이하는 것과 같은 모습으로 산다는 말입니다.

이스라엘 백성은 구원받았음에도 구원받지 못한 사람처럼 살았습니다. 이것이 저주입니다. 그들은 자신에게 주어진 것을 충분히 누리지 못했습니다. 그래서 하지 않아도 될 고생을 하며 살았습니다. 하나님은 그들이 거기서 돌이키기를 원하셨습니다.

신명기에 보면 이스라엘 백성은 불순종으로 광야에서 40년간 고생했는데, 이는 그들을 향한 하나님의 경고였습니다. 하나님만이 크십니다. 하나님은 우리의 아버지가 되십니다. 그러므로 우리는 하나님만 사랑하고 그분만 따라가야 합니다. 그것만큼 큰 축복은 없습니다. 신명기의 말씀은 우리에게 이것을 알려줍니다.

하나님의 명령과 경고를 무시해서는 안 됩니다. 하나님이 복과 저주를 말씀하신 이유는 우리를 사랑하신다는 뜻입니다. 우리를 향한 거룩한 목적을 이루시기 위해 하나님은 우리를 타이르고 때로는 겁을 주십니다.

우리가 망하는 길로 가려고 발버둥치는 것을 하나님이 가만히 지켜보시겠습니까? 우리를 지켜보기만 한다면 그것이 바로 저주입니다. 하나님은 우리가 더 끔찍한 상황으로 가지 않도록 우리를 징계하십니다.

하나님의 끝없는 간섭이 때로는 피곤하게 느껴집니다. 그러나 그분의 손길이 있었기에 지금 우리가 여기 있는 것입니다.

——— 두려움과 떨림으로

하나님은 이스라엘 백성에게 "제발 돌아오라"고 말씀하십니다. 하나님은 우리를 구원하기 위해 자신의 아들을 죽게 하실 만큼 우리를 사랑하십니다.

돌이키는 것은 제사나 제물의 문제가 아닙니다. 다만 제사를 통해 이스라엘 백성의 문제가 드러났을 뿐입니다. 제사가 타락했다는 것은 삶 전체가 타락했다는 뜻입니다. 그 시대의 타락은 제사의 타락으로부터 시작되었습니다. 지금 우리가 예배를 엉터리로 드린다는 것은 삶의 모든 것에 문제가 생겼음을 뜻합니다. 하나님에 대해 관심을 갖기보다 세상을 더 좋아하고, 하나님으로부터 멀어진 것이 예배에서 드러납니다.

하나님을 두려워하지 않고 사는 것이야말로 참으로 두려운 일입니다. 이제 무엇을 해야 할까요? 잘못된 것을 깨달았다면 빨리 돌이켜야 합니다. 이것이 말라기서를 통해 하나님이 말씀하시고자 하는 것입니다.

세상 마지막 날, 우리는 의로우신 재판장인 하나님 앞에 설 것입니다. 바울은 하나님 앞에 설 것을 늘 기억하며 살았습니다(딤후 4:8). C.S. 루이스는 "항상 종말을 생각하고 사는 사람 중에 오늘의 삶을 대충 사는 사람은 없다"라고 말했습니다. 항상 하나님의 심판대 앞에 서게 될 날을 생각하며 사는 사람은 오늘을 대충 살 수가 없습니다. 하나님 앞에서 두려움과 떨림으로 날마다 우리 자신을 성찰하고, 하나님으로부터 멀어진 것들을 그분께로 다시 돌이켜야 합니다.

하나님은 우리가 자신의 근본적인 부분을 들여다보기 원하십니다. 기본적인 것, 기초적인 것, 본질적인 것 가운데서 뒤틀린 것을 수정하고 제대로 방향을 잡기 원하십니다. 우리는 하나님 앞으로 온전히 돌이킬 때 그분이 주신 사명을 온전히 감당할 수 있습니다. 그리고 마지막 날 하나님 앞에서 부끄러울 것 없는 모습으로 서게 됩니다.

6

생명과 평강의 언약

4 만군의 여호와가 이르노라 내가 이 명령을 너희에게 내린 것은 레위와 세운 나의 언약이 항상 있게 하려 함인 줄을 너희가 알리라

5 레위와 세운 나의 언약은 생명과 평강의 언약이라 내가 이것을 그에게 준 것은 그로 경외하게 하려 함이라 그가 나를 경외하고 내 이름을 두려워하였으며

6 그의 입에는 진리의 법이 있었고 그의 입술에는 불의함이 없었으며 그가 화평함과 정직함으로 나와 동행하며 많은 사람을 돌이켜 죄악에서 떠나게 하였느니라

7 제사장의 입술은 지식을 지켜야 하겠고 사람들은 그의 입에서 율법을 구하게 되어야 할 것이니 제사장은 만군의 여호와의 사자가 됨이거늘

8 너희는 옳은 길에서 떠나 많은 사람을 율법에 거스르게 하는도다 나 만군의 여호와가 이르노니 너희가 레위의 언약을 깨뜨렸느니라

9 너희가 내 길을 지키지 아니하고 율법을 행할 때에 사람에게 치우치게 하였으므로 나도 너희로 하여금 모든 백성 앞에서 멸시와 천대를 당하게 하였느니라 하시니라

—————— 말라기 2:4-9

말라기서를 읽다 보면 말라기 시대와 오늘날의 모습이 매우 비슷한 것을 발견할 수 있습니다. 그러므로 이 시대를 살아가는 우리 신앙의 답을 말라기서 가운데서 찾고자 합니다. 끝까지 살펴보면 분명하게 찾을 수 있습니다.

말라기서에 보면 하나님의 감정이 표출되고 있는데, 하나님의 혹독한 분노를 발견하면 우리는 "하나님이 왜 분노하시는가"라고 질문합니다. 그런데 분노를 자세히 살펴보면 다른 면에 사랑이 있음을 발견할 수 있습니다. 백성들을 향한 하나님의 관심과 사랑이 분노로 나타난 것입니다.

앞서 제사장에 대해 말씀하신 하나님은 이제 레위인에 대해 말씀하십니다(2:5). 본문에 보면 "레위와 세운 나의 언약"이 여러 번 나옵니다(2:4, 5, 8). 그런데 하나님은 왜 언약을 말씀하셨을까요?

신명기 10장에 보면 레위 지파는 성전에서 제사장들을 돕는 역할을 했습니다. 레위인들을 특별히 구별하여 세우신 하나님은 하나님은 모세에게 "이스라엘 자손 중 모든 처음 태어난 자 대신에 레위인을 취하고 또 그들의 가축 대신에 레위인의 가축을 취하라 레위인은 내 것이라"(민 3:45)고 말씀하셨습니다. 하나님이 레위 지파를 제사장을 돕는 사람으로 택하셨음을 알 수 있습니다.

그런데 세월이 흐르면서 레위인도 제사장들과 동일하게 타락했습니다(느 13:29). 하나님과의 언약을 깨뜨렸던 것입니다.

다시, 새롭게

─────── 하나님의 언약을 상기하라

그렇다면 레위와 세운 언약은 무엇입니까? 본문에 보면 "레위
와 세운 나의 언약은 생명과 평강의 언약이라"(2:5)고 기록되어
있습니다. 하나님은 그 언약이 깨어지지 않고 항상 유지되기를
원하셨습니다. 그런데 제사장들과 레위인들이 그 언약을 깨뜨려
위험한 지경에 다다르자 하나님은 그들에게 명령하셨습니다.

성경은 전체가 언약(covenant)입니다. 구약과 신약으로 이루어진
성경은 약속의 책입니다. 언약의 하나님은 그분의 백성들과 언약
을 맺으셨습니다. 성경은 창조의 언약, 노아의 언약, 아브라함의
언약, 시내산 언약 등 여러 가지 언약이 기록되어 있습니다.

우리에게 주어진 구원은 하나님의 언약 안에서 이루어졌습니
다. 하나님은 이스라엘 민족과 언약을 맺으셨습니다. 이스라엘
민족은 오늘날의 교회, 즉 새 이스라엘을 뜻합니다. 하나님의 편
에서 우리에게 언약을 제시하셨습니다. 하나님이 인간과 계약을
맺을 때 하나님의 편에서는 얻을 것이 하나도 없습니다. 그럼에
도 인간과 계약하심은 하나님이 베푸신 호의입니다.

창세기 15장에 보면 하나님과 아브라함이 언약을 맺는 장면이
나옵니다. 하나님은 아브라함에게 짐승을 쪼개고 그 쪼개진 짐승
사이로 지나가게 하셨습니다. 이것은 하나님과의 언약을 깨면 쪼
개진 짐승처럼 죽으리라는 뜻입니다. 반드시 언약을 지켜야 한다
는 뜻입니다. 그러므로 언약을 깨는 것은 스스로 저주를 받아들
이는 것입니다.

본문에서 하나님은 레위인과 언약 맺은 것을 상기시키고 계십

니다. 생명과 평강을 위해 맺은 언약을 어찌하여 깨느냐고 물으십니다. 언약을 깨는 것은 심판을 자초하는 일입니다. 앞서 레위인이나 제사장들이 범죄함으로써 하나님과의 언약을 파기할 상황이 되자 하나님은 그들에게 저주를 경고하셨습니다.

그런데 더 심각한 일은 레위인들과 제사장들이 잘못된 길로 가자 백성들도 잘못된 길로 간 것입니다. 하나님은 더 이상 저주를 자초하지 않도록 이스라엘 백성에게 언약을 깨지 말고 유지해야 한다고 간곡히 말씀하셨습니다.

이스라엘 백성이 "하나님이 우리를 사랑하시는데 왜 어려움을 당해야 합니까? 형편이 왜 나아지지 않습니까?"라고 질문하자 하나님은 "너희가 지켜야 하는 기본을 놓쳤기 때문이다"라고 말씀하셨습니다. 하나님은 언약을 깨뜨리고 타락한 이스라엘 백성의 죄를 지적하셨습니다. 여기서 우리는 자녀들을 향한 하나님의 애타는 마음을 느낄 수 있습니다.

자식들은 죄를 짓고도 태연합니다. 그러나 자식들을 향해 매를 든 부모의 마음은 절실합니다. 아이가 밥을 먹지 않겠다고 말한 뒤 자기 방으로 들어가 버리면 굶은 아이가 힘들어야 하는데, 그런 아이를 지켜보는 엄마가 더 힘듭니다. 배고파 할 자녀를 생각하면 안타까운 마음이 들기 때문입니다.

지금 하나님은 이스라엘 백성을 향해 매를 들고 계십니다. 사랑하기에 그들을 향해 매를 들고 계십니다. 자녀가 빗나가면 부모는 악역을 담당할 수밖에 없습니다. 백성들이 악을 행할 때 하나님은 무서운 분으로 서 계실 수밖에 없습니다.

인간이 언제나 하나님의 언약을 지킬 수 있는 것은 아닙니다. 우리는 연약하고 실수투성이어서 죄를 짓습니다. 하나님도 그것을 아십니다. 그래서 언약을 깨뜨린 인간들을 구원하시려는 하나님의 은혜 언약이 있습니다. 실수하고 넘어져도 하나님의 은혜를 의지하고 돌아서면 하나님은 우리를 다시 살려주십니다.

본문에 보면 제사장의 역할이 언급되어 있는데, 제사장의 입술은 지식을 지켜야 한다는 것입니다(2:7). 여기서 '지식'은 하나님의 말씀을 뜻합니다. 또한 제사장의 입은 항상 율법을 구해야 한다고 했습니다. 제사장은 만군의 여호와의 사자(使者)이기 때문입니다.

이렇게 제사장은 스스로 진리의 법을 지켜야 함에도 죄를 범했습니다. 그리고 그를 따르는 많은 사람을 죄에 빠뜨렸습니다(2:8). 그들은 자신도 옳은 길에서 떠났을 뿐 아니라 백성들까지 거스르게 했습니다. 백성들이 율법을 거스르도록 했기 때문에 제사장들과 레위인들의 죄가 컸습니다.

본문에 보면 "너희가 내 길을 지키지 아니하고 율법을 행할 때에 사람에게 치우치게 하였으므로 나도 너희로 하여금 모든 백성 앞에서 멸시와 천대를 당하게 하였느니라 하시니라"(2:9)고 기록되어 있습니다. 하나님은 "너희가 내 길을 지키지 않는데, 누가 백성들에게 내 길을 지키게 할 수 있겠느냐"라고 물으신 것입니다.

───── **하나님의 영광에 합당한 예배**

말라기서에는 지도자에 대한 경고가 많이 나옵니다. 누가 진정한 지도자입니까? 거짓된 지도자는 자신은 지키지 않으면서 다른 사람에게 지키라고 강요합니다. 모든 말씀에 순종해서 말씀을 가르치는 사람은 이 땅에 한 사람도 없습니다. 그러나 지도자는 가르치는 것과 행위가 일치하도록 힘써야 합니다. 이것은 지도자의 중요한 과제로, 지도자는 말쟁이가 되지 않도록 항상 조심해야 합니다.

다른 사람을 속이는 사람은 자신을 속일 가능성이 높습니다. 영적 지도자는 자신을 돌보는 일을 사역보다 중요하게 생각해야 합니다. 영혼이 무너진 영적 지도자가 무엇을 할 수 있겠습니까?

그러므로 목회자는 자신의 영혼을 돌보는 것을 우선적으로 생각해야 합니다. 사실 분주하게 사역하다 보면 기도할 시간도 없고, 말씀 볼 시간도 없고, 예배 가운데 깊이 들어가지 못하고 육신이 피곤합니다. 그래서 영적 사각지대에 놓일 때가 많습니다. 자신의 영혼을 돌보는 것이 매우 중요함에도 목회자의 직무 가운데는 그것이 없습니다.

영적 지도자는 기술이나 기능을 가지기보다는 영혼의 힘을 가져야 합니다. 스스로를 단련시켜야 합니다. 그렇게 하지 않으면 아주 위험해질 수 있습니다. 경건에도 힘써야 하고, 영혼의 깊이가 있어야 합니다. 말씀에 따라 살아가고자 하는 진실된 마음이 있어야 합니다. 이것이 목회의 핵심입니다.

목회자가 자신의 영혼을 돌보지 않는다면 복음을 파는 장사꾼으로 전락할 수 있습니다. 예수를 팔아먹는 삯꾼이 될 수 있습니다. 그러므로 성도들은 목회자의 영혼을 위해 기도해야 합니다.

목회자들도 마찬가지입니다. 누군가를 섬기기 전에 자신의 영혼을 먼저 돌보아야 합니다. 우리 자신을 위해 그렇게 해야 합니다. 목회자가 성도에게 줄 수 있는 최고의 선물은 건강한 목회자 자신입니다. 영혼이 건강한 목회자는 성도에게 최고의 선물입니다. 그러므로 목회자는 시간이 내어 자신에게 "나는 목회자로서 제대로 예배를 드리는가?" 하고 질문해야 합니다.

제사장의 직무 중 가장 중요한 일은 하나님께 바르게 예배드리는 것입니다. 하나님께 온전히 예배드리지 못하는 사람이 누구를 예배의 자리로 이끌겠습니까! 온전한 예배자로 서지 못하는 것, 이것은 제사장의 직무 유기입니다.

예배에서 하나님의 눈을 속이면 그 예배는 파괴되고 맙니다. 거기서 일어나는 그 어떤 것도 선한 열매를 맺을 수 없습니다. 말라기서에서 계속 예배를 강조하는 이유는 무엇입니까? 하나님을 하나님으로 온전히 대우하는 것이 그만큼 중요하기 때문입니다.

하나님의 영광에 합당하게 예배드리는 것보다 귀한 것은 이 세상에 없습니다. 예배가 무너지면 모든 것이 무너집니다. 예배 자체가 그릇되면 기대할 것이 아무것도 없습니다. 하나님의 영광에 합당하게 예배드리지 않으면 온갖 더러운 죄악이 봇물처럼 터져 나옵니다. 그만큼 예배는 중요합니다.

——— 끊임없이 하나님의 뜻을 물으라

지도자의 역할이 무엇입니까? 백성들이 하나님의 말씀을 잘 지키도록 가르치는 것입니다. 본문에서 제사장의 입은 진리를 말해야 한다고 말씀합니다(2:6). 제사장은 백성들을 진리로 이끌어야 하는 임무가 있습니다. 그러므로 항상 진리의 날이 서 있어야 합니다.

제사장은 말씀을 분명하게 가르쳐야 합니다. 그렇지 않으면 백성들은 타협할 가능성이 높습니다. 타협하려고 할 때 문제가 생깁니다.

말라기 시대에는 제사장과 백성들이 한통속이었습니다. 왜 그런 일이 일어났습니까? 제사장이 백성의 요구에 휘둘렸기 때문입니다. 백성들은 현실의 문제를 가지고 타협하려고 했고, 그 요구는 끝이 없었습니다.

목회자는 성도들의 말에 귀 기울여야 합니다. 성도들에게 관심을 가져야 합니다. 시대가 원하는 것이 무엇인지 알아야 합니다. 현실을 이해해야 합니다. 그러나 목회자 본연의 역할은 성도들의 필요를 채우는 것이 아닙니다. 목회자가 성도들의 필요를 채우는 데 급급하다면 위험해질 수 있습니다.

목회자는 중심을 잡고 성도들을 하나님께로 이끌어야 합니다. 성도들이 하나님의 음성에 귀 기울이도록 해야 합니다. 아무리 힘들어도 하나님의 말씀에 순종하도록 해야 합니다.

현실의 필요를 따라가면 길을 잃고 맙니다. 우리의 필요는 늘 변하기 때문입니다. 때로는 필요가 욕망으로 바뀝니다. 그러므로 영적 지도자는 세상 가운데서 성도들이 가진 그릇된 환상을 깨뜨려야 합니다. 교회는 성도들이 오직 하나님의 말씀에 집중하도록 해야 합니다. 말씀이 성도의 기준이 되도록 해야 합니다.

다시, 새롭게

하나님 나라의 기준은 사람이 아닙니다. 하나님 나라의 기준은 하나님입니다. 사람들끼리 논의해서 교회의 질서가 세워지는 것이 아닙니다. 교회의 질서를 세우려면 하나님의 뜻을 끊임없이 묻고, 하나님의 말씀 앞에 복종해야 합니다.

목회자는 사람의 생각과 필요를 말하기 전, 하나님이 요구하시는 것에 집중해야 합니다. 성도들이 말씀의 기준에 따라 살아가도록 끊임없이 가르쳐야 합니다. 설교에서 가장 중요한 것은 '선포'입니다. 설교자는 성도들이 좋든지 싫든지 간에 하나님의 말씀을 일방적으로 대언(代言)해야 합니다. 하나님의 뜻을 분명하게 알려야 합니다. 성도들과 타협해서는 안 됩니다.

목회가 무엇일까요? 성도들을 하나님께 집중하게 만드는 것입니다. 인간은 세상과 자신을 바라봅니다. 시선을 잘못 처리하면 우상숭배를 하게 됩니다. 우리는 말씀을 보든지 기도를 하든지 간에 하나님께 집중해야 합니다. 큐티를 하며 본문을 묵상할 때 자신에게 필요한 말씀, 자신에게 위로가 되는 말씀이 무엇인지 생각하기보다 우리에게 말씀하시는 하나님의 뜻이 무엇인지 생각해야 합니다.

예배가 무엇입니까? 하나님께 시선을 집중하는 것입니다. 그런 점에서 사역의 핵심은 말씀을 가르치는 것입니다. 말씀을 알아야 말씀에 따라 살 수 있습니다. 무지(無知)는 큰 병입니다. 이스라엘의 역사를 보면 하나님을 아는 지식이 부족했습니다.

왜 죄를 짓습니까? 말씀을 알지 못하기 때문입니다. 안다고 해도 애매하게 알기 때문입니다. 에덴동산에서 하와가 하나님의 말씀을 정확하게 알았다면 죄를 짓지 않았을 것입니다. 하와는 하나님의 말씀에 자기 멋대로 덧붙이고 성경을 자기 느낌대로 해석해서 죄를 범하고 말았습니다.

오늘날 얼마나 많은 거짓 메시지가 있습니까? 왜 이단에 미혹됩니까? 왜 우상을 숭배합니까? 하나님에 대한 지식이 부족하기 때문입니다(호 4:6). 하나님을 모르는 상태에서 어떻게 참된 예배를 드리겠습니까? 하나님에 대한 지식이 없으면 세상에서 미혹당할 수밖에 없습니다.

───── **하나님의 기준 앞에 바로 서라**

목회자가 무지한 것은 지도자가 무지한 것과 같습니다. 지도자의 무지는 문제가 됩니다. 지도자가 공부하지 않으면 위험해질 수 있습니다. 그러므로 목회자는 가르치기 위해 말씀을 부지런히 연구해야 합니다. 성도들에게 말씀을 잘 가르치기 위해 말씀 연구에 집중해야 합니다. 성경을 깊이 있게 아는 것은 결코 쉬운 일이 아닙니다. 많은 시간이 필요합니다.

말씀의 기준 앞에 바로 서려면 말씀을 가르치는 자와 말씀을 배우는 자가 함께 열심을 내야 합니다. 그러나 이 시대에는 간절히 하나님을 찾는 사람이 많지 않습니다. 신앙에 수동적입니다. 그러나 엄마가 밥을 떠먹여줘야 겨우 받아먹는 아이는 건강하게 자랄 수 없습니다. 건강한 아이는 자기 스스로 잘 챙겨 먹습니다.

요즘은 우리 스스로도 말씀을 얼마든지 챙겨 먹을 수 있습니다. 말씀을 배울 수 있는 프로그램이 많고, 목회자들도 열심히 가

다시, 새롭게

르치고 있습니다. 그런데 말씀을 알려고 하는 열망이 없으면 아무 소용없습니다.

현실에 빠져 먹고사느라 바쁘면 영적 갈망이 식어버립니다. 말씀을 배우고 싶어 하는 열망이 생기지 않습니다. 그러면 영적 무지에서 벗어날 수 없습니다. 신앙이 약해질 수밖에 없습니다. 하나님이 누구신지 모르기 때문입니다.

제사장은 백성들을 여호와께로 돌아가게 해야 합니다. 백성들을 죄악에서 돌이키게 하는 것이 영적 지도자의 본래 역할입니다. 곁길로 가던 사람이 자신의 죄를 깨닫고 하나님께로 돌아오는 것을 볼 때 목회자는 행복을 느낍니다. 희열을 느낍니다. '이게 바로 목회다'라고 생각합니다.

──── 항상 깨어 있으라

우리는 다 양 같아서 그릇 행하여 각기 제 길로 갔거늘 여호와께서는 우리 모두의 죄악을 그에게 담당시키셨도다 **사 53:6**

여기서 '양'은 그릇 행하여 제 길로 가는 존재입니다. 이것이 양의 특성입니다. 그래서 길을 잘 잃어버립니다.

인간은 자기 소견에 따라 살아가고자 하는 욕망을 가지고 있어 정도(正道)를 벗어날 때가 많습니다. 이때 영적 지도자는 성도들을 부지런히 일깨워야 합니다.

사람들은 신앙생활을 잘하다가도 한순간에 넘어지고 시름시름 앓습니다. 쉽게 변질되기도 합니다. 훈련을 잘 받고 은혜가 충만한 것 같은데, 어느 정도 지나면 희멀건 사람이 되어 있습니다. 멍해집니다. 그 사이에 무슨 일이 있었는지 알 수 없습니다.

요즘 같은 때 한 주라도 은혜 생활을 하지 않으면 속물이 됩니다. 한 달 동안 제대로 된 예배를 드리지 않으면 영적 상태가 엉망진창이 됩니다. 우리도 모르게 영적으로 나태해집니다. 영적으로 나태해지면 영적 총기가 사라집니다. 목회자도 예외가 아닙니다. 그러므로 영적 지도자는 영적으로 태만한 성도가 보이면 그냥 두어서는 안 됩니다.

왜 특새(특별새벽기도)를 합니까? 성도들이 영적으로 늘 깨어 있으면 특새를 할 필요가 없습니다. 특새는 영적으로 깨우고 영적 자극을 줍니다. 이런 방식으로라도 성도들을 깨우려는 것입니다.

연초에는 뭐든지 잘합니다. 송구영신예배를 드리고 돌아갈 때는 영적으로 충만합니다. 그러다가 얼마 지나지 않아 매너리즘에 빠집니다. 오늘날 이런 현상이 심화되고 있습니다.

세상의 자극이 강해졌습니다. 생존경쟁이 치열합니다. 예전에는 많이 벌지 못해도 경쟁이 치열하지 않았습니다. 자신의 몫만 잘 감당하면 아무 문제가 없었습니다.

그런데 무한경쟁시대를 살고 있는 우리는 언제나 치열하게 살아갑니다. 세상이 문명화될수록 시간이 절약되는 것이 아니라 더 바빠집니다. 세상에서 바빠질수록 우리는 영적으로 게을러집니다. 방심하게 됩니다. 세상은 우리를 분주하게 만들고, 영적으로 한눈팔게 합니다. 이런 현상이 가속화되고 있습니다.

치열하게 살다 보면 피곤하고 지칩니다. 이런 이유로 사람들은 현대 문명을 즐기며 피곤을 잊으려고 합니다. 그런데 현대 문명에는 우리를 무너뜨리려는 달콤한 유혹이 곳곳에 숨어 있습니다. 육체적으로 편해지다 보면 영혼은 치명타를 입습니다

특히 자녀들을 위해 많이 기도해야 합니다. 우리의 자녀들을 보면 안타깝습니다. 지금은 교회에 와서 은혜를 받지만, 앞으로 신앙을 유지할 수 있을지 낙관적인 전망을 할 수가 없습니다. 세상의 문화에 빠지면 한방에 날아가 버릴 수 있습니다.

> 육체의 소욕은 성령을 거스르고 성령은 육체를 거스르나니 이 둘이 서로 대적함으로 너희가 원하는 것을 하지 못하게 하려 함이니라 **갈 5:17**

영보다 육이 득세하고 있어 신앙생활을 하기가 갈수록 어려워지고 있습니다. 육이 강하면 영은 죽을 수밖에 없습니다. 우리는 자신의 내면을 들여다보며 날마다 싸워야 합니다.

우리는 잠들기 쉬운 시대를 살고 있습니다. 영적으로 타락하기 쉬운 시대입니다. 이런 시대에는 영적 지도자가 깨어 있어야 합니다. 파수꾼인 영적 지도자는 성도들이 깨어 있도록 날마다 나팔을 불어야 합니다.

사사시대가 왜 암흑기였습니까? 깨어 있어야 할 지도자들이 다 잠들었기 때문입니다. 사사기를 읽어 보면 가관입니다. 나중에는 세상보다 한술 더 뜹니다. 왜 엘리야는 "나만 홀로 남았다" 라고 말했습니까? 엘리야가 위대한 선지자였기 때문입니까? 아닙니다. 나라 전체가 타락했기 때문입니다. 많은 선지자가 타락

했기 때문입니다. 깨어 있는 선지자가 없었습니다.

깨어 있는 사람이 한 사람이라도 있다면, 그 한 사람이 공동체를 살립니다. 나라를 살립니다. 부부가 모두 잠들면 그 가정은 죽을 수밖에 없습니다. 한 사람이라도 반드시 깨어 있어야 합니다. 그러면 그 가정은 삽니다.

——— 영적 지도자의 사명

오늘날 지도자의 역할은 무엇입니까? 성도들을 깨우는 것입니다. 사람을 많이 모으는 것보다 성도들이 깨어 있도록 하는 것이 더 중요합니다. 많이 모였다고 해도 잠들어 있다면 아무 소용없습니다. 양 떼도 잠들어 있고 목자도 잠들어 있다면, 그 목장은 이리 떼의 먹이가 될 수밖에 없습니다.

오늘날 껍데기만 신자인 사람이 너무 많습니다. 영적으로 자포자기 상태에 있는 직분자가 많습니다. 그런 사람은 직분을 반납해야 합니다. 자신이 무슨 죄를 짓는지도 모르는 사람이 많습니다. 예배를 예배답게 드린 지 오래된 신자가 많습니다.

지도자는 "돌아오라"고 외쳐야 합니다. 죄를 짓는 자리에서 벗어나 하나님께로 돌아오라고 외쳐야 합니다. 잠든 영혼을 깨워야 합니다. 교회에 다니며 봉사하지만 세상에서는 은밀히 죄를 짓는 영혼들을 향해 "회개하고 돌아오라"고 외쳐야 합니다. 영적 지도자들은 이런 성도들을 책망하는 것을 두려워하지 말아야 합니다. 돌이키게 하는 것이 영적 지도자의 사명이기 때문입니다. 직무유기를 해서는 안 됩니다.

다시, 새롭게

본문은 제사장을 백성들의 사자가 아니라 여호와의 사자라고 했습니다(2:7). 하나님의 편에서 그분의 말씀을 전하는 자입니다. 성도들의 귀에 듣기 좋은 말만 해서 인기 있는 설교자로 평가받고 싶어 한다면 그 사람은 헛된 것에 눈이 어두워진 타락한 지도자가 될 수밖에 없습니다.

> 친구의 아픈 책망은 충직으로 말미암는 것이나 원수의 잦은 입맞춤은 거짓에서 난 것이니라 **잠 27:6**

예수님이 이 세상에 오신 목적이 무엇입니까? 예수님은 우리를 죄에서 구원하기 위해 이 세상에 오셨습니다. 그러므로 우리는 주저하지 말고 죄에서 돌이켜야 합니다. 많은 사람을 돌이키게 하여 죄에서 떠나게 하는 것이 오늘날 영적 지도자의 역할입니다. 상처받을 것이 두려워 듣기 좋은 말만 하는 것은 사랑이 아니라 사기(詐欺)입니다.

영적 지도자는 성도들이 죄와 직면하도록 해야 합니다. 죄를 들춰내야 합니다. 어디서 무엇이 잘못되었는지 알려줘야 합니다. 돌이키게 하는 영적 지도자의 역할은 아무리 강조해도 지나치지 않습니다. 하나님이 영적 지도자를 세우신 이유가 여기에 있기 때문입니다.

성도들은 영적 지도자들을 위해 기도해야 합니다. 영적 지도자들과 타협하여 함께 망하는 일이 일어나선 안 됩니다. 성도들은 깨어 있어야 합니다. 함께 기도하여 우리 공동체와 가정을 살려내야 합니다. 이 민족을 살려내야 합니다.

앞으로 우리 삶에 어려운 일이 많이 일어날 것입니다. 갈수록 더 힘들어질 것입니다. 우리의 신앙을 위협하는 세속화의 물결은 더욱 거세어질 것입니다. 오늘날 이 사회는 많이 망가졌습니다. 신앙의 본질과 순수성을 지키며 진리의 기준 앞에 바로 서지 않으면 모든 것이 망가지고 맙니다.

세상만 망가진 것이 아닙니다. 교회 안에도 망가진 것이 많습니다. 멀쩡한 가정이 별로 없을 정도입니다. 개인의 삶도 망가졌습니다. 이런 세상 가운데서 우리는 기초를 다시 세워야 합니다. 신앙의 본질로 다시 돌아가야 합니다. 하나님 앞에 회개하고 돌이키면 하나님이 살려주실 줄 믿습니다.

하나님은 우리가 생명과 평강의 언약을 누리길 원하십니다. 복음의 정신으로 돌아가 영적으로 환골탈태(換骨奪胎)하여 신앙의 순수성을 회복해 하나님의 자비와 긍휼을 경험하기 바랍니다.

7

사랑의 결단

하나님을 향한 사랑이 식으면 예배에 문제가 생기고, 예배의 실패에 따른 후유증은 심각합니다. 이런 문제의 근본적 원인은 영적 타락입니다.

영적 타락의 원인은 영적 지도자에게 있습니다. 영적 지도자가 타락하면 공동체 전체가 몸살을 앓게 됩니다. 부실한 공동체는 영적 갈증, 영적 갈망이 없습니다. 미지근합니다. 기도하지만 형식적으로 기도할 뿐입니다. 기도 응답에 대한 기대감도 없습니다. 기도 응답에 대한 기대감이 없는데, 힘 있게 기도할 수 있겠습니까? 또, 죄에 대한 기준이 분명하지 않다 보니 죄에 대해 관대합니다.

하나님을 두려워하지 않으면 이런 현상이 나타납니다. 하나님을 두려워하지 않으면 그분의 말씀에 귀를 기울이지 않게 됩니다. 하나님의 말씀에 귀 기울이지 않으면 죄에 대해 무감각해집니다. 하나님과의 거리가 멀어지고 영적으로 단절됩니다.

하나님과 어떤 관계를 맺느냐에 따라 모든 것이 결정됩니다. 하나님에 대한 갈망이 없는 마음은 하나님과의 단절로 이어집니다. 그러므로 영적 열기(熱氣)가 참 중요합니다. 우리 안에 간절함이 있어야 합니다. 영적 기대감, 말씀에 대한 기대감이 있어야 합니다.

─────── **언약의 공동체 중심으로 움직이다**

이스라엘 백성은 "주께서 어떻게 우리를 사랑하셨나이까"(2:2)라고 반문했는데, 여기에는 '언제 우리의 기도를 들어주신 적이 있습니까'라는 뜻이 담겨 있습니다. 하나님이 기도를 들어주셨다면 오늘 이렇게 신통찮은 모습으로 살고 있겠느냐는 말입니다.

하나님은 분명 이스라엘을 돌보시고 계셨습니다. 이스라엘은 분명 하나님과의 언약 관계에 있는 하나님의 백성이었습니다. 그런데 이스라엘 백성 가운데 하나님의 신실한 언약을 통해 세워진 공동체 안에서 서로 거짓을 행하여 하나 됨이 깨어졌습니다 (2:10). 말라기 선지자는 이스라엘 백성의 하나 되지 못한 것이 그들이 기도 응답을 받지 못하는 요인이 되었다고 말합니다.

형제가 서로에게 성실하지 못하여 언약 공동체가 깨어졌다면 하나님이 그 공동체에게 복을 주실 수 있겠습니까? 서로의 관계가 깨어졌다면 하나님은 그 공동체에 축복을 주실 수 없습니다. 하나님은 공동체를 매우 중요하게 여기십니다. 그렇다고 해서 개인을 무시하신다는 뜻은 아닙니다. 개인이 모인 하나님의 공동체를 가리켜 '언약의 공동체'라고 합니다. 하나님의 뜻과 섭리는 언약의 공동체를 중심으로 이루어집니다.

공동체에서 중요한 것은 관계입니다. 성부 하나님, 성자 예수님, 성령 하나님 삼위일체에서도 관계가 중요합니다. 하나님은 성부, 성자, 성령의 관계 가운데서 그분의 역사를 이루어 가십니다. 이 관계 가운데서 하나를 이루어 하나님의 뜻을 이루어 가십니다.

하나님의 성품을 이어받은 하나님의 공동체, 언약의 공동체는 철저히 관계 중심입니다. 하나님의 언약의 공동체는 창세기 12장에서 하나님이 아브라함을 부르신 것에서 시작되었고, 신약의 교회를 통해 언약의 공동체를 이루어 가십니다.

본문에 보면 공동체 안에서 형제에게 거짓을 행하여 하나님과의 언약을 욕되게 했습니다. 왜 이런 일이 일어났습니까? 하나님과의 관계에서 문제가 생기면 인간관계에도 문제가 생길 수밖에 없습니다. 이것은 자연스러운 현상입니다.

하나님에 대한 사랑이 식어버리고, 하나님을 위한 예배가 깨어짐으로써 그분과의 관계에 문제가 생기자 한 하나님, 한 아버지를 모신 언약의 공동체 안에서도 문제가 생겼습니다.

함께하는 복, 공동체

인간관계에서 어려움을 느낍니까? 그것은 비단 인간관계 문제만은 아닙니다. 부부 사이가 좋지 않습니까? 이는 부부만의 문제가 아닙니다. 이때 우리는 근원적인 문제를 생각해야 합니다. 하나님과의 관계를 살펴보아야 합니다. 하나님과의 관계에 문제가 있으면 인간관계에 문제가 생깁니다.

영적으로 병들면 인간관계가 뒤틀리게 됩니다. 잘 지내다가도 갈등이 생기고, 별것 아닌 일로 원수가 될 수도 있습니다. 잘 지냈는데 하루아침에 원수가 되기도 합니다. 오래된 공동체 안으로 들어가 보면 인간관계가 꼬인 사람이 많습니다. 겉으로 봐서는 문제가 없어 보이지만 깊숙한 곳에 반목과 질시가 자리하고 있습니다. 그래서 정죄를 합니다. 비난의 화살을 던집니다. 거짓말을 만들어냅니다.

하나님에 대한 사랑이 무엇으로 드러나야 합니까? 공동체 안에서 지체를 섬기는 것으로 드러나야 합니다. 하나님을 사랑하는 것과 공동체를 세워 가는 것은 같습니다.

우리는 하나님을 사랑하는 것과 사람을 사랑하는 것을 분리시키려고 하지만 분리되지 않습니다. 이것은 각각 따로 있지 않습니다. 하나님을 사랑하는 것이 사람을 사랑하는 것입니다.

'하나님을 잘 섬기는 성도'라고 하면 우리는 열정적으로 찬양하고, 열광적으로 기도하고, 헌금도 많이 하는 사람을 생각합니다. 물론 그렇게 하면 하나님을 잘 섬기는 것입니다. 그러나 그렇게 하는 것만 하나님을 잘 섬기는 것은 아닙니다. 하나님이 사랑하시는 사람을 사랑하는 것이 그분을 잘 섬기는 것입니다. 하나님이 사랑하시는 사람을 사랑하지 않으면 그분을 사랑한다고 말할 수 없습니다.

하나님이 주신 복 가운데 놀라운 복은 공동체입니다. 공동체는 성경에서 중요한 핵심 원리입니다. 에덴동산에서는 모든 것이 완벽했습니다. 그런데 좋지 못한 것이 하나 있었습니다. 사람이 혼자 사는 것이었습니다. 이에 대한 해결책으로 하나님은 공동체를 주셨습니다. 이것을 해결하기 위해 여자를 만드셨고, 가정을 이루게 하셨습니다. 함께하는 복을 누리게 하셨습니다. 하나님은 비로소 에덴을 완성하셨습니다.

그런데 죄가 관계를 깨뜨렸습니다. 아담이 하나님과의 언약을 깨뜨림으로써 하나님과의 관계가 깨어졌습니다. 분열과 갈등이 시작되었습니다. 하나님과의 관계가 깨어지자 부부관계, 형제관계, 부모와 자녀관계 등 모든 관계가 깨어졌습니다.

인류의 근원을 살펴보면 인생 가운데 펼쳐진 모든 문제에 대한 답을 찾을 수 있습니다. 하나님과의 관계에 문제가 생기자 여기서 모든 문제가 파생되었습니다. 서로에게 책임을 돌리고 서로를 탓했습니다.

그러자 하나님은 아브라함을 부르셨습니다. 이를 통해 하나님은 인간이 깨뜨린 공동체를 회복시키는 작업을 시작하셨습니다. 그런데 그 공동체가 형제 사이에 서로 거짓을 행했습니다. 조상들과의 언약을 깨뜨렸습니다.

이런 일이 오늘날 우리 주변에서도 일어나고 있습니다. 교회 안에서도 서로 욕하고 비난하고 싸웁니다. 한국 교회에서 이런 일이 많이 일어나고 있습니다. 그래서 많은 교회가 홍역을 앓고 있습니다. 이민 교회도 마찬가지입니다. 많이 싸웁니다. 모이기만 하면 싸웁니다.

지금까지 신앙생활을 하면서 교회에서 싸우는 것을 한 번도 보지 않았다면 복 있는 사람입니다. 갈등하는 정도가 아닙니다. 싸워도 그냥 싸우지 않습니다. 진리를 가지고 싸웁니다. 이것은 우리의 아픔입니다.

교회 안에서 시작된 싸움이 법정까지 가는 경우도 많습니다. 하나님의 백성들이 어찌하여 문제를 스스로 해결하지 못하고 세상의 법정에 문제를 맡깁니까. 수치스러운 일입니다. 하나님의 이름을 욕되게 하는 것입니다.

교회는 그리스도의 몸입니다. 한 사람 한 사람이 모여 하나되어 그리스도의 몸을 이룹니다. 서로 연결되어야 하나 될 수 있고, 그리스도의 몸을 이룰 수 있습니다. 우리는 그리스도 안에서 맺어진, 그리스도의 피로 하나 된 언약 공동체입니다. 그리스도의 피로 우리는 하나가 되었습니다. 그러므로 그리스도 안에서 형제를 사랑해야 합니다. 이것이 곧 그리스도를 사랑하는 것입니다.

그리스도는 사랑하는데, 그리스도의 몸인 지체는 미워할 수 있습니까? 그럴 수 없습니다. 손가락이 마음에 들지 않는다고 손가락을 잘라버릴 수 있습니까? 약해도 못나도 하나의 몸입니다. 우리를 아프게 하고 힘들게 해도 잘라버릴 수는 없습니다. 그리스도 안에서 형제와 자매를 미워하는 것은 자해 행위입니다. 그런데 이것을 인지하지 못하는 성도가 많습니다. 안타까운 일입니다. 실수와 연약함으로 아픔을 겪는 교회를 보면 마음이 아픕니다. 그리스도 안에서 한 몸이기 때문입니다.

미워하는 순간 우리는 어둠에 들어갑니다. 어둠에 들어가면 분별력을 잃어버리게 되어 자기가 무슨 짓을 하는지 알지 못합니다.

> 그의 형제를 사랑하는 자는 빛 가운데 거하여 자기 속에 거리낌이 없으나 그의 형제를 미워하는 자는 어둠에 있고 또 어둠에 행하며 갈 곳을 알지 못하나니 이는 그 어둠이 그의 눈을 멀게 하였음이라 **요일 2:10-11**
> 그 형제를 미워하는 자마다 살인하는 자니 살인하는 자마다 영생이 그 속에 거하지 아니하는 것을 너희가 아는 바라 **요일 3:15**

살인은 무서운 죄입니다. 살인자라는 죄목을 단 채 살고 싶은 사람은 한 사람도 없을 것입니다. 세상에서도 살인죄를 지으면 무거운 벌을 받습니다. 존속살인은 아주 끔찍한 죄입니다. 십계명의 제6계명은 "살인하지 말지니라"입니다. 생명은 하나님으로부터 온 것이기에 하나님은 살인을 무섭게 다루십니다.

공동체 안에서 형제를 미워하는 것을 아무렇지도 않게 생각한다면 영적 무지에 사로잡혀 있는 것입니다. 말로 사람을 죽이는 것도 살인이요, 형제에게 거짓을 행하는 것과 형제끼리 다투는 것도 살인입니다.

교회에서 일할 때 착각해서는 안 됩니다. 능력이 있어 일을 멋지게 하는 것은 중요하지 않습니다. 사랑으로 하는 것이 중요합니다. 형제를 사랑하지 않거나 사랑을 놓치고 있다면 하나님을 알지 못하는 불신자와 같습니다. 사랑의 하나님을 믿는다고 하면서 사랑하지 않는 사람은 하나님을 믿는 사람이 아닙니다.

공동체에서 관계는 매우 중요합니다. 세상에서 진리를 따라 사는 것이 얼마나 어렵습니까! 그래서 하나님은 공동체 안에서 믿음의 지체끼리 서로 격려하며 함께 어려움을 이겨 나가기 원하십니다. 세상에는 우리의 우군(友軍)이 없습니다. 오히려 우리의 믿음을 흔드는 시련이 많습니다. 세상 가운데서 그리스도인은 외롭게 싸우며 살아갑니다.

그렇게 살다가 교회에 와서 신앙생활을 하는 성도들을 만나면 얼마나 반갑겠습니까! 같은 목적을 가지고 같은 방향을 향해 나아가는 사람을 만나는 것은 반갑고 기쁜 일입니다. 한 아버지의 자녀이며 천국까지 함께 가는 사람들이기 때문입니다.

　서로 사랑하는 것을 소홀히 여기거나 서로 사랑하는 데서 실패하면 그 공동체는 급속도로 힘을 잃습니다.

　부흥하는 교회의 특징이 무엇일까요? 건물이 크거나 사람이 많이 모이는 것이 아닙니다. 정교한 시스템과 조직이 아닙니다. 이런 것은 세상 사람들이 더 잘합니다. 화려한 예배나 멋진 찬양대와 오케스트라도 아닙니다. 교회의 특성은 사랑입니다. 부흥하는 교회에는 사랑이 있습니다. 사랑이 식은 교회는 더 이상 교회가 아닙니다. 사랑하지 않는 교회는 하나님을 모르는 교회요, 하나님을 믿지 않는 교회입니다.

　예수님은 말세에 대해 "불법이 성하므로 많은 사람의 사랑이 식어지리라"(마 24:12)고 말씀하셨습니다. 이것이 세상의 모습입니다. 오늘 이 시대의 모습입니다. 형제간의 사랑, 부모와 자식 사이의 사랑이 예전 같지 않습니다. 갈수록 사랑이 식어 갑니다.

　오늘날에는 돈이 우상이 되었습니다. 또한 우리는 세상의 거짓된 메시지에 감염되어 있습니다. 지금 돈이 없어서 불행합니까? 세상은 본래 그랬습니다.

　교회 공동체가 문제입니다. 세상에 없는 것이 교회에 있어야 합니다. 그것이 바로 사랑이요, 하나님의 사랑입니다. 하나님은 사랑이십니다. 성령은 사랑의 영이십니다. 그리스도는 사랑의 화신이십니다. 십자가에는 그 사랑이 농축되어 있습니다.

　우리는 공동체의 건강성을 늘 점검해야 합니다. 공동체에 사랑이 있는지를 확인해야 합니다. 사랑이 식으면 별것 아닌 것 때문에 미워하고 중상모략하고 무시합니다. 그러므로 사랑이 있느냐가 매우 중요합니다.

마지막까지 붙잡아야 할 것은 다른 무엇이 아닌 사랑임을 깨닫습니다. 목회할수록 이것이 선명해집니다. 남는 것은 딱 하나, 사랑만 남습니다. 그 외에는 중요하지 않습니다.

목회자는 하나님이 강조하신 것, 예수님이 강조하신 것만 강조하면 됩니다. 하나님이 강조하시지 않은 것을 굳이 강조할 필요는 없습니다. 교회의 운영 방식이나 접근 방식 등은 중요하지 않습니다. 진리가 아닌 것 때문에 싸울 필요는 없습니다.

교회 안에서 별것 아닌 문제로 싸우는 것을 종종 보았습니다. 교회사를 살펴보면 악기 때문에 싸운 일이 있습니다. 오늘날 피아노가 교회 안에 들어오기까지 엄청난 몸살을 겪었습니다. 전통적인 교회에서는 예배 시간에 오르간을 쳤습니다. 소리가 경망스럽다고 교회 안에서 피아노를 치지 못하게 했습니다. 그러니 기타는 칠 수 있었겠습니까? 참 한심하고 유치한 일입니다.

우리는 진리의 문제가 아니면 관대해야 합니다. 진리의 문제도 사랑으로 다루지 않으면 안 됩니다. 요한계시록에서 에베소 교회가 실패한 이유가 무엇입니까? 에베소 교회는 진리를 수호하기 위해 열심을 내다가 사랑을 잃어버렸습니다. 그러자 예수님은 에베소 교회를 향해 사랑을 회복하라고 말씀하셨습니다. 사랑을 회복하지 않으면 촛대를 옮기겠다고 말씀하셨습니다.

잘못된 것이 있으면 고쳐야 하지만, 그 속에는 사랑의 마음을 가지고 있어야 합니다. 사랑이 없으면 교회는 허물어집니다. 사

랑에 실패하지 않는다면 교회는 문제될 것이 없습니다. 다른 것
은 그냥 지나갈 수 있으나 사랑하지 않는 것은 그냥 지나갈 수 없
습니다. 우리는 사랑하는 일에 실패해서는 안 됩니다.

─────── **말을 통해 관계를 맺는 공동체**

신앙생활을 잘못할 때 나타나는 증상이 있습니다. 속이 좁아
집니다. 이해의 폭이 좁아진다는 뜻입니다. 이해의 폭이 좁다는
것은 고집이 세다는 뜻입니다. 고집이 세면 주변에 사람이 없습
니다. 고집이 센 사람을 좋아할 사람은 없습니다. 고집이 세면 함
께하기가 어렵습니다.

공동체를 이루려면 자기주장을 내려놓아야 합니다. 부부로 함
께 살아가려면 자기주장을 내려놓아야 합니다. 고집 센 두 사람
이 함께 살아갈 수 있습니까? 함께 살아갈 수 있을지 몰라도 행
복할 수는 없습니다. 둘 다 불행해집니다. 그러면 어떻게 해야 합
니까? 관용해야 합니다.

공동체에서는 관용이 중요합니다. 성경은 "너희 관용을 모든
사람에게 알게 하라 주께서 가까우시니라"(빌 4:5)고 말씀합니다.
하나님이 무한한 관용을 베푸심으로써 우리는 구원을 받았습니
다. 복음의 내용이 무엇입니까? 무한한 관용입니다.

하나님은 죽을 죄인에게도 관용을 베푸셨습니다. 복음에 담긴
관용의 스펙트럼은 엄청납니다. 관용하면 웬만한 것에는 눈을 감
고 지나칠 수 있어야 합니다. 지나치지 않고 끌어안으면 큰일 납
니다.

신앙이 깊어지는 것을 신비로만 생각해선 안 됩니다. 신앙이 깊어지는 것은 마음이 넓어지는 것입니다. 이해의 폭이 넓어지는 것입니다. 마음이 넓어지면 어떤 사람과도 잘 지냅니다. 누군가를 사랑하기 위해선 이해하는 것이 중요합니다. 이해하지 못하면 사랑할 수 없고 용서할 수도 없기 때문입니다.

속이 좁으면 하나밖에 보지 못합니다. 그래서 이해할 수도 없습니다. 큰 틀 속에서는 작은 것이 중요하지 않습니다. 큰 틀 속에 들어가면 작은 것은 다 녹아버립니다.

어떻게 하면 큰 그림을 볼 수 있을까요? 하나님과의 교제를 통해 하나님을 만나고 그분의 뜻을 물어야 합니다. 하나님의 뜻 안에서 문제를 처리하려고 해야 합니다.

본문은 언약의 공동체를 거룩하게 보존해야 한다고 강조합니다. 언약의 공동체를 거룩하게 보존하려면 어떻게 해야 합니까? 거짓을 버려야 합니다.

> 너희는 모든 악독과 노함과 분냄과 떠드는 것과 비방하는 것을 모든 악의와 함께 버리고 **엡 4:31**
> 그러므로 모든 악독과 모든 기만과 외식과 시기와 모든 비방하는 말을 버리고 **벧전 2:1**

공동체에서는 말이 중요합니다. 말로 관계를 맺을 수도 있고, 말로 관계가 깨어질 수도 있습니다. 사도 바울과 사도 베드로는 비방하는 말을 버리라고 했습니다. 비방은 관계를 깹니다. 남을

다시, 새롭게

비난하는 사람은 영적으로 병든 사람입니다.

다른 사람에 대해 곱지 않게 말하는 것은 문제가 있습니다. 곱지 않게 말하는 사람에게 문제가 있습니다. 우리는 사람에 대해 평가할 때 조심해야 합니다. 생각하고 또 생각해야 합니다. 성급하게 판단하면 실수할 수도 있기 때문입니다.

사람을 온전히 아는 데는 많은 시간이 걸립니다. 수십 년간 함께 산 부부도 잘 모르는 부분이 있습니다. 한 사람에 대해 자신이 알고 있는 것이 그 사람의 전부라고 생각해서는 안 됩니다. 말라기서에서 강조하는 것이 바로 그것입니다.

형제들과 바른 관계를 맺지 못하는 것은 하나님과의 관계가 막혔기 때문입니다. 남에게 거짓을 행하고 남을 비방하는 것 자체가 문제는 아닙니다. 깊이 들어가 보면 형제에 대한 사랑이 없기 때문에 형제를 비난하는 것입니다. 이런 사람의 마음속에는 하나님에 대한 사랑이 없습니다. 사랑이 없기 때문에 도우려는 마음이 없고 비난만 합니다. 사랑 없음이 가장 큰 문제입니다.

─────── 용서하지 못하면 사랑할 수도 없다

바울 서신은 모든 공동체에게 "하나가 되라"고 말하기 위해 쓰여졌습니다.

> 형제들아 사람이 만일 무슨 범죄한 일이 드러나거든 신령한 너희는 온유한 심령으로 그러한 자를 바로잡고 너 자신을 살펴보아 너도 시험을 받을까 두려워하라 **갈 6:1**

하나를 이루려면 우리는 말을 조심해야 합니다. 거짓은 말을 통해 일어납니다. 하나를 이루려면 용서해야 합니다. 왜 비난합니까? 왜 헐뜯고 미워합니까? 용서하지 못하기 때문입니다.

> 너희가 사람의 잘못을 용서하면 너희 하늘 아버지께서도 너희 잘못을 용서하시려니와 너희가 사람의 잘못을 용서하지 아니하면 너희 아버지께서도 너희 잘못을 용서하지 아니하시리라 마 6:14-15

이것은 하나님의 공동체를 하나 되게 하시려는 경고입니다. 사람의 잘못을 용서하지 않는데 공동체를 이룰 수 있겠습니까? 하나님은 우리를 용서하고 우리의 과거를 기억하지 않겠다고 말씀하셨는데, 우리가 사람의 잘못을 용서하지 않는다면 어떻게 되겠습니까? 하나님도 우리를 용서하지 않으실 것입니다.

공동체 안에서 신앙생활을 하다 보면 허물과 약점을 보게 됩니다. 이때 어떻게 해야 합니까? 용서해야 합니다. 우리는 연약하여 실수합니다. 용서하고 용서받는 일이 계속 일어납니다. 용서하지 않으면 사랑할 수 없습니다. 용서하지 못하면 관계가 급속도로 깨어지기 때문에 용서는 빠를수록 좋습니다. 용서의 수준이 바로 신앙의 수준입니다. 용서의 용량이 공동체의 크기를 결정합니다.

말라기 선지자는 "우리는 한 아버지를 가지지 아니하였느냐"라고 말합니다. 하나님을 아버지로 모신 공동체는 하나님이 축복하신 언약의 공동체입니다. 단지 우리의 목적을 가지고 만들어진 공동체가 아니요, 어쩌다가 만들어진 공동체도 아닙니다. 하나님은 그분의 선한 목적을 위해 우리를 불러 모으셨습니다.

공동체를 바라보는 우리의 시선이 새로워져야 합니다. 하나님의 공동체가 얼마나 중요한지, 하나님이 공동체를 통해 얼마나 놀라운 일을 행하려고 하시는지 생각해야 합니다.

그런데 어떤 사람은 자신을 공동체보다 중요하게 생각해 자신에게 유익이 되지 않으면 공동체를 깨뜨립니다. 이것은 비성경적인 행동입니다. 교회 공동체를 아름답게 세우려면 자신의 유익을 희생할 수 있어야 합니다. 이것이 그리스도인으로서 올바르게 사는 삶입니다. 이것이 성경적인 모습입니다.

우리가 공동체를 보호할 때 공동체 안에 있는 우리가 보호를 받습니다. 자신이 살기 위해 교회 공동체를 깨는 사람이 있다면 자신도 죽고 공동체도 사라집니다.

하나님은 공동체를 통해 우리에게 복을 주려고 하십니다. 그러나 사탄은 공동체를 깨려고 합니다. 사탄의 주된 사역은 분열시키는 것입니다. 반면 성령의 사역은 하나 되게 하는 것입니다(엡 4:3). 성령은 하나님의 공동체를 붙들고 계십니다. 하나님은 공동체를 축복하기 원하십니다.

───── **공동체로 하나 됨을 이루라**

민족이 복을 받으려면 하나님의 공동체가 먼저 하나 되어야 합니다. 하나 될 때 하나님은 공동체에 복을 주시고, 주변을 복되게 하십니다.

창세기 12장에서 하나님은 아브라함에게 "내가 너로 큰 민족을 이루고 네게 복을 주어 네 이름을 창대하게 하리니 너는 복이 될지라"(창 12:2)고 약속하셨습니다. 이는 아브라함에게만 약속하신 것이 아니라 이스라엘 공동체에게 하신 것입니다. 여기서 '너'는 이스라엘 공동체를 뜻합니다. 오늘날의 교회를 뜻합니다.

교회가 건강하면 개인은 복을 받을 수밖에 없습니다. 공동체가 건강하고 복을 받으면 그 안에서 자라는 자녀들이 복을 받습니다. 반면 교회에서 싸우는 것은 믿음의 대를 끊는 행위입니다. 교회에서 싸우는 것을 보고 누가 예수님을 믿으려고 하겠습니까. 그래서 교회를 떠납니다. 이것은 저주입니다.

우리는 생명을 걸고 공동체를 지켜야 합니다. 그래서 교회가 중요합니다. '나 개인은 죽어도 교회를 살려야 한다'고 생각하는 사람은 하나님의 마음을 가진 사람입니다. 하나님의 뜻을 이해하는 사람입니다.

우리는 한 아버지의 자녀입니다. 약해도 지체요, 문제가 있어도 지체입니다. 끌어안아야 합니다. 하나님의 공동체가 사라지면 하나님의 축복도 사라집니다. 하나님은 공동체를 통해 축복한다고 말씀하셨기 때문입니다.

몸이 건강하면 상처가 생겨도 쉽게 낫습니다. 감기에 걸려도 쉽게 낫습니다. 그러므로 우리는 건강한 공동체 안으로 들어가야 합니다. 공동체가 건강하면 병든 가족이 살아납니다. 우리는 공동체 안으로, 사랑방으로 들어가 그 안에서 하나 됨을 경험해야 합니다.

다시, 새롭게

그리스도가 누구십니까? 화해자이십니다. 그러므로 화목제물이 되신 그리스도처럼 살아야 합니다. 신자는 직장에서 화해자로 살아야 합니다. 하나 되도록 힘써야 합니다. 반목과 질시를 조장하고, 갈등하게 하고, 분열되게 하는 것은 마귀가 하는 짓입니다. 우리는 깨어진 곳에 들어가서 하나 되게 해야 합니다.

오늘날 이 나라, 이 민족 가운데 갈등이 얼마나 심각합니까! 정치적 논리보다 중요한 것은 사랑의 논리요, 복음입니다. 그러므로 우리는 복음으로 이해해야 합니다. 복음으로 접근해야 합니다. 복음으로 해석해야 합니다. 정치적 이념과 색깔로 해석하려고 하면 갈등과 대립과 분열은 끝이 없습니다.

하나님은 사랑이십니다. 우리는 공동체 안의 지체에게 사랑을 표현해야 합니다. 관계가 꼬였습니까? 다 풀어야 합니다. 용서해야 합니다. 하나 되어야 합니다. 섭섭한 마음이 있습니까? 풀기를 바랍니다.

우리는 사랑하기로 결단해야 합니다. 만나는 모든 사람을 복음과 십자가의 정신으로 사랑하고 살기로 결심해야 합니다. 한 사람이라도 미워해서는 안 됩니다.

하나님의 성품을 공동체와 삶 가운데 흘려보내 한 아버지, 한 하나님을 섬기며 공동체를 아름답게 세우는 데 힘쓰기를 바랍니다. 그렇게 할 때 하나님은 우리에게 복을 주시고, 공동체에도 복을 주시고, 우리 민족을 축복하실 것입니다.

8

하나님이 의도하신 거룩한 가정

11 유다는 거짓을 행하였고 이스라엘과 예루살렘 중에서는 가증한 일을 행하였으며 유다는 여호와께서 사랑하시는 그 성결을 욕되게 하여 이방 신의 딸과 결혼하였으니
12 이 일을 행하는 사람에게 속한 자는 깨는 자나 응답하는 자는 물론이요 만군의 여호와께 제사를 드리는 자도 여호와께서 야곱의 장막 가운데에서 끊어 버리시리라
13 너희가 이런 일도 행하나니 곧 눈물과 울음과 탄식으로 여호와의 제단을 가리게 하는도다 그러므로 여호와께서 다시는 너희의 봉헌물을 돌아보지도 아니하시며 그것을 너희 손에서 기꺼이 받지도 아니하시거늘
14 너희는 이르기를 어찌 됨이니이까 하는도다 이는 너와 네가 어려서 맞이한 아내 사이에 여호와께서 증인이 되시기 때문이라 그는 네 짝이요 너와 서약한 아내로되 네가 그에게 거짓을 행하였도다
15 그에게는 영이 충만하였으나 오직 하나를 만들지 아니하셨느냐 어찌하여 하나만 만드셨느냐 이는 경건한 자손을 얻고자 하심이라 그러므로 네 심령을 삼가 지켜 어려서 맞이한 아내에게 거짓을 행하지 말지니라
16 이스라엘의 하나님 여호와가 이르노니 나는 이혼하는 것과 옷으로 학대를 가리는 자를 미워하노라 만군의 여호와의 말이니라 그러므로 너희 심령을 삼가 지켜 거짓을 행하지 말지니라

———————— **말라기 2:11-16**

백성들의 믿음 없음과 영적 타락은 결혼으로 이어졌습니다. 결혼 제도는 기초 중의 기초라고 할 수 있습니다. 말라기 선지자는 이 기초가 흔들리고 있음을 지적했습니다.

하나님은 이방 결혼으로 말미암아 분노하셨습니다. 여기서 이방 결혼은 다른 민족과의 결혼을 말하는 것이 아닙니다. 하나님은 이방 신을 섬기는 사람과 결혼하는 행위에 분노하셨습니다.

에스라서와 느헤미야서에서도 이방 결혼에 대해 언급하고 있습니다. 이를 통해 당시 이방 결혼이 성행했음을 알 수 있습니다. 성경은 방백들과 고관들이 이방 결혼에 앞장섰다고 말씀합니다 (스 9:1-2). 지도자들이 불신 결혼을 했다는 뜻입니다. 지도자가 그랬으니 백성들은 말할 것도 없습니다. 도무지 있을 수 없는 일이 일어나자 에스라는 탄식하고 분노했습니다(스 9:3). 이스라엘 공동체가 하나님을 우습게 여겼고, 하나님은 이를 엄중하게 다루셨습니다. 그런데 왜 하나님은 이방 결혼을 막으셨을까요?

─── 거룩, 구별된 공동체의 생명

네 하나님 여호와께서 너를 인도하사 네가 가서 차지할 땅으로 들이시고 네 앞에서 여러 민족 헷 족속과 기르가스 족속과 아모리 족속과 가나안 족속과 브리스 족속과 히위 족속과 여부스 족속 곧 너보다 많고 힘이 센 일곱 족속을 쫓아내실 때에 네 하나님 여호와께서 그들을 네게 넘겨 네게 치게 하시리니 그때에 너는 그들을 진멸할 것이라 그들과 어떤 언약도 하지 말 것이요 그들을 불쌍히 여기지도 말 것이며 또 그들과 혼인하지도 말지니 네 딸을 그들의 아들에게 주지 말 것이요 그들의 딸도 네 며느리로 삼지 말 것은

그가 네 아들을 유혹하여 그가 여호와를 떠나고 다른 신들을 섬기게 하므로
여호와께서 너희에게 진노하사 갑자기 너희를 멸하실 것임이니라 **신 7:1-4**

이스라엘은 언약의 공동체입니다. 하나님이 구원을 이루시려는 목적으로 특별히 구별하여 세우신 공동체입니다. 하나님이 구별하여 세우신 공동체의 생명은 거룩에 있습니다. 그러나 본문에 보면 하나님은 성결을 사랑하시는데, 유다 민족이 이방 신의 딸과 결혼함으로써 성결을 욕되게 했다고 말씀합니다(2:11b).

거룩을 지키는 데 있어 경계해야 할 것이 무엇입니까? 섞이는 것입니다. 이방 신을 믿는 종족과 결혼하는 것은 섞이는 것입니다. 이것은 심각한 결과를 초래합니다.

하나님은 이스라엘이 가나안을 정복할 때 그 땅의 족속을 진멸하라고 명령하셨는데, 이때 단호하게 명령하셨습니다. 그리고 그들과 어떤 언약도 맺지 말고, 그들을 불쌍히 여기지도 말라고 말씀하셨습니다. 자비하신 하나님이 이처럼 말씀하신 데는 이유가 있습니다.

이방 결혼은 하나님과의 언약을 깨고 이방의 신과 새롭게 언약을 맺는 것과 같습니다. 그래서 하나님은 이스라엘 공동체 안에 이방 종교가 유입되는 것을 철저히 막으셨습니다. 이는 하나님의 엄중한 명령으로, 명령은 동의를 구하는 것이 아닙니다. 명령은 동의하든 동의하지 않든 간에 반드시 지켜야 합니다. 특히 하나님이 명령하신 것은 타협의 여지가 없습니다. 성경에서는 불신 결혼을 분명하게 금지하고 있습니다. 우리는 이것을 가볍게

다시, 새롭게

여기고 불순종해서는 안 됩니다.

신앙을 가진다는 것, 즉 예수님을 믿는 것은 하나님과의 특별한 관계 안으로 들어가는 것입니다. 하나님과 특별한 관계를 맺는 것입니다. 하나님은 "나는 너희 중에 행하여 너희의 하나님이 되고 너희는 내 백성이 될 것이니라"(레 26:12)고 말씀하셨습니다.

하나님과의 특별한 관계 안에는 헌신이 들어갑니다. 그러므로 하나님과 맺은 언약을 지켜야 합니다. 하나님과 언약을 맺고 나서는 우리 마음대로 할 수 없습니다. 하나님의 백성이 되었다는 것은 하나님과 부부관계를 맺는 것과 같습니다. 그래서 하나님의 백성과 그리스도의 관계를 신부와 신랑의 관계에 비유합니다. 아가서에서는 술람미 여인과 솔로몬의 관계를 하나님과 우리의 관계, 아주 깊은 사랑의 관계에 비유했습니다.

───── 언약은 가정의 기초를 이룬다

이스라엘 백성이 우상을 숭배한 것을 가리켜 행음이라고 했습니다. 이것은 영적으로 탈선한 것입니다. 그리고 이것은 배교한 것과 같습니다. 배교는 마지막 시대에 매우 중요한 주제로, 앞으로 계속 일어날 것입니다. 배교는 하나님을 완전히 떠나는 것입니다.

하나님 앞에서 다른 신을 섬기지 않겠다고 그분과 약속했다면 이방 결혼을 해서는 안 됩니다. 이방 신의 딸과 결혼하는 것은 하나님과의 관계를 거부하는 것입니다. 이방 결혼을 하는 순간, 하나님에 대한 태도에 문제가 생깁니다. 하나님의 말씀에 불순종하고 결혼하는 것이 복된 결혼이겠습니까!

하나님의 축복 가운데 결혼해야 합니다. 신자의 결혼은 하나님의 언약 안에서 이루어져야 합니다. 당사자끼리 좋다고 결혼할수 있는 것 아니냐고 말하는 사람이 많은데 그렇지 않습니다. 신자의 결혼은 남자와 여자가 하나님 앞에서 언약을 맺는 것이기 때문입니다.

결혼은 거래나 실험이 아닙니다. 배우자는 물건이 아닙니다. 테스트해 보고 물건을 구입하는 것과 다릅니다. 결혼은 고결하고 순결한 인격체와 인격체가 결합하는 것입니다. 결혼은 언약하는 것이므로 하나님 앞에서 신실하게 이루어져야 합니다.

언약은 가정을 이루는 기초입니다. 기초가 중요합니다. 터를 닦지 않은 채 집을 지으면 무너집니다. 모래 위에 지은 집은 비가 내리고 창수가 나고 바람이 불면 무너지고 맙니다.

결혼은 언약의 기초 위에 세워져야 합니다. 그렇지 않으면 언제 어떻게 될지 알 수 없습니다. 평소에는 그냥 살 수 있지만, 모래 위에 지은 집처럼 어려움이 닥치면 무너지고 맙니다.

오늘날 왜 많은 가정이 무너집니까? 언약의 기초 위에 세워지지 않았기 때문입니다. 그러므로 언약 안에서 결혼하는지, 하나님 앞에서 끝까지 언약을 지킬 수 있는지 확인해야 합니다. 이것이 결혼에서 가장 중요한 과정입니다.

하나님이 이방 결혼을 하지 말라고 하신 또 다른 이유는 무엇입니까? 다르기 때문입니다.

너희는 믿지 않는 자와 멍에를 함께 메지 말라 의와 불법이 어찌 함께하며
빛과 어둠이 어찌 사귀며 **고후 6:14**

멍에는 서로 맞아야 합니다. 서로 맞지 않으면 피차 힘듭니다.
소 두 마리가 함께 멍에를 메었습니다. 한 마리는 가려고 하는데,
한 마리는 가지 않으려고 한다면 어떻게 되겠습니까.

의와 불법, 빛과 어둠은 전혀 다릅니다. 공존할 수 없습니다.
엄격히 구분됩니다. 타협점이 없습니다. 빛이 있는 곳에 어둠이
있을 수 없습니다.

성경은 단호합니다. 틈을 주지 않습니다. 불신 결혼이 그런 것입
니다. 믿지 않는 자와 결혼하는 것은 서로 맞지 않는 자와 함께 멍
에를 메는 것과 같습니다.

───── **그리스도 안에서 하나 되는 결혼**

신자는 성경적 기준을 가지고 배우자를 선택해야 합니다. 분
명한 말씀의 기준을 가지고 있지 않으면 현실 가운데 무너질 수
밖에 없습니다. 실제로 당시에는 경제적 문제로 이방 결혼을 한
사람이 많았습니다.

당시 유대인들은 포로로 지내다가 돌아왔기 때문에 살기가 어
려웠습니다. 그래서 경제적으로 넉넉해지기 원해 주변에 힘 있는
족속들과 결혼했습니다. 성적 매력에 끌려 이방인과 결혼하는 사
람도 있었습니다. 현실적 필요를 쫓다 보면 이처럼 세상과 타협
하게 됩니다. 그 결과 돌아올 수 없는 강을 건너게 됩니다.

결혼을 결정하는 순간, 고려해야 할 것이 많습니다. 결혼을 결정하고 나면 모든 것이 끝입니다. 그러므로 결혼하기 전에 심사숙고해야 합니다. 기도하고 또 기도해야 합니다. 쉽게 생각하고 결정하면 뼈아픈 대가를 지불하게 됩니다. 결정할 때 여러 가지 조건이 있겠지만 가장 중요한 것은 믿음입니다. 신앙인인지, 예수님을 믿는 사람인지를 가장 먼저 확인해야 합니다.

하지만 믿는다고 해서 무조건 받아들여서는 안 됩니다. 결혼을 결정하는 순간에는 꼭 믿음을 점검해야 합니다. 결혼하기 위해 신앙인인 것처럼 위장한 가짜가 많기 때문입니다. 교회에 다닌다고 해서 신자라고 생각해서는 안 됩니다. 그 사람의 믿음이 진짜인지를 확인해야 합니다.

배우자를 선택하는 단계에서는 철저히 분별해야 합니다. 언제 예수님을 믿었는지, 어떻게 예수님을 믿었는지, 언제 은혜를 받았는지 확인해야 합니다. 신앙관과 가치관도 점검해야 합니다. 신자인 줄 알고 결혼했는데, 결혼한 뒤에 불신자로 돌변하는 경우가 많습니다.

상대방이 멋있고 세상적인 조건을 다 갖추었어도, 그것으로 마음이 흔들려서는 안 됩니다. 우리는 눈을 크게 뜨고 잘 분별해야 합니다. 한 번의 선택이 인생을 결정하고 영원을 결정합니다.

후회할 선택을 해서는 안 됩니다. 선택하고 난 뒤에는 기회가 없습니다. 잘 선택해서 결혼하면 복되지만, 잘못 선택하면 결혼하지 않은 것보다 못합니다. 그러므로 선택할 때 지혜와 명철, 영적 분별력, 영적 민감성, 통찰력, 예지력이 필요합니다. 무엇보다

다시, 새롭게

하나님의 도우심을 구해야 합니다.

둘이 서로 사랑하면 모든 것이 되었다고 생각해서는 안 됩니다. 결혼하기 전에는 사랑하니까 별 문제가 없습니다. 그러나 결혼하면 사랑의 감정은 잠깐이요, 실제적인 문제가 밀려옵니다. 사랑의 게임은 금방 끝납니다. 결혼에서 사랑의 감정을 무시할 수는 없지만 결혼을 결정하는 과정에서 단순히 감정에만 의존해서는 안 됩니다.

——— 세상과 구별된 서약

세상에서는 서로 끌리면 결혼하라고 합니다. 좋으면 하라고 합니다. 그러나 그리스도인은 세상 사람과 달라야 합니다. 감정이나 상황보다 하나님 말씀의 기준에 집중해야 합니다. 신자가 그 기준을 포기하고 자기 마음대로 결정하면 무슨 일이 일어날지 알 수 없습니다. 결코 쉽게 생각할 문제가 아닙니다.

오늘날 가정의 붕괴가 심각합니다. 그리스도인의 가정에서도 이런 일이 일어나고 있습니다. 결혼에 실패하는 것은 결코 작은 문제가 아닙니다. 인생에 큰 손해를 입히기 때문입니다. 우리는 기본을 확실하게 붙잡아야 합니다. 기본을 허물어뜨리면 안 됩니다. 믿음 안에서 결혼하는 것, 그리스도 안에서 하나 되는 것은 결혼하는 과정에서 기본 중의 기본입니다.

이제 둘이 아니요 한 몸이니 그러므로 하나님이 짝지어 주신 것을 사람이
나누지 못할지니라 마 19:6

결혼은 자기 마음에 드는 짝이 아니라 하나님이 정해놓으신 짝을 만나는 것입니다.

오늘날 이 세상은 오염되었습니다. 성적 타락이 심각합니다. 기준이 무너져 성적 호기심에 따라 살아갑니다. 결혼에 대한 원칙도 기준도 없습니다. 그러므로 우리는 세상을 따라가면 안 됩니다.

불신 결혼을 하지 말아야 하는 이유가 있습니다. 우리는 불신자와 신분적으로 다릅니다. 우리는 하나님과 언약을 맺은 하나님의 백성입니다. 하나님의 백성과 불신자는 정체성이 다릅니다. 정체성이 다르다는 것은 바라보는 목표가 다르다는 뜻입니다. 가야 하는 목적지가 다르고, 가치관도 다릅니다. 바라보는 방향이 같아야 함께할 수 있습니다. 비전이 같아야 함께 걸어갈 수 있습니다.

세상 사람들은 돈을 많이 벌어 성공하는 사람이 되는 것을 추구하지만, 하나님의 백성은 하나님의 나라를 추구해야 합니다. 영원한 가치를 추구해야 합니다. 이처럼 세상 사람들과 하나님의 백성은 하나에서부터 열까지 많이 다릅니다.

하나의 사건을 처리하는 방식에서도 믿는 사람과 믿지 않는 사람은 다릅니다. 그러므로 갈등이 일어날 수밖에 없습니다. 대화하면 근본적인 것에서 부딪힙니다. 취미, 관심사, 성격에 차이가 있어도 힘든데 가치관과 세계관이 다르면 절대 함께할 수 없습니다. 완전히 다른 세계의 사람과 마찬가지이기 때문입니다.

멍에가 다르니 서로 힘듭니다. 한쪽이 끌려가지 않으면 살 수

다시, 새롭게

가 없습니다. 그 외에도 현실적인 문제가 많습니다. 불신 결혼을 하면 그리스도의 증인으로서 살기가 어렵습니다. 부부가 신앙이 다른데, 복음을 담대히 전할 수 있겠습니까. 그래서 그리스도의 증인으로서 사는 데 소극적이게 됩니다.

자녀교육에서도 마찬가지입니다. 자녀에게 하나님만 믿으라고 자신 있게 말하기가 어렵습니다. 부부가 함께 믿음을 가지고 있어도 자녀를 신앙으로 양육하기가 어려운데, 부부 중 한 사람만 믿음을 가지고 있다면 어떻겠습니까?

가정의 영적 분위기를 만들어 가기도 어렵습니다. 신앙에 대해 의미 있는 대화를 나눌 수 있겠습니까? 한쪽이 열심히 이야기할 때 다른 한쪽이 냉담하게 앉아 있다면 자녀는 눈치를 볼 수밖에 없습니다.

결혼은 둘이 하나 되는 것입니다. 몸만 하나 되는 것이 아니라 마음도, 영적으로도 하나 되어야 합니다. 한쪽에서 하려고 하는 것을 다른 한쪽에서 반대한다면 행복이 있을 수 없습니다. 장단을 맞추어주고 협력해야 하는데 협력은 고사하고 기를 쓰고 방해한다면 가정이 유지되겠습니까!

사랑은 강력한 헌신을 요구합니다. 그런데 믿지 않는 자와 결혼하는 경우 누가 누구에게 전적으로 헌신해야 합니까? 하나님께 헌신해야 합니까, 믿지 않는 배우자에게 헌신해야 합니까? 누구에게 헌신하든 문제가 발생합니다.

대충 눈치껏 사랑할 수 없습니다. 온몸과 마음을 다해 사랑해야 합니다. 신앙도 마찬가지입니다. 몸과 마음, 목숨과 뜻을 다해야 합니다. 사실 결혼과 신앙 모두에 힘쓰는 것은 현실적으로 불가능합니다. 반드시 충돌이 발생합니다. 위기를 맞을 수밖에 없습니다.

그래서 어떤 문제가 생깁니까? 결혼관계를 유지할 것인지, 신앙을 유지할 것인지 기로에 서게 됩니다. 결혼과 신앙, 어느 쪽을 선택하든지 간에 그 길은 험난합니다.

─────── 하나님이 의도하시는 거룩한 가정을 배우다

이방 결혼은 하나님과 얼마나 멀어져 있는지를 보여줍니다. 우리의 신앙과 하나님과의 관계가 뒤틀어지면서 오늘날 가정에 여러 가지 문제가 발생했습니다.

교회도 이 일에 책임이 있습니다. 교회가 성경적 결혼, 성경적 가정에 대해 분명히 가르치지 못했기 때문입니다. 이것은 아주 확실하게 가르쳐야 하는 것입니다.

어느 때는 언약도 깨어집니다. 하나님의 말씀을 온전히 지키지 못합니다. 그래서 구약시대에는 죄를 용서받기 위해 제사가 필요했습니다. 신약시대에도 마찬가지입니다. 하나님께 불순종했을 경우 그분 앞에 용서를 구하고, 우리가 어떻게 해야 할 것인지 그분께 물어야 합니다. 영적 분별력을 잃어버리면 현실적 필요에 급급해합니다. 세속적 기준에 맞추어 살아갑니다. 그리고 하나님의 기준을 무시해버립니다.

오늘날 우리는 위험한 시대를 살고 있습니다. 그 위험 요소 중하나가 결혼입니다. 정신을 바짝 차려야 합니다. 경계를 늦추어

다시, 새롭게

서는 안 됩니다. 결혼에 대해 어설프게 접근하고 성급하게 결정하여 실패를 경험한 뒤 혹독한 대가를 치르는 경우가 적지 않습니다. 결혼은 두 사람의 문제로 끝나지 않습니다. 파장이 어마어마합니다. 고통이 매우 큽니다.

오늘날 하나님의 백성 안에 밀려온 세속화의 물결이 가정까지 덮쳤습니다. 이 부분에 대한 그리스도인의 생각은 분명하지 않습니다. 우리는 우리의 행복을 위해 결혼하는 것이 아닙니다. 행복보다 중요한 것은 거룩입니다. 우리는 거룩을 붙잡아야 합니다. 거룩을 생명처럼 지키면 행복은 저절로 따라옵니다. 그런데 행복만 생각해 거룩을 놓치면 행복이 사라져버립니다.

우리는 하나님의 언약 안에서 말씀의 기준을 놓치지 말아야 합니다. 믿음 안에서 결혼하는 것, 이것이 기본입니다. 결혼에 대한 성경적 기초를 무시해서는 안 됩니다. 기준은 하나님이 만드시는 것이지 우리가 만드는 게 아닙니다. 하나님이 만드신 기준은 그분의 말씀에 기록되어 있습니다.

하나님이 의도하시는 거룩한 가정이 무엇인지 배워야 합니다. 청년만이 아니라 이미 결혼한 사람도 배워야 합니다. 언약의 가정을 어떻게 지켜 나가야 하는지, 언약을 허물어뜨리는 것이 무엇인지 배워야 합니다. 결혼과 가정이 중요하기 때문에, 인생의 행과 불행을 결정하기 때문에 배워야 합니다.

하나님이 의도하신 거룩한 가정으로 돌이켜야 합니다. 이미 실패했습니까? 돌이켜야 합니다. 하나님은 우리에게 가정을 허락하셨고, 놀라운 축복과 은혜를 주셨습니다. 결혼의 신비로움은 그리스도와 교회의 관계처럼 놀랍습니다. 결혼은 어쩔 수 없이, 억지로, 지루하게 사는 것이 아니며, 마지못해 사는 것도 아닙니다. 결혼 안에는 하나님의 어마어마한 축복이 있습니다.

─────── 가정까지 스며든 타락

본문에는 이혼의 문제에 대해서도 말합니다. 어두운 시대의 특징은 가정이 무너진다는 것, 가정이 혼란스럽다는 것입니다. 당시 이방 결혼을 한 사람들이 다른 종교를 믿는 상대와 이혼했습니다. 정상적으로 믿는 사람과 결혼하기 위해 이혼한 것입니다.

그런데 깊이 들여다보면 다른 이유가 있었습니다. 본문은 남자들에게 해당되는 말씀으로, 당시 유대 여자들은 이혼할 권리가 없었습니다. 살다가 지루해진 남자가 여자를 버렸는데, 이것이 이혼이었습니다. 당시에는 쉽게 이혼할 수 있었습니다.

본문에서 하나님이 제사를 받지 않겠다고 말씀하시자 백성들은 받지 않으시겠다는 이유를 물었습니다. 그러자 하나님은 이혼 때문이라고 말씀하셨습니다. 이혼이 당시 사회의 전반적인 문제였음을 알 수 있습니다. 이스라엘의 타락이 곳곳에 스며들어 마침내 가정에까지 이르렀던 것입니다.

너희는 이르기를 어찌 됨이니이까 하는도다 이는 너와 네가 어려서 맞이한 아내 사이에 여호와께서 증인이 되시기 때문이라 그는 네 짝이요 너와 서약한 아내로되 네가 그에게 거짓을 행하였도다 **말 2:14**

결혼은 매우 중요한 언약입니다. 하나님이 증인이 되시기 때문입니다. 혼인신고를 한다고 결혼관계가 성립되는 것이 아닙니다. 결혼은 하나님 앞에서 언약을 체결하는 것입니다. 그러므로 증인 되시는 하나님 앞에서 이루어진 관계가 아니면 온전한 결혼관계라고 말할 수 없습니다.

결혼은 하나님 앞에서 두 사람이 언약을 맺는 것이므로 두 사람만의 문제가 아닙니다. 두 사람이 합의했어도 마음대로 헤어져서는 안 됩니다. 결혼관계에서는 서로의 관계와 언약을 신실하게 지켜야 합니다. 서로에게 거짓을 행해서는 안 됩니다.

하나님은 이혼하는 것을 미워하고 건강한 가정을 이루는 것을 기뻐하십니다. 하나님이 가정을 만드셨기 때문입니다. 우리는 이 세상의 풍조를 따라가면 안 되고, 이 세상의 풍조가 우리의 기준이 되어서도 안 됩니다. 우리는 하나님이 정하신 기준에 따라 살아야 합니다.

그런데 이 시대를 보면 이혼이 보편적인 현상이 되었습니다. 사람들은 이혼할 수도 있다고 생각하고, 이혼을 문화라고 여깁니다. 우리는 이런 시대정신을 따라가면 안 됩니다. 이혼을 쉽게 생각해서는 안 됩니다. 그렇다면 절대 이혼해서는 안 됩니까? 사실 이혼의 문제는 간단하지 않습니다. 굉장히 복잡합니다. 그리고 경우에 따라 다릅니다. 이혼을 지지할 수도 없지만, 무조건 정죄할 수도 없습니다.

여짜오되 그러면 어찌하여 모세는 이혼 증서를 주어서 버리라 명하였나이까 예수께서 이르시되 모세가 너희 마음의 완악함 때문에 아내 버림을 허락하였거니와 본래는 그렇지 아니하니라 마 19:7-8

예수님 시대에도 이혼이 이슈가 되었습니다. 유대인들은 모세의 법을 들먹이며 "이혼 증서를 써주면 이혼할 수 있지 않습니까"라고 물었습니다. 그들은 이혼의 타당한 이유를 찾아내려고 했던 것입니다. 그러자 예수님은 "무조건 이혼 증서를 써준다고 이혼할 수 있는 것이 아니다. 인간의 완악함 때문에 모세의 율법에 그렇게 써놓은 것이다"라고 말씀하셨습니다.

당시 남편 쪽에서 이유 없이 아내를 버리는 경우가 있었는데, 남편은 아내를 버리면서 이혼 증서를 쓰게 했습니다. 그런데 이혼 증서는 양쪽이 함께 써야 합니다. 한쪽만으로는 이혼이 성립되지 않습니다. 인간들이 악하기 때문입니다. 이것은 여자가 일방적으로 피해를 입지 않게 하려는 의도입니다.

이혼 증서를 쓰고 이혼하게 한 것은 이혼하도록 길을 열어주기 위함이 아닙니다. 본래 뜻은 이혼하지 않도록 하려는 것입니다. 이혼의 정당한 이유는 단 하나, 한쪽이 음행을 범한 경우입니다. 예수님은 "누구든지 음행한 이유 외에 아내를 버리고 다른 데 장가 드는 자는 간음함이니라"(마 19:9)고 말씀하셨습니다.

남편이나 아내 가운데 한 명이 음행했다고 무조건 이혼해야 합니까? 그렇지 않습니다. 성경에서는 이혼이 최상의 길이라고 말씀하지 않습니다. "결혼한 자들에게 내가 명하노니 (명하는 자는 내가 아니요 주시라) 여자는 남편에게서 갈라서지 말고 (만일 갈라섰으면 그대로 지내든지 다시 그 남편과 화합하든지 하라) 남편도 아내를 버리지 말라"(고전 7:10-11)고 말씀합니다.

성경에서는 불가피한 이혼은 인정합니다. 그런데 이혼한다고 문제가 해결되는 것은 아닙니다. 개인의 이익, 개인의 욕망 등을 이루기 위해 자기중심적인 생각에서 이혼을 수단으로 이용하는 경우가 많습니다.

——— 가정의 행복을 위해 행동하라

오늘날 이혼 사유는 다양합니다. 그중 가정폭력이나 배우자의 외도로 이혼하는 경우가 늘고 있습니다. 성적으로 유혹하는 문화가 만연하고 불륜을 조장하는 드라마가 대세를 이룹니다. 아침 드라마의 소재도 불륜이고, 저녁 드라마의 소재도 불륜입니다. 이런 나라는 대한민국밖에 없을 것입니다. 사회가 성적 일탈을 미화하고 있습니다.

미세먼지 농도가 높습니다. 사람들은 길을 오가면서 미세먼지를 마십니다. 오늘날 사회는 성적으로 오염되어 있어 자신도 모르게 감염됩니다. 우리는 이렇게 위험한 문화 속에서 살고 있습니다. 누구도 안심할 수 없는 문화 속에서 살고 있습니다. 마귀는 곳곳에 덫을 놓아 사람들을 넘어뜨리려고 합니다. 그러나 이성의 유혹에 무릎을 꿇게 되면 가정은 풍비박산이 나고 맙니다.

오늘날 이 사회는 깊이 병들어 있습니다. 그래서 건강한 것이 어떤 것인지 분별하기가 힘듭니다. 결혼관계 안에서가 아닌 밖에서 성이 이루어지는 것도 심각한 일입니다. 우리는 성적 타락과 이혼의 이야기를 주변에서 쉽게 들을 수 있습니다. 성경은 이것을 예의주시하며 강조하고 있습니다. 그러므로 그리스도인의 가정에서는 외도를 이유로 이혼이 일어나면 안 됩니다.

또 간음하지 말라 하였다는 것을 너희가 들었으나 나는 너희에게 이르노니 음욕을 품고 여자를 보는 자마다 마음에 이미 간음하였느니라 만일 네 오른 눈이 너로 실족하게 하거든 빼어 내버리라 네 백체 중 하나가 없어지고 온몸이 지옥에 던져지지 않는 것이 유익하며 또한 만일 네 오른손이 너로 실족하게 하거든 찍어 내버리라 네 백체 중 하나가 없어지고 온몸이 지옥에 던져지지 않는 것이 유익하니라 마 5:27-30

예수님은 자신을 철저히 지키라고 엄격하고 단호하게 말씀하셨습니다. 성적 유혹은 누구에게나 언제든 찾아올 수 있습니다. 성적 유혹에 따른 범죄의 결과는 심각해서 차라리 눈을 빼버리는 것이 낫다고 말씀하셨습니다.

마음이 조금이라도 느슨해지면 우리는 무너집니다. 그러므로 마음을 잘 관리해야 합니다. 예수님은 음욕을 품기만 해도 간음한 것이라고 말씀하셨습니다. 우리는 자신의 영혼을 지키기 위해 적극적으로 노력해야 합니다. 그렇지 않으면 무너질 수밖에 없고, 성적으로 무너지면 심각한 영적 손상을 입습니다. 하나님과 교제를 나눌 수도 없습니다(약 4:4).

성적으로 범죄하거나 일탈하면 영적으로 모든 것이 멈춰버립니다. 캄캄한 어둠 속에 빠지고 맙니다. 순간적으로 죄를 짓습니

다시, 새롭게

다. 그에 따른 후유증은 실로 심각합니다. 그래서 예수님은 엄격하고 단호하게 말씀하신 것입니다.

부부는 결혼한 순간부터 한 몸이 됩니다(마 19:6). 여기서 한 몸이 된다는 것은 구조적으로 나누어질 수 없다는 뜻입니다. 나눌 수 없는 몸을 억지로 나누려고 하면 찢어집니다. 찢어지면 고통이 따릅니다. 대수술을 받으면 그 후유증이 오래갑니다. 수술 부위가 클수록 회복되기까지 오랜 시간이 걸리고 후유증도 오래갑니다. 이혼은 수술 부위의 상처가 아물지 않는 것과 같습니다. 일평생 아물지 않습니다. 그러므로 이혼은 어마어마한 고통이 따릅니다.

이혼하기 전에는 그 고통이 얼마나 큰지 모릅니다. 이혼하고 나서야 그것에서 파생되는 고통이 크다는 것을 알게 됩니다. 부부만의 고통으로 끝나지 않습니다. 양가, 자녀 등 많은 사람이 고통을 겪습니다. 특히 자녀의 고통이 큽니다.

본문은 이혼의 문제가 아니라 어떻게 하면 건강한 가정을 이룰 수 있는지를 말합니다. 사실 이혼으로 문제가 발생하고 나서 그 문제를 해결하고자 하면 어렵습니다. 사고가 일어난 뒤 수습하려고 할 때 어려운 것과 마찬가지입니다. 그러므로 사고가 일어나기 전에 사고가 나지 않도록 대비해야 합니다.

가정도 이와 같습니다. 가정의 행복을 위해 소극적인 태도를 갖느냐, 적극적으로 노력하느냐가 매우 중요합니다. 결혼은 전혀 다른 두 세계가 만나는 것이므로 결코 쉬운 일이 아닙니다.

사랑이 식으면 싸움이 잦아지는데, 이것이 사인입니다. 사인을 인지했으면 관계를 회복하기 위해 힘써야 합니다. 그런데 관계를 회복시키지 못하고 갈 데까지 가면 사랑이 식었기 때문에 다른 데서 사랑을 찾게 됩니다. 이것이 외도입니다.

우리는 부부관계에서 행복과 즐거움을 놓치지 않도록 노력해야 합니다. 가정은 언약 관계 안에서 이루어졌으므로 이것을 지키기 위해 성실하게 적극적으로 노력해야 합니다.

행복한 부부관계는 공짜가 아닙니다. 상당한 대가를 지불해야 합니다. 노력해야 합니다. 가만히 있는데 남편이, 아내가 사랑해 주지 않습니다. 하나님은 부부가 하나님의 신실한 자녀로서 함께 살아가기 원하십니다. 이를 위해 우리는 관심을 기울여야 합니다.

교회에서 열심히 봉사해야 하지만 가정을 돌보아야 하는 책임을 나 몰라라 해서는 안 됩니다. 그동안 한국 교회는 가정과 교회의 균형을 잘 맞추지 못했습니다. 교회에 너무 치우쳐 있었습니다.

물론 교회에서 신앙생활을 하는 것은 중요합니다. 신앙생활을 통해 에너지를 얻어야 가정생활도 건강하게 이어갈 수 있습니다. 그러므로 교회가 중요합니다. 교회에 나와 은혜를 받아야 합니다. 교회에서 여러 가지 모습으로 섬겨야 합니다.

문제는 교회에 너무 치우친 나머지 가정을 소홀히 하는 것입니다. 부부가 같이 교회에서 봉사하는 것이 좋습니다. 한 사람이 따라오지 못하면 다른 사람이 이끌어주어야 합니다. 그렇게 해서

속도를 조절해야 합니다.

부부 가운데 한 사람이 봉사하러 교회에 가는데, 한 사람은 속도를 맞추지 못한다면 어떻게 되겠습니까? 신앙생활은 열심히 할지 모르지만 가정이 깨어질 수 있습니다. 가정을 소홀히 여기면 그렇게 될 수밖에 없습니다.

교회 활동을 열심히 하면서 배우자에게 소홀히 하는 것은 건강한 신앙인의 모습이 아닙니다. 교회에서는 인정받는 일꾼인데, 집에서는 문제 있는 남편이고 아내인 경우가 많습니다.

집 밖에서는 열심히 하면서 배우자에게 소홀히 하는 것은 위선입니다. 교회에서는 직분자로서 인정받고 있는데 집에서 폭력을 행사한다면 온전한 사람이겠습니까!

남편에게, 아내에게 인정받지 못하는데 집 밖에서 인정받는 것이 무슨 의미가 있겠습니까! 부부관계에 문제가 생겼다면 교회의 일을 줄이더라도 가정을 먼저 세워야 합니다.

건강한 가정이 많이 모인 교회가 건강한 교회입니다. 가정이 깨어진 채 아무리 열심히 봉사한들 그 교회는 건강한 교회가 아닙니다. 건강한 가정을 이루지 못했다면 건강한 봉사를 할 수 없습니다.

결혼하기 전에는 결혼하기 위해 최선을 다하지만 결혼하고 나면 더 이상 노력하지 않습니다. 목적을 이루었다고 생각하기 때문입니다. 요즘은 결혼식에 온갖 정성을 들이는 경우가 많은데, 결혼식보다 결혼한 이후가 더 중요합니다. 결혼하기 전보다 결혼하고 나서 더 많이 노력해야 합니다.

결혼은 가정이라는 집을 세우는 것입니다. 그런데 이 집은 하루아침에 완성되는 게 아니라 평생 세워 나가야 합니다. 이처럼 집 짓는 일은 어렵습니다. 건축물로써 집은 1~2년 만에 지을 수 있지만 가정이라는 집은 오랜 시간을 들여 지어야 합니다.

부부로 사는 동안 비바람이 붑니다. 여러 가지 사건이 터집니다. 힘들 때면 그만두고 싶다는 생각이 듭니다. 그래도 완성을 기대하며 모든 어려움을 참고 계속해야 합니다.

아름다운 노후를 보내는 가정을 봅니다. 그들이라고 아무 일도 없었던 것은 아닙니다. 숱한 사건과 사고, 위기를 겪었습니다. 사는 동안 푸른 풀밭, 쉴 만한 물가만 만나는 것은 아닙니다. 사망의 음침한 골짜기를 만날 때도 있고, 이곳을 통과해야 할 때도 있습니다.

아름다운 가정을 완성하려면 무엇보다 영적으로 성숙해야 합니다. 우리 삶에 일어나는 것을 감당하려면 영적 힘이 있어야 합니다. 영적으로 성숙하면 부부관계뿐 아니라 인간관계가 회복됩니다. 하나님과 좋은 관계를 맺고 영적으로 성장하는데, 사람과 불화할 수 있겠습니까. 그러므로 좋은 관계를 맺으려면 영성이 뒷받침되어야 합니다.

부부관계를 힘들게 하는 것이 무엇입니까? 깨어지지 않은 자아입니다. 자기중심적인 이기심이 해결되지 않으면 행복은 아득하게 멀리 있는 것처럼 느껴집니다.

문제가 생기면 상대를 탓하기 쉬운데, 영성은 상대의 문제보다 자신의 문제를 더 깊이 바라보게 합니다. 그래서 상대의 죄를 보는 것이 아니라 자신의 죄를 보고 다루게 만듭니다. 문제가 터지면 '이 인간 때문에'라고 상대방을 탓하는 것이 아니라 문제가 왜 터졌는지 생각하게 합니다. '저 인간은 내 행복에 전혀 도움이 되지 않아'라고 상대방을 원망하기에 앞서 자신에게 무슨 문제가 있는지 살펴보게 합니다.

> 누구든지 첫째가 되고자 하면 뭇 사람의 끝이 되며 뭇 사람을 섬기는 자가 되어야 하리라 **막 9:35**
>
> 그리스도를 경외함으로 피차 복종하라 **엡 5:21**

섬김을 어디서 실천할 수 있습니까? 가정에서 실천할 수 있습니다. 부부관계에서 섬김을 실천할 수 있습니다. 영적 성숙은 성품으로 드러납니다.

상대방이 실수했을 때 용서하기는 쉽지 않습니다. 우리의 힘으로는 용서할 수가 없습니다. 아내가 남편에게 복종하는 것, 남편이 아내를 사랑하는 것도 어렵습니다. 가정에서 가장 힘든 것은 무엇입니까? 인내하는 것입니다. 그렇다면 우리의 의지로 인내할 수 있습니까?

고린도전서 13장은 사랑장으로, 바울은 사랑에 대해 말하면서 가장 먼저 "오래 참고"(13:4)라고 했습니다. 사랑은 오래 참는 것, 인내하는 것입니다. 아름다운 가정을 어떻게 이루느냐에 대한 대답은 단 하나, 인내입니다.

함께 살다 보면 자연히 약점과 허물이 보입니다. 그러므로 가정은 끊임없이 실수하고 끊임없이 용서해야 하는 곳입니다. 남녀의 차이, 성격 차이, 살아온 배경의 차이 등 수많은 차이를 극복하려면 오래 참아야 합니다.

그런데 우리 힘으로는 오래 참을 수 없습니다. 오래 참음은 성령의 열매이기 때문에 성령께서 도우셔야 합니다. 영적 힘이 뒷받침되어야 참아낼 수 있습니다. 우리 안에 영적 힘이 계속 채워져야 합니다. 영적으로 성숙해야 합니다. 끊임없이 참고 용서하는 것을 훈련해야 합니다.

제자훈련은 부부관계 안에서 먼저 이루어져야 합니다. 사랑하기 힘들어도 사랑하는 것을 훈련해야 합니다. 교회에서 잠시 만났다가 헤어질 때는 사랑하기 쉽습니다. 그러나 가정에서는 피할 수 없습니다. 숨길 수가 없습니다. 모든 것이 드러납니다. 내가 죽는 훈련을 해야 합니다. 나를 부인하는 훈련을 해야 합니다(갈 2:20). 자기 부인(否認)은 자기 부인(夫人)과 해야 합니다. 자아가 죽는 것이 훈련되지 않으면 죽을 때까지 싸움을 해야 합니다.

마지막 날에는 우리가 얼마나 위대한 업적을 이루었는지 중요하지 않습니다. 하나님은 가정을 얼마나 신실하게 지켰는지를 보십니다. 말씀 안에서 영적으로 훈련하며 조금씩 성장할 때 부부관계가 깊어집니다.

───── **우리에게 주어진 가정을 살리는 사명**

아름다운 가정을 통해 주어지는 축복은 참으로 큽니다. 아름다운 가정을 이루려면 이기심을 극복해야 합니다. 배우자를 섬기려고 노력해야 합니다. 이런 노력을 멈추어서는 안 됩니다. 부부간의 사랑은 하늘에서 떨어지는 것이 아니라 부부가 함께 만들어 가야 합니다. 함께 노력해야 합니다.

사람의 힘으로는 불가능하기에 하나님의 도우심을 구하고, 영적 수준을 끌어올려야 합니다. 그러면 품는 용량이 커집니다. 이해하는 능력이 더해지고 사랑할 수 있는 힘이 생깁니다. 이기심을 극복하게 됩니다. 이기심이 있으면 섬길 수 없는데, 사람은 자기중심적이라 배우자를 자신의 행복의 수단으로 삼으려고 합니다.

건강한 가정을 이루고 사랑의 온도를 유지하려면 어마어마한 에너지가 필요합니다. 그래서 우리 힘만으로는 안 되고, 하나님의 도우심을 구해야 합니다. 자기 중심적이고 이기심으로 가득한 마음도 극복해야 합니다. 그리고 열심을 다해 상대방을 섬겨야합니다. 그리스도께서 교회를 사랑하고 그 교회를 위하여 자신을 주심같이 배우자를 사랑해야 합니다.

부부관계 밖에는 진정한 행복이 없습니다. 부부관계 안에 진정한 기쁨과 만족이 있습니다. 그러므로 부부관계를 통해 누리는 기쁨과 행복을 빼앗겨서는 안 됩니다.

위험한 세상에서 가정을 보호하려면 부부가 적극적으로 사랑해야 합니다. 배우자가 행복해하는 일이라면 소매를 걷어붙이고 해야 합니다. 몸을 아끼지 말고 배우자를 위해 헌신해야 합니다. 배우자를 귀중하게 여기고 존중해야 합니다.

사랑은 얼마든지 회복될 수 있습니다. 우리는 작은 것에도 기뻐하고 감동할 줄 압니다. 작은 사랑의 수고가 기쁨을 주고 행복감을 줍니다. 그러므로 사랑의 수고를 해야 합니다. 가만히 있으면 사랑은 식어버립니다.

> 네 헛된 평생의 모든 날 곧 하나님이 해 아래에서 네게 주신 모든 헛된 날에 네가 사랑하는 아내와 함께 즐겁게 살지어다 그것이 네가 평생에 해 아래에서 수고하고 얻은 네 몫이니라 **전 9:9**

우리는 하나님이 허락하신 몫을 빼앗기지 말아야 합니다. 가정 천국을 이루어야 합니다. 이것이 성공이요 축복입니다.

이혼을 부부관계에서 발생하는 문제를 해결하는 방법이라고 생각하는 경향이 있는데, 이혼한다고 문제가 해결되는 것은 아닙니다. 오히려 또 다른 문제를 끌어안게 됩니다.

결혼은 신중하게 결정해야 하는 문제입니다. 그리고 이혼은 결혼보다 더 신중하게 결정해야 하는 문제입니다. 이혼을 결정하기 전에 할 수 있는 일이 더 없는지 생각해야 합니다. 과연 최선을 다했는지 자신을 되돌아보아야 합니다. 이혼이 최상의 선택인지 깊이 생각해야 합니다.

오늘날 수많은 가정이 깨어지고 있습니다. 가정을 살리는 것은 하나님이 우리에게 주신 사명입니다. 그러므로 그리스도인은 행복한 가정을 이루어 하나님이 창조하신 가정의 원형을 복원해야 합니다. 이를 통해 이 세상에 복음의 메시지를 전해야 합니다.

다시, 새롭게

9

가장 먼저 깨달아야 할 지식

17 너희가 말로 여호와를 괴롭게 하고도 이르기를 우리가 어떻게 여호와를 괴롭혀 드렸
나이까 하는도다 이는 너희가 말하기를 모든 악을 행하는 자는 여호와의 눈에 좋게 보
이며 그에게 기쁨이 된다 하며 또 말하기를 정의의 하나님이 어디 계시냐 함이니라
———————— **말라기 2:17**

하나님이 "내가 너희를 사랑하였노라"고 말씀하시자 이스라엘 백성은 무엇이 사랑이냐고 따집니다. 하나님이 책망하시면 이스라엘 백성들은 "우리가 언제 그런 행동을 하였느냐"며 되묻습니다. 본문에서 이스라엘 백성은 여호와를 괴롭게 하고도 "우리가 어떻게 여호와를 괴롭혀 드렸나이까"라고 반문합니다.

이스라엘 백성은 하나님께 불평했습니다. '우리를 사랑한다고 말씀하시는데, 현실은 왜 이렇습니까? 현실은 왜 달라지지 않습니까?'라며 실망감을 드러냈습니다.

> 너희가 말로 여호와를 괴롭게 하고도 이르기를 우리가 어떻게 여호와를 괴롭혀 드렸나이까 하는도다 이는 너희가 말하기를 모든 악을 행하는 자는 여호와의 눈에 좋게 보이며 그에게 기쁨이 된다 하며 또 말하기를 정의의 하나님이 어디 계시냐 함이니라 **말 2:17**

이것은 '정의의 하나님은 어디 계십니까, 당신은 정의의 하나님이 아닌 것 같습니다'라는 뜻입니다.

이스라엘 백성은 모든 책임을 하나님께 돌리고 있습니다. 자세히 살펴보면 그들의 잘못으로 말미암아 일어난 일인데 모든 책임을 하나님께 전가합니다.

왜 이런 일이 일어났을까요? 제사장들이 여호와의 지식을 버렸고, 백성들이 율법을 버렸기 때문입니다. 이스라엘 백성은 영적으로 무지했습니다. 그래서 우상숭배를 하고 엉터리 예배를 드리고 이방 여인과 결혼했습니다.

다시, 새롭게

타락은 영적 무지에서 비롯됩니다. 하나님이 누구신지 알지 못하기 때문에 영적으로 타락합니다. 그러므로 무지는 무서운 것입니다. 하나님이 어떤 분인지 알지 못하면 자기 마음대로 행동하고, 하나님을 안다고 해도 잘못 알면 영적으로 타락하게 됩니다.

유다의 배교는 하나님에 대한 무지 때문입니다. 호세아 선지자는 이스라엘이 망한 원인에 대해 "내 백성이 지식이 없으므로 망하는도다 네가 지식을 버렸으니 나도 너를 버려 내 제사장이 되지 못하게 할 것이요 네가 네 하나님의 율법을 잊었으니 나도 네 자녀들을 잊어버리리라"(호 4:6)고 말했습니다.

여기서 '지식'은 하나님을 아는 것을 뜻합니다. 이스라엘은 하나님을 아는 지식이 없어 망했습니다. 이전에는 하나님을 알았지만 그분을 잊어버려 망했습니다. 영적 무지는 무서운 것들 가운데 가장 무서운 것입니다. 영적으로 무지하면 망합니다. 미련함, 우둔함, 고집은 영적 무지에서 비롯됩니다.

이스라엘은 전체적으로 하나님에 대해 냉소적입니다. 이스라엘 백성의 마음속에는 원망과 불평이 가득한데, 이런 감정은 하나님에 대한 오해에서 비롯되었습니다.

이스라엘 백성은 눈앞에 벌어진 상황에만 몰두했습니다. 그들은 진리를 보려고 하지 않았습니다. 자신들이 왜 실패했는지 알지 못했습니다. 영적으로 무지하면 자신을 인식하지 못합니다. 자기가 무슨 짓을 저질렀는지 알지 못합니다. 그러나 자신의 실수와 잘못을 인식해야 회개하고 돌이킬 수 있습니다.

이스라엘 백성은 자신들이 심각한 상태에 놓여 있다는 것을 전혀 알아차리지 못한 채 자신들이 의인이라고 생각했습니다. 그들은 '우리는 잘못이 없다'라고 생각했습니다. 예수님 시대에는 바리새인들이 그랬습니다. 그들은 자신들이 율법을 잘 알고, 누구보다 하나님을 잘 섬긴다고 생각했습니다. 그러나 그들의 눈은 영적 무지로 가려져 있었고, 그들은 그 사실을 알지 못했습니다. 결국 그들의 열심은 하나님의 아들을 죽이고 말았습니다.

에덴동산에서 아담과 하와는 죄를 범하고도 하나님을 탓했습니다. 아담은 자신의 죄를 인정하지 않은 채 자신을 방어하기에 급급했고, 오히려 "하나님이 주신 여자 때문"이라며 하나님을 탓했습니다(창 3:12).

우리도 아담처럼 행동할 때가 있습니다. 자신이 도둑질했음에도 잘못을 인정하지 않습니다. 하나님이 돈을 주시지 않아서 도둑질했다고, 하나님이 기도에 응답해주시지 않아서 도둑질했다고 오히려 탓합니다. 하나님께 책임을 돌립니다.

본문에서 이스라엘 백성은 "정의의 하나님이 어디 계시냐"라고 반문합니다. 가장 악한 것은 하나님을 비방하는 것입니다. 하나님을 불의한 분으로 여기는 것입니다.

이스라엘 백성은 하나님께 "당신은 어디 계십니까?"라고 묻습니다. 그들은 하나님이 아무것도 하지 않으신다고 생각했던 것입니다. 그래서 하나님께 "만약 당신이 살아계신다면 이럴 수 있습니까! 정의의 하나님이십니까? 악을 심판하시는 분 맞습니까?" 하고 따졌습니다.

다시, 새롭게

하나님은 어떤 분입니까? 하나님은 어제도 계셨고, 지금도 계시고, 앞으로도 계십니다. 하나님은 온 땅을 친히 다스리십니다.

오늘도 태양이 뜨고 집니다. 열국의 왕들이 일어나고 물러납니다. 이 모든 것을 주관하시는 분은 하나님입니다. 하나님의 통치 바깥에서 일어나는 일은 하나도 없습니다. 우리는 이것을 믿어야 합니다.

오늘도 하나님의 정의는 물같이, 하나님의 공의는 마르지 않는 강같이 흐르고 있습니다. 그러므로 답답해하지 말아야 합니다. 불안해하지 말아야 합니다. 억울해하지 말아야 합니다. 하나님의 심판의 칼은 무디지 않습니다. 하나님은 게으르지 않으십니다. 하나님은 오늘도 세상을 움직이는 원인자이십니다. 세상은 악인을 통해, 힘센 자를 통해 움직이는 것이 아닙니다. 그러므로 의연하게 역사를 바라볼 필요가 있습니다.

하나님은 악을 미워하십니다. 선을 사랑하시고 악을 심판하십니다. 하나님에 대한 무지는 타락을 가속화시킵니다. 자신이 무슨 죄를 짓고 있는지 알지 못하는 것, 자신의 상태가 어떠한지 알지 못하고 남탓만 하는 것이 문제입니다. 그러나 "내 문제입니다"라고 자신의 문제를 인정하는 순간 모든 것이 해결됩니다. 그때부터 답을 찾아갈 수 있습니다.

롯의 가정은 어떠했습니까? 롯은 죄가 만연해 있는 소돔에서 살았습니다. 그는 하나님의 사람이지만 이런 사실을 전혀 알지 못했습니다. 자신이 어느 정도 무너졌는지 전혀 알지 못했습니다. 영적으로 지각이 작동하지 않았던 것입니다.

롯은 불이 내리고 있는데도 미련이 남아 소돔 떠나는 것을 아쉬워했으며, 롯의 아내는 뒤를 돌아보다가 소금 기둥이 되고 말았습니다. 롯은 신자 같지 않은 신자였습니다. 하나님의 백성이었지만 백성답지 않았습니다. 신자가 타락하면 이렇게 됩니다. 신자가 타락하면 신자답지 않게 삽니다.

신앙은 영적 무지에서 깨어나는 것입니다. 영적 무지의 구름을 걷어내는 것입니다. 구름이 짙으면 아무것도 보이지 않고, 결국에는 사고가 발생합니다. 이스라엘 백성이 하나님을 알지 못했을 때 그들은 이방 신을 섬겼습니다.

아브라함은 하나님의 부르심을 받고 나서 우상을 만들어 파는 아버지의 집을 떠났습니다. 그는 하나님의 부르심을 받았지만, 하나님에 대한 지식이 부족해 많은 오류를 범했고 실수도 저질렀습니다. 하나님이 어떤 분인지 몰라서 환경에 쫓겼습니다. 두려워하여 실수도 했습니다. 하나님의 약속을 믿지 못했고 하나님의 때를 기다리지 못했습니다. 불안해했습니다. 그래서 아브라함은 자기 방법을 추구했습니다. 하나님을 몰라서 그렇게 한 것입니다.

하나님의 하나님 되심을 분명히 안다면 하나님이 그분의 때에 약속을 이루실 것을 믿고 기다려야 합니다. 그런데 아브라함은 하나님을 몰랐기 때문에 그분의 때를 기다리지 못했습니다.

시간이 흐르면서 아브라함은 하나님을 알게 되었습니다. 그 절정에 창세기 22장의 사건이 있습니다. 아브라함이 독자 이삭을 하나님께 바친 것입니다. 영적 무지의 구름이 걷히고 하나님의 하나님 되심을 정확하게 알게 되자 그는 하나님의 말씀에 절대적으로 순종했습니다. 그래서 100세에 낳은 독자 이삭을 하나님께 바칠 수 있었던 것입니다.

─────── **하나님을 아는 참된 지식**

세상의 모든 지식을 갖추었어도 하나님을 모른다면 그 사람은 무지 속에서 사는 것입니다. 박사 학위를 갖고 있다고 해도 하나님을 아는 지식이 없다면 영적으로 무지한 사람입니다. 영맹(靈盲)입니다. 이런 사람은 세상의 지식으로 하나님을 판단하고 대적하고 욕합니다.

참된 지식은 하나님을 아는 것입니다(잠 1:7). 아이들이 어렸을 때 하나님을 아는 지식을 가지면 장차 엄청난 일이 벌어집니다. 하나님을 아는 지식 위에 세상의 지식을 쌓아갈 때 그 지식을 통해 놀라운 일이 일어납니다. 그러나 세상의 모든 지식을 가졌다고 해도 하나님을 아는 지식이 없다면 세상의 모든 지식은 아무 소용없습니다.

하나님에 대한 무지는 자신에 대한 무지로 이어집니다. 하나님이 어떤 분인지 모르면 자신이 어떤 사람인지도 알지 못합니다. 그러므로 세상의 지식은 허망합니다. 우리는 자신에 대해 알고 싶어도 알 수가 없습니다. 여기서 모든 문제가 출발합니다.

'나는 누구인가' '나는 어디서 왔는가' '나는 어디로 가는가' '나의 존재 근원은 무엇인가' '어떻게 살아야 하는가' '왜 살아야 하는가' '나는 왜 존재하는가' '나의 정체성은 무엇인가' '인간의 존재는 무엇인가' 등을 알지 못하면 무지와 혼돈 가운데 살아가게 됩니다. 우리를 창조하신 하나님을 알지 못하기 때문입니다.

자신을 지은 분이 누구인지 알지 못하는데, 자신을 어떻게 알 수 있겠습니까! 혼란과 방황의 근원은 여기에 있습니다. 하나님을 알지 못하면 자신에 대해 알 수 없습니다.

이사야 선지자는 성전에 가득한 하나님의 영광을 목격했는데, 그때 자신의 실체를 깨달았습니다. 이전에 그는 자신이 어떤 존재인지 몰랐습니다. 그런데 하나님의 영광을 목격한 뒤, 하나님을 알고 난 뒤 그의 실체가 드러났습니다. 이사야 선지자는 깜짝 놀라 "화로다 나여 망하게 되었도다"(사 6:5)라고 고백했습니다. 예수님을 처음 만났을 때 베드로는 "주여 나를 떠나소서 나는 죄인이로소이다"(눅 5:8)라고 고백했습니다. 자신의 실체가 드러났기 때문입니다.

이처럼 하나님을 만나면 우리 자신의 실체가 드러납니다. 하나님 앞에 설 수 없는 존재라는 것이 드러납니다. 하나님을 아는 순간 자신이 누구인지 알게 되면 영적 무지에서 서서히 빠져나오게 됩니다. 자신의 실체를 정확히 알게 되고, 자신을 향한 하나님의 계획과 그분의 부르심을 깨닫게 됩니다.

자신의 모습을 정확하게 볼 때 회개할 수 있습니다. 하나님의 부르심을 받았을 때 모세는 하나님께 "당신은 누구십니까?"라고 질문했습니다. 이것은 존재론적 질문입니다. 모세의 질문 속에는 '나는 내가 누구인지 모른다'는 뜻이 담겨 있습니다. 모세의 질문

다시, 새롭게

에 하나님은 "나는 스스로 있는 자이니라"(출 3:14)고 말씀하셨습니다. 영원한 자존자요, 모든 것의 근원이요, 전능자라는 의미입니다. 뜻을 가질 뿐 아니라 뜻을 이루어내는 하나님이라는 의미입니다.

하나님이 얼마나 크신 분인지 알면 그분을 경외하게 됩니다. 모세는 하나님을 보고 하나님을 알게 되었을 때 믿음이 생겨났습니다.

예를 들면 저에 대해 아는 만큼 저를 신뢰할 수 있습니다. 저를 모르는 사람도 있을 것입니다. 우리 교회의 부교역자들도 저를 잘 모릅니다. 그들 가운데 저를 돕는 몇 사람은 저에 대해 조금 알고 있을지도 모릅니다. 이처럼 안다는 것이 쉽지 않습니다.

교회 마당에서 가끔 자전거를 탑니다. 마스크를 하고 자전거를 타는데도 성도들이 저를 쉽게 알아봅니다. 그러나 외형을 안다고 그 사람을 아는 것은 아닙니다. 사람을 아는 것은 어렵습니다. 아는 만큼 신뢰할 수 있습니다.

─── **예배 속에 길이 있다**

하나님을 아는 만큼 예배가 깊어집니다. 하나님에 대해 무지하면 그분을 예배할 수 없습니다. 하나님을 아는 만큼 예배가 달라집니다. 예배드리는 태도가 달라집니다.

하나님을 아는 사람이 예배 시간에 지각할 수 있겠습니까! 하나님을 알면 절대 지각할 수 없습니다. 하나님을 아는데 교만할 수 있겠습니까! 하나님을 아는 사람은 교만할 수 없습니다. 하룻강아지 범 무서운 줄 모른다는 속담이 있듯 몰라서 교만한 것입니다. 하나님을 알면 함부로 말하지 않습니다.

하나님을 아는 지식은 매우 중요합니다. 모세는 하나님을 믿고 앞으로 나아갔습니다. 그에게는 하나님밖에 없었고, 하나님 이름의 영광과 그분의 능력을 의지할 수밖에 없었습니다. 하나님을 알면 두려움이 사라집니다. 담대해집니다. 용기가 생깁니다.

우리는 하나님 안에서 자신을 발견할 수 있습니다. 하나님 안에서 자신의 가치를 발견할 수 있습니다. 하나님을 아는 순간 '이렇게 살아야 하는구나'라는 탄성이 내면의 깊숙한 곳에서 터져 나옵니다. 그러나 하나님을 알지 못하면 자신이 존귀한 가치를 가진 존재임을 발견할 수 없습니다. 하나님을 알면 그분의 목적과 뜻, 계획 가운데 있는 자신이 얼마나 놀라운 존재인지 깨닫게 됩니다. 자아를 발견하게 됩니다. 그리고 '나는 이렇게 살다가 이렇게 죽겠다'라고 결단하게 됩니다.

사람들이 허무함에 굴복하는 이유가 무엇입니까? 쓸데없는 짓을 하며 인생을 낭비하는 이유가 무엇입니까? 헤매고 방황하는 이유가 무엇입니까? 젊은이들이 허구한 날 게임하며 인생을 보내는 이유가 무엇입니까? 사람들이 절망에서 일어나지 못하는 이유가 무엇입니까? 왜 죄를 지으며 삽니까? 진리의 빛을 보지 못하기 때문입니다. 어둠 가운데 있어서 자신이 어디로 가는지 알지 못합니다.

영적으로 무지하면 영혼이 길을 잃습니다. 어둠 가운데 있기 때문에 어떻게 살아야 하는지 알 수 없습니다. 십자가의 도가 왜 중요합니까? 십자가를 통해 하나님이 누구신지 명확하게 알 수 있기 때문입니다. 십자가를 통해 하나님께 나아갈 수 있습니다. 하나님이 우리를 얼마나 사랑하시는지 알 수 있습니다. 하나님이 우리를 어떻게 대하시는지 알 수 있습니다.

그래서 십자가는 우리를 하나님께 미치도록 만듭니다. 십자가는 하나님께로 가는 길을 우리에게 분명하게 보여줍니다. 십자가를 통해 하나님이 어떤 분이신지 확실하게 알 수 있습니다.

십자가는 성경의 중심에 있습니다. 창세기부터 요한계시록까지 십자가가 묻어나지 않는 곳이 없습니다. 그것을 깨달아 알게 되는 순간, 성경에서 십자가를 발견하는 순간 하나님이 어떤 분이신지, 얼마나 놀라운 분이신지 깨닫습니다. 그러면 천지가 개벽하는 듯한 역사가 일어납니다. 칠흑같이 어두웠던 무지의 구름이 걷히면서 하나님의 진리가 드러납니다.

바울을 보면 알 수 있습니다. 그는 구약의 실체이신 그리스도께서 오신 것을 몰랐습니다. 하나님을 섬긴다고 하면서 그분이 보내신 아들을 핍박하는 일에 앞장섰습니다. 예수님을 믿는 사람들을 잡아 가두고 죽였습니다. 이 얼마나 아이러니한 일입니까! 바울이 악해 사람을 죽인 것이 아닙니다. 그는 무지해서 사람을 죽였습니다. 무지가 이렇게 무섭습니다.

그런데 부활하신 예수님은 바울에게 빛으로 다가오셨습니다. 정오의 빛보다 밝은 빛으로 다가오셨습니다. 바울은 그 빛에 사로잡혔습니다.

영적 무지와 고집이 합해지면 사람을 죽이고도 남습니다. 짐승처럼 살면서도 자신이 무슨 짓을 저질렀는지 알지 못합니다. 그러므로 영적 무지와 영적 어둠을 걷어내 달라고 기도해야 합니다.

영적 무지의 구름을 벗겨내려면 거울이 필요합니다. 자신의 모습을 정확하게 보려면 거울이 필요합니다. 고대사회에서는 은이나 동으로 만든 거울을 사용했습니다. 자신의 모습이 보이기는 했지만 선명하지 않고 희미했습니다.

> 성경은 우리가 지금은 거울로 보는 것같이 희미하나 그때에는 얼굴과 얼굴을 대하여 볼 것이요 지금은 내가 부분적으로 아나 그때에는 주께서 나를 아신 것같이 내가 온전히 알리라 **고전 13:12**

시내 산에서 율법이 주어지기 전에는 양심이 율법 노릇을 했습니다. 그런데 죄를 지은 이후였기 때문에 온전하지 않았습니다. 하나님이 시내 산에서 모세를 통해 사람에게 율법을 주신 뒤로는 명확해졌습니다. 그러나 백성들은 하나님이 주신 율법을 무시했습니다.

말라기 시대는 구약시대의 끝에 해당합니다. 이후로 하나님의 말씀이 더 이상 들리지 않는 암흑기가 시작되었습니다. 하나님의 백성이 그분의 말씀을 무시하고 율법을 무시하자 하나님은 더 이상 말씀을 보내지 않으셨습니다.

말라기 이후부터 세례 요한이 출현하기 전까지 400년 동안 이스라엘에서는 영적 암흑기가 계속되었습니다. 그때 백성들은 자신들의 상태를 알지 못했습니다. 하나님의 말씀이 주어지지 않자 어둠 속에 거한 채 혼돈의 시간, 영적 암흑기를 보내야 했습니다.

하나님이 말씀하지 않으시면 그때부터 암흑이 시작됩니다. 빛이 임하지 않습니다. 어둠 속에 거하게 됩니다. 우리 삶도 마찬가지입니다. 하나님의 말씀이 눈에 들어오지 않고, 그분의 말씀이 귀에 들어오지 않는다면 영적 암흑기입니다.

그렇다면 영적 전성기는 언제입니까? 하나님의 말씀이 들리고 보이는 때입니다. 하나님의 말씀이 폭포수처럼 주어진다면 그때가 영적 전성기입니다. 하나님과 끊임없이 교신한다면 축복의 상태입니다.

─────── **언제나 곁에 계시는 최고의 교사**

지금 어떤 일을 겪고 있는지와 상관없습니다. 하나님의 말씀이 주어진다면, 하나님의 말씀이 영혼에 밀려온다면 걱정할 것이 없습니다. 하나님의 말씀이 폭포수처럼 쏟아지는 것을 경험하는 성도가 가장 복된 성도입니다.

하나님의 종들은 성도들에게 하나님이 주신 말씀을 전해야 합니다. 그러므로 하나님이 말씀을 주시면 하나님의 종들에게는 그것이 축복입니다. 하나님이 말씀을 주지 않으시면 성도들에게 전할 말씀이 없습니다. 무슨 재주로 전하겠습니까. 하나님이 말씀을 주셔야 전할 수 있습니다.

세례 요한은 마침내 영적 침묵을 깨뜨리고 예수 그리스도의 오심을 전했습니다. 예수 그리스도께서 어둔 역사를 깨신 것입니다. 율법시대에 희미하게 보이던 것이 예수 그리스도께서 오신 뒤 선명하게 드러났습니다. 모든 계시가 밝히 드러났습니다. 그림자의 실체가 드러났습니다.

구약시대에는 그림자만 보았습니다. 레위기에 나오는 수많은 제사 제도는 그림자에 불과했습니다. 그런데 예수님이 오신 뒤 그림자의 실체가 드러났습니다. 아브라함과 모세를 최고라고 생각했던 사람들 앞에 아브라함보다 더 크신 이가 나타났습니다. 짐승을 잡아서 피의 제사를 드리던 백성들에게 완전한 제물인 그리스도께서 오셨습니다.

계시의 주인공이 나타나셨고 희미했던 것들이 선명하게 드러나자 새로운 시대가 시작되었습니다. 감추어졌던 비밀이 드러났습니다.

> 말씀이 육신이 되어 우리 가운데 거하시매 우리가 그의 영광을 보니 아버지의 독생자의 영광이요 은혜와 진리가 충만하더라 **요 1:14**

은혜와 진리가 충만한 시대가 되었습니다. 거울이 선명해진 것처럼 말씀의 실체가 드러났습니다.

명의는 깊숙한 곳에 자리해서 아무도 보지 못하는 질병을 찾아냅니다. 반면 돌팔이 의사는 엉뚱한 곳을 찔러 사람을 죽입니다. 명의는 병의 근원을 정확하게 찾아냅니다. 깊은 곳에 있는 병까지 찾아냅니다.

생명력 있는 말씀은 영혼의 깊은 곳까지 다가갑니다. 혼과 영은 눈에 보이지 않습니다. 눈에 보이지 않기 때문에 치료하기가 쉽지 않습니다. 문제를 해결하기가 쉽지 않습니다.

우리의 영혼 깊숙한 곳은 굉장히 은밀합니다. 자신도 알지 못하는 죄가 그곳에 있습니다. 마음의 깊숙한 곳을 '심연'(深淵)이라고 합니다. 거기도 여러 층이 있습니다. 죄는 그처럼 깊이 숨어 있습니다. 부흥의 시대에는 깊은 밑바닥에 가라앉아 있는 죄를 드러내어 뒤집어버립니다.

하나님의 말씀은 관절과 골수를 찔러 쪼갭니다(히 4:12-13). 관절은 뼈라서 딱딱하고 골수는 아주 부드럽고 연합니다. 그런데 하나님의 말씀은 딱딱한 뼈를 뚫고 들어가고, 골수까지 밀고 들어갑니다. 말씀의 빛은 영혼의 깊은 곳까지 건드립니다. 하나님의 말씀은 영혼의 숨겨진 것을 벗겨내고 드러냅니다. 이것이 말씀의 능력입니다.

그런데 왜 우리는 순종하지 않습니까? 왜 반복해 죄를 짓습니까? 숨긴 것이 있기 때문입니다. 감춘 것이 있기 때문입니다. 자아의 고집으로 무장해 움켜쥔 것이 있기 때문입니다. 그러나 말씀이 깊게 들어가면 더 이상 숨길 수가 없습니다. 말씀이 파고 들어가면 처음에는 수치심을 느낍니다. 자신도 보고 싶지 않아서 숨긴 것들이 드러나기 때문입니다. 이때는 감추고 싶어 하지만 말씀의 생명력이 더 이상 감추지 못하게 합니다.

수치심과 함께 고통이 따라옵니다. 심한 고통을 느낍니다. 상처를 건드렸기 때문입니다. 이때 분노하거나 도망치면 안 됩니다. 방어하려고 해도 안 됩니다. 돌이켜야 합니다.

우리는 세리의 기도를 통해 배워야 합니다. 세리는 "멀리 서서

감히 눈을 들어 하늘을 쳐다보지도 못하고 다만 가슴을 치며 이르되 하나님이여 불쌍히 여기소서 나는 죄인이로소이다 하였느니라"(눅 18:13) 하고 기도했습니다. 우리는 "나를 불쌍히 여기소서"라고 기도해야 합니다.

우리에게 놀라운 축복은 오순절에 성령이 임하신 것입니다. 새로운 시대가 열렸습니다. 예수 그리스도께서 승천하신 뒤 성령이 임하셨습니다. 성령을 물 붓듯 부어주셨습니다. 성령이 임하자 베드로는 명쾌하게 말씀을 전했습니다. 예수 그리스도의 복음을 소개했습니다. 당시 하루에 3,000명이 회개하는 역사가 일어났습니다. 놀라운 일입니다.

성령께서 베드로를 통해 그리스도의 복음을 정확하게 전했을 때 유대인들 안에 있던 무지의 구름이 걷혔습니다. 영안이 열렸습니다. 진리가 밝혀지는 순간 자신의 죄악을 발견했습니다. 그리고 그리스도의 복음 앞에 무릎을 꿇었습니다.

> 그들이 이 말을 듣고 마음에 찔려 베드로와 다른 사도들에게 물어 이르되 형제들아 우리가 어찌할꼬 하거늘 행 2:37

말씀의 빛 앞에서 죄인이라는 자신의 정체가 드러나자 어쩔 줄 몰랐습니다. 두려움에 떨었습니다. 그때 베드로는 "너희가 회개하여 각각 예수 그리스도의 이름으로 세례를 받고 죄 사함을 받으라 그리하면 성령의 선물을 받으리니"(행 2:38)라고 선포했습니다.

다시, 새롭게

성령은 우리에게 최고의 교사가 되십니다. 예수님은 "보혜사 곧 아버지께서 내 이름으로 보내실 성령 그가 너희에게 모든 것을 가르치고 내가 너희에게 말한 모든 것을 생각나게 하리라"(요 14:26)고 말씀하셨습니다. 하나님의 성령이 하나님의 진리를 가르쳐주십니다. 생각나게 하십니다. 깨닫게 해주십니다. 진리를 밝히 드러내십니다.

——— 온전히 회개하라

설교를 준비할 때마다 성령이 생각나게 하시고 깨닫게 하시는 것을 경험합니다. 저는 머리가 좋지 않지만 성령이 깨닫게 하십니다. 준비하는 말씀에 도움이 되는 내용이 어느 책에 있는지 성령께서 알려주십니다. 저는 성령께서 알려주신 대로 찾습니다.

성령은 단순히 머리로 알게 하는 것이 아니라 영적 이해력을 갖게 하십니다. 많이 알게 하는 것이 아니라 영적 통찰력을 갖게 하십니다. 지식이 많아도 무지할 수는 있습니다.

지금은 어느 시대보다 진리를 제대로 알 수 있습니다. 우리 손에 성경이 있습니다. 성령께서 우리 안에서 우리를 가르쳐주십니다. 우리를 도와주는 영적 교사가 굉장히 많습니다. 그럼에도 영적 무지 가운데 계속 갇혀 있다면 그것은 게으름 때문입니다. 게으름은 죄입니다. 영적으로 무지한 상태를 유지하는 것은 영적 무지의 상태에 머물러 있겠다는 의지의 표현입니다. 그것은 악한 것입니다.

그러면 어떻게 해야 합니까? 우리는 마음의 문을 열어야 합니다. 더 이상 보지 않고 듣지 않겠다고 악을 쓴다면 어쩔 수 없습니다. 우리가 마음의 문을 연다면, 오늘날은 은혜와 진리가 풍성합니다. 충만합니다. 그냥 지나칠 수 없을 만큼 폭포수처럼 쏟아집니다. 좋은 책도 많고, 좋은 프로그램도 많습니다.

자신의 모습을 비추어주는 거울도 필요하지만, 그것을 보는 사람의 눈이 어두워 볼 수 없다면 거울은 아무 소용없습니다. 마음의 눈이 어두우면 안 됩니다. 아무리 보여줘도 볼 수 없습니다. 성경은 "빛이 어둠에 비치되 어둠이 깨닫지 못하더라"(요 1:5)고 말씀합니다.

이전에 우리는 어둠 가운데 있어 완전히 무지했습니다.

> 눈은 몸의 등불이니 그러므로 네 눈이 성하면 온몸이 밝을 것이요 눈이 나쁘면 온몸이 어두울 것이니 그러므로 네게 있는 빛이 어두우면 그 어둠이 얼마나 더하겠느냐 마 6:22-23

죄는 눈을 어둡게 합니다. 죄의 문제를 처리하지 않으면 눈을 뜨고 있어도 보지 못합니다. 눈을 감은 것과 같습니다. 말씀을 읽고 들어도 깨닫지 못하는 일이 있습니다(마 13:15-16). 영적 무지로 범하는 죄가 얼마나 많은지 모릅니다.

우리는 하나님의 말씀을 사모해야 합니다. 가까이해야 합니다. 말씀을 봐야 자신의 상태를 알 수 있습니다. 성령의 도우심을 구해야 합니다. 성령께서 우리의 완악함을 깨뜨려 우리의 눈과 귀

다시, 새롭게

를 열어주시도록 기도해야 합니다. 성령께서 말씀으로 우리의 영혼을 비춰주실 때 드러난 죄를 회개해야 합니다. 불순물은 제거해야 합니다. 회개를 미루면 눈이 어두워집니다.

말라기 선지자는 회개를 촉구합니다. 영적 무지가 벗겨져야 자신의 실체가 드러납니다. 그때 우리는 온전하게 회개할 수 있습니다. 우리의 살 길은 회개하는 것입니다. 우리의 실체가 있는 그대로 드러나야 온전히 회개할 수 있습니다.

" *Part 3 ,*

본질을

새롭게.

10 ──

그가 오시면

1 만군의 여호와가 이르노라 보라 내가 내 사자를 보내리니 그가 내 앞에서 길을 준비할 것이요 또 너희가 구하는 바 주가 갑자기 그의 성전에 임하시리니 곧 너희가 사모하는 바 언약의 사자가 임하실 것이라

──────── **말라기 3:1**

말라기서에 보면 선지자와 백성들의 논쟁, 즉 하나님과 백성들의 논쟁이 나옵니다. 백성들은 하나님께 따지듯 "하나님은 왜 우리를 박해하는 나라를 심판하지 않으십니까" "왜 성전에 충만한 영광으로 임하지 않으십니까" "하나님의 정의는 어디에 있습니까" "하나님이 이 세상을 다스리십니까"라고 질문했습니다.

이스라엘 백성은 현실의 상황이 전혀 나아지지 않는 것에 대해 하나님께 따졌습니다. 백성들의 질문 가운데 그들의 불신앙이 담겨 있었습니다. 하나님에 대한 원망과 불평이 담겨 있었습니다.

사실 이스라엘 백성이 처한 힘든 현실은 그들의 죄악으로 말미암은 것입니다. 그러나 그들은 모든 책임을 하나님께 돌렸습니다. 이처럼 죄성이 발동하면 다른 사람을 탓하게 됩니다. 문제의 원인을 자신에게서 찾으려고 하지 않습니다. 다른 사람에게 책임을 돌리려고 합니다. 그러다가 하나님을 탓하기에 이릅니다. 이것은 인간의 죄성에서 비롯됩니다.

이스라엘 백성은 하나님께 "하나님은 어디 계십니까"라고 물었습니다. 그들의 질문에 대한 답이 말라기 3장에 나옵니다. 본문에 보면 "만군의 여호와가 이르노라 보라 내가 내 사자를 보내리니"라고 기록되어 있습니다. 하나님은 그분의 사자를 보내겠다고 약속하셨습니다.

'내 사자'는 히브리어로 '말라기'입니다. 본문에 나오는 '내 사자'가 말라기 선지자를 가리키는 것 같지만, 문맥을 보면 그렇지 않은 듯합니다. 그러면 '내 사자'는 누구를 가리킵니까? 하나님은 누구를 보내겠다고 약속하신 것입니까?

말라기 선지자 이후 400년의 공백기가 있었다고 했습니다. 구약과 신약 사이 이스라엘의 영적 공백기가 지난 뒤 하나님은 한 사자를 보내셨습니다.

본문에 보면 "그가 내 앞에서 길을 준비할 것이요"라고 기록되어 있습니다. 여기서 우리는 '내 사자'가 세례 요한임을 알 수 있습니다. 그의 임무는 그리스도의 오심을 준비하는 것이었습니다. 이것은 메시아에 대한 예언입니다.

> 기록된 바 보라 내가 내 사자를 네 앞에 보내노니 그가 네 길을 네 앞에 준비하리라 하신 것이 이 사람에 대한 말씀이니라 마 11:10

세례 요한은 그리스도의 오실 길을 예비한 구약의 마지막 선지자라고 할 수 있습니다. 그는 오랜 기간 이어진 역사적 침묵을 깨고 등장했습니다. 말라기 선지자가 예언한 것이 400년 뒤 세례 요한을 통해 이루어졌습니다. 그리고 예수님이 세상에 오셨습니다.

본문에 보면 "너희가 사모하는 바 언약의 사자가 임하실 것이라"고 기록되어 있습니다. 여기서 '언약의 사자'도 세례 요한을 가리킵니다. 그는 예수님이 오실 길을 예비하는 언약의 사자로서의 사명을 받았습니다.

우리는 예수 그리스도께서 오신 시점을 살펴볼 필요가 있습니다. 예수님은 왜 이때 오셨을까요? 말라기서에는 이스라엘이 얼마나 타락했는지 나타납니다. 이스라엘 백성은 타락할 대로 타락했고, 이 기간에 하나님은 침묵하셨습니다. 이스라엘의 영적 암흑기였습니다. 예배가 무너졌고, 제사장들이 타락했습니다. 성전은 성전으로서의 기능을 잃었습니다.

우리는 예수님 시대에 바리새인들의 모습을 통해 그 시대가 어떠했는지를 알 수 있습니다. 성전의 제도 역시 망가질 대로 망가졌습니다. 예수님이 수전절에 행하신 일을 통해 당시의 상황을 알 수 있습니다. 격노하신 예수님은 성전에서 장사하는 사람들을 향해 "내 집은 기도하는 집이라 일컬음을 받으리라 하였거늘 너희는 강도의 소굴을 만드는도다"(마 21:13)라고 말씀하시며 성전에서 내쫓으셨습니다.

> 내가 진실로 너희에게 이르노니 돌 하나도 돌 위에 남지 않고 다 무너뜨려지리라 **마 24:2**

새로운 시대가 왔습니다. 이전의 시대는 망가지고 무너졌습니다. 그리스도께서 오셔야 했습니다. 본문에 보면 "주가 갑자기 그의 성전에 임하시리니"라고 기록되어 있습니다. 그리스도를 맞이하는 우리의 입장에서 생각하면 그분은 갑자기 임하신 것입니다. 여기서 '성전'은 하나님과 그분의 백성들이 만나는 접촉점으로, 타락한 인간이 하나님을 만날 수 있는 유일한 통로였습니다. 그 일을 위해 제사장과 레위인이 있었습니다.

이처럼 성전은 백성들이 하나님께 나아가는 통로였습니다. 그런데 성전이 망가지고 타락하고 부패하여 하나님이 예배를 받지 않으시면 성전은 의미가 없습니다. 성전의 타락은 곧 제사장의 타락이요, 레위인의 타락이요, 백성들의 타락입니다.

유대 사회의 모든 것이 무너졌습니다. 절망적이었습니다. 희망이 없어 보였습니다. 성전도 제사장도 존재할 이유가 없었습니다. 그래서 예수님은 "돌 하나도 돌 위에 남지 않고 다 무너뜨려지리라"고 말씀하셨던 것입니다.

예수님은 당시 제도권의 유대 종교 체제를 향해 공격을 퍼부으셨습니다. 이로 말미암아 유대 종교지도자들로부터 미움을 받았고, 십자가에서 처형당하셨습니다.

사람들은 문제가 생기면 효과적인 해결책을 찾는데, 이것은 세상의 방식입니다. 많이 팔리는 자기계발, 처세술과 관련된 책이 이런 내용을 담고 있습니다.

방법론에는 인위적인 요소가 많습니다. 수단과 방법을 강구하다 보면 인본주의가 들어갑니다. 방법을 추구하다 보면 목적과 결과를 중요시하게 됩니다. 과정을 무시하고 결과만 좋으면 된다고 생각하게 됩니다. 그러나 이런 생각은 매우 위험합니다.

목적만 좋으면 됩니까? 그렇지 않습니다. 목적이 좋아야 하지만, 과정도 좋아야 합니다. 방법에 집중하면 목적을 잊게 됩니다. 큰 효과, 확실한 결과에 욕심을 내면 편법을 사용할 위험이 있습니다.

하나님 나라에서는 방법을 중요하게 생각하지 않습니다. 망가진 이스라엘을 회복시키기 원하시는 하나님은 '어떻게'가 아니라 '누가'를 중요하게 여기십니다. 하나님은 누가 그 일을 할 것인지를 중요하게 생각하십니다.

다시, 새롭게

본문에서 하나님은 사람에게 초점을 맞추셨습니다. 그러면 망가질 대로 망가진 이 세상이 회복될 수 있을까요? 어설프게 회복되어서는 안 됩니다. 그런데 인간의 힘으로는 완전하게 회복될 수가 없습니다. 인간은 불완전하기 때문입니다.

제사장은 백성들을 하나님께로 이끄는 사람입니다. 그런데 제사장이 타락했습니다. 제사 제도가 무너졌습니다. 제사장은 백성들을 하나님께로 이끌지 않고 오히려 멀어지게 했습니다. 그래서 새로운 제사장이 필요했습니다. 불완전한 제사장이 아니라 완전한 제사장이 필요했습니다. 그분이 바로 예수 그리스도입니다.

그리스도께서 오시면 무슨 일이 일어납니까? 예수님은 종교를 만들러 오신 분이 아닙니다. 예수님은 생명이십니다. 예수님 자체가 구원이십니다. 예수님이 오심으로써 유대 종교가 끝나고 새로운 역사가 시작되었습니다. 모든 것이 뒤집혔습니다. 그러므로 종교와 제도, 건물, 시스템을 주목할 것이 아니라 예수 그리스도를 주목해야 합니다.

우리도 정신을 차리고 신앙생활을 해야 합니다. 공생애를 시작하신 예수님은 제자들을 부르실 때에 "나를 따라오라"(마 4:19)고 말씀하셨습니다. 신앙은 종교를 가지는 것이 아닙니다. 종교를 신봉하는 것도 아닙니다. 예수님을 믿는 것은 교회를 믿는 것이 아닙니다.

세상 사람은 "예수는 좋은데 교회는 싫다"라고 말합니다. 교회를 다니는 사람들도 교회 안에서 싫증을 느낍니다. 그래서 교회를 싫어합니다. 제도와 시스템 안에서 불의를 보기 때문입니다. 물론 세상 사람의 판단이 정확하다고 말할 수는 없습니다.

오늘날 세상 사람이 "예수는 좋지만 예수쟁이는 싫다"라고 말하는 것은 교회가 오염되었다는 뜻입니다. 그리스도를 따르지 않고 그리스도와 관련된 제도와 시스템, 분위기, 문화를 따르고 있습니다. 우리도 모르는 사이에 점점 그렇게 되어가고 있습니다.

3세기에 로마 황제가 예수님을 믿게 되면서 기독교는 급속도로 제도화되었습니다. 그러면서 초점을 잃었습니다. 그리스도가 아니라 조직 중심이 되었습니다. 조직을 더 중요하게 여기고 그리스도와 관련된 문화를 더 중요하게 여겼습니다.

우리는 언제나 그리스도를 따라야 합니다. 그리스도를 따르는 것에 집중하는 교회에서 신앙생활을 해야 합니다. 그리스도의 교회라고 하지만 그리스도와 전혀 상관없다면 교회가 아닙니다. 성도들이 그리스도를 따르도록 도와주는 교회가 좋은 교회입니다. 우리는 "오늘날 교회 안에 그리스도가 있는가"라고 진지하게 물어 보아야 합니다.

교회에 다닌 지 오래되었다고 좋은 신자가 되는 것은 아닙니다. 예수님이 "나를 따라오라"고 말씀하신 것은 교회에 등록하라는 뜻이 아닙니다. 조직에 가담하라는 뜻도 아닙니다. 신앙은 교회 활동과 교회 문화를 익히는 것이 아닙니다. 교회 생활에 얼마나 익숙해졌는가 하는 것보다 그리스도를 얼마나 닮았는가 하는 것이 더 중요합니다.

신앙생활을 하며 그리스도를 닮아 가고 있는지 확인해야 합니다. 믿음 생활을 한 지 얼마 되지 않은 성도가 자신을 보며 그리스도를 따르게 될지 스스로 질문해 보아야 합니다. 정말 그리스도를 따른다면 사람들이 우리를 통해 그리스도를 볼 수 있어야 합니다. 그런데 예수님을 믿는 사람들에게서 그리스도를 볼 수 없습니다. 이것이 이 시대의 문제입니다.

일을 많이 하는 것은 중요하지 않습니다. 우리가 대단한 역사를 이루었다고 해도 주님은 놀라지 않으십니다. 예수님은 우리가 그분을 따랐는지 물어 보십니다. 아무리 많은 일을 했어도 그리스도를 따르지 않았다면 주님과 무슨 상관이 있겠습니까!

────── 주의 길을 예비하라

예수님은 성전 안에서 소와 양과 비둘기를 파는 사람들, 돈 바꾸는 사람들이 앉아 있는 것을 보고 노끈으로 채찍을 만들어 양과 소를 성전에서 내쫓으시고 돈 바꾸는 사람들의 돈을 쏟고 상을 엎으셨습니다. 그리고 "내 아버지의 집으로 장사하는 집을 만들지 말라"(요 2:16)고 말씀하셨습니다. 왜 이렇게 하셨을까요?

예수님은 돈을 주고받는 장사 행위 자체를 싫어하신 것이 아닙니다. 장사는 자기의 이익을 남기는 것입니다. 자신의 이름을 드러내기 위해 봉사한다면 그것은 장사와 다를 바 없습니다. 그러므로 자신의 기쁨을 이루기 위해, 자신의 이름을 드러내기 위해 봉사해서는 안 됩니다. 자기만족을 위해 봉사해서는 안 됩니다. 철저히 그리스도 중심이어야 합니다.

그런데 교회 안에서 활동하다 보면 자신의 이름을 드러내려고 합니다. 자신의 유익과 만족, 기쁨을 생각합니다. 그래서 봉사하면서 서로의 비위를 맞춰줍니다. 적당히 타협합니다. 이것이 거래하는 것이요, 장사하는 것입니다.

그리스도를 놓치고 십자가에서 멀어지는 순간 우리에게는 소망이 없습니다. 우리는 철저히 그리스도 중심이어야 합니다. 그리스도를 위해 그분 안에서 살아야 합니다. 사실 이것은 어려운 일입니다. 쉽지 않습니다. 그러나 우리의 관심은 오직 예수 그리스도께 있어야 합니다.

오늘날처럼 혼란스러운 때 길을 잃지 않으려면 정신을 바짝 차려야 합니다. 말라기 시대, 예수님 시대에 한두 명에게 문제가 있었던 것이 아닙니다. 많은 사람이 어둠 가운데 있어서 어디서 무슨 문제가 생겼는지 알 수 없었습니다. 오늘날도 그러합니다.

그리스도가 삶의 중심에 놓여 있지 않으면 삶은 무너집니다. 매일 예배를 드려도 예배 가운데 그리스도가 없다면 쇼에 불과합니다. 아무리 위대한 일을 했어도 봉사 가운데 그리스도가 없다면 인간의 자화자찬으로 끝나버립니다. 그러므로 우리는 분별력을 가져야 합니다.

예수님 시대에는 부패가 극에 달해 이스라엘 백성은 하나님 앞에 사는 것이 무엇인지 몰랐습니다. 하나님에 대해 관심도 없었습니다. 매일 드리는 제사 가운데 하나님이 계시지 않았습니다. 그들은 오직 자기 자신에게만 관심이 있었습니다. 자기성취와 자기만족만 생각했습니다. 그래서 하나님으로부터 점점 더 멀어졌습니다.

다시, 새롭게

개혁과 갱신은 그리스도께 집중하는 것입니다. 암울하기만 했던 중세기에 일어난 마르틴 루터의 종교개혁은 바로 그리스도께 돌아가자는 것이었습니다.

> 외치는 자의 소리여 이르되 너희는 광야에서 여호와의 길을 예비하라 사막에서 우리 하나님의 대로를 평탄하게 하라 골짜기마다 돋우어지며 산마다, 언덕마다 낮아지며 고르지 아니한 곳이 평탄하게 되며 험한 곳이 평지가 될 것이요 여호와의 영광이 나타나고 모든 육체가 그것을 함께 보리라 이는 여호와의 입이 말씀하셨느니라 사 40:3-5

우리는 주의 길을 예비해야 합니다. 예수님이 오시길 바란다면 먼저 그분의 길을 예비해야 합니다. 그냥 예수님을 맞이할 수는 없습니다. 예수님이 오셔도 우리가 준비되어 있지 않으면 그것을 알아챌 수가 없습니다.

죄로 더러워지고 오염된 상태에서 우리는 예수님을 맞이할 수 없습니다. 예수님을 맞이하려면 청결해야 합니다. 그러므로 회개가 필요합니다. 돌이키는 것이 회개입니다. 깊이 회개함으로써 그리스도를 초대해야 합니다. 산처럼 높아진 우리의 마음을 깎아내야 합니다. 우리의 마음이 낮아져야 합니다. 우리 안에 있는 위선과 교만을 회개해야 합니다. 그러면 그리스도께서 오십니다.

예수님 시대의 바리새인들은 자기 의로 가득 차 있어서 그리스도께서 오셨지만 볼 수 없었습니다. 메시아가 오셨지만 그들은 볼 수 없었습니다. 마음이 높아져 있었기 때문입니다.

우리의 희망은 어디에 있습니까? 사람들은 엉뚱한 곳에 희망을 겁니다. 말라기 시대의 백성들은 조금 더 나은 형편을 바랐습니다. 거기에 희망을 걸었습니다. 우리도 마찬가지입니다. 막연한 기대감을 갖고 있습니다.

인간의 역사는 언제나 회복, 구원과 반대되는 길을 걸었습니다. 세상은 난파된 배와 같습니다. 이 세상에는 구원의 열망이 없습니다. 스스로 문제를 해결해 보려고 하지만 사람은 세상의 문제를 해결할 수 없습니다. 사람에게 소망이 전혀 없어 보일 때 구원의 역사가 시작됩니다.

——— 참 빛으로 오시는 예수

말라기 선지자 시대 이후 400년간 세상은 망가졌습니다. 머리 끝부터 발끝까지 성한 곳이 없었습니다. 그래도 상관없습니다. 세상이 아무리 망가졌어도 그리스도께서 오시면 모든 문제가 해결됩니다. 세상이 아무리 어두워도 참 빛이 임하면 됩니다. 참 빛은 그리스도이십니다.

참 빛 곧 세상에 와서 각 사람에게 비추는 빛이 있었나니 **요 1:9**

사도 요한은 예수님을 '참 빛'이라고 했습니다. 예수님은 거짓된 빛이 아니요, 참 빛이십니다. 아무리 어두운 곳일지도 그리스도께서 오시면 밝아집니다.

그리스도께서 오시면 가정이 회복됩니다. 그리스도를 주인으

다시, 새롭게

로 모시면 부부관계가 회복됩니다. 주님이 오시면 자녀가 한순간에 변화됩니다. 빛이 들어오면 이런 일이 일어납니다.

교회가 망가졌어도 주님이 오시면 복구됩니다. 사람이 문제를 해결하려고 아무리 노력해도 해결할 수 없습니다. 그러나 그리스도께서 오시면 잃어버린 세월을 복구할 수 있습니다. 그리스도께서 오시지 않으면 문제가 해결되어도 해결되지 않은 것과 같습니다. 또 다른 문제가 터집니다. 예수님은 우리 삶에 알파와 오메가가 되십니다.

오늘날 교회가 살아나려면 그리스도 중심으로 돌아가야 합니다. 복음이 회복되어야 합니다. 복음은 망가진 세상을 구원하시려는 하나님의 지혜입니다. 하나님의 지혜를 능가하는 지혜는 이 세상에 없습니다.

우리는 그리스도께 돌아가야 합니다. 그리스도를 삶의 중심에 모셔야 합니다. 우리는 뒤로 물러나야 합니다. 우리의 이익과 만족을 추구해서는 안 됩니다. 그리스도께서 우리의 주인이 되셔야 합니다. 그리스도께서 삶과 사역의 중심이 되시려면 우리는 죽어야 합니다. 그리스도의 고난에 동참해야 합니다.

그리스도만이 완전한 해결책이 되십니다. 그리스도는 완전한 치료자이십니다. 그리스도는 시간의 종결자이십니다. 그리스도께서 일상 가운데 오시면 우리 삶이 달라집니다. 시간의 질량이 달라집니다. 삶의 질이 달라집니다. 모든 것이 판가름 납니다. 그리스도 안에 있으면 구원받지만 바깥에 있으면 심판을 받습니다.

하나님이 침묵하시자 이스라엘 백성은 목이 타는 것 같았습니다. 하나님을 향한 냉소적 분위기가 짙어졌습니다. 하나님은 침묵하실 때가 있습니다. 하나님의 침묵이 필요한 때가 있습니다. 400년 동안 하나님은 아무것도 하지 않으신 것 같았습니다. 그러나 더 큰 일을 준비하고 계셨습니다.

하나님의 침묵은 사람의 침묵과 다릅니다. 구원을 이루어 가시는 데 하나님의 침묵이 필요합니다. 하나님은 거대한 일을 이루어가기 위해 침묵하시고, 그동안 우리가 상상할 수 없는 일을 준비하십니다.

본문은 우리에게 사모함이 있어야 한다고 말씀합니다. 갈망하는 것이 중요합니다. 얼마 동안 기다리는가 하는 것보다 기다릴 만한 가치가 있는 것을 기다리는가 하는 것이 더 중요합니다.

하나님이 침묵하실 때 답답할 수도 있습니다. 그러나 기다려야 합니다. 기다리는 것이 믿음의 행위입니다. 믿음은 기다리는 것입니다.

사람들이 왜 절망합니까? 기다림의 끝에 무엇이 있는지 알지 못하기 때문입니다. 마냥 기다리는 것은 고통스럽습니다. 그러나 기다릴 만한 이유가 있다면 기다려야 합니다. 우리는 참된 메시아를 기다려야 합니다.

여기서 중요한 사실은 메시아가 언제 오시느냐 하는 것입니다. 오래 기다려야 할지도 모릅니다. 이스라엘 백성은 말라기 선지자가 예언한 뒤로 길고 긴 시간을 기다렸습니다.

시간은 하나님의 편에 있습니다. 시간의 주인은 하나님이십니다. 우리는 스스로 1분 1초도 통제할 수 없습니다. 우리의 생명도

다시, 새롭게

하나님의 손에 달려 있습니다. 죽고 사는 것을 우리가 조종할 수 없습니다. 천하를 다 가졌다고 해도 우리가 할 수 있는 일이 아닙니다. 시간의 주인은 하나님이십니다.

모든 타이밍은 하나님께 달려 있습니다. 그러므로 우리는 하나님을 신뢰해야 합니다. 하나님은 타이밍이 완벽하고 정확하십니다. 하나님께는 오차가 없습니다. 우리가 타이밍을 조절하려고 하면 큰일이 납니다. 아무리 상황이 급해도 하나님은 서두르지 않으십니다.

이스라엘이 망가지는 것을 보면서 사람은 빨리 복구해야겠다고 생각했을 수 있습니다. 그러나 하나님은 그렇게 생각하지 않으십니다. 사람들은 하나님이 더디다고 생각합니다. 그러나 그것은 사람의 생각일 뿐입니다. 사람은 "하나님이 왜 빨리 오시지 않는가"라고 항변합니다. 그러나 성급하게 행동하면 상황을 악화시킬 수 있습니다.

하나님은 이스라엘 백성이 400년 동안 망가지는 것을 지켜보며 인내하셨습니다. 이 모습을 지켜보는 하나님의 마음은 어떠하셨을까요? 왜 하나님은 그분의 백성이 망가질 대로 망가지도록 내버려두셨을까요?

─────── 우리의 시간은 하나님의 시간 안에 있다

인간은 참 미련합니다. 그래서 하나님께 쉽게 항복하지 않습니다. 붙들 수 있다면 어떤 것이든 붙잡고 하나님께 나아가지 않으려고 합니다. 거짓 소망이라도 붙들고 버팁니다. 그런데 모든 것이 무너져 더 이상 소망이 없을 때 예수님이 오십니다. 예수님이 오실 때가 가장 정확한 때입니다. 예수님이 오신 시간을 가리켜 '카이로스'(καιρός)라고 합니다.

우리가 보내는 시간은 그냥 흘러갑니다. 그러나 하나님 안에 들어가면 가장 창조적인 시간이 됩니다. 그리스도 안에서 무의미한 시간은 없습니다. 하나님은 길고 더딘 작업을 통해 새롭게 창조해 가십니다.

이때 우리는 가만히 있을 것이 아니라 믿음으로 기도하며 기다려야 합니다. 물론 쉬운 일은 아닙니다. 기다리는 가운데 버림받은 듯하고 이대로 모든 것이 끝나버릴 것 같다는 생각이 들 수도 있습니다. 그러나 우리는 그 과정을 모두 통과해야 합니다.

하나님은 우리를 인도하실 때 직선보다 곡선으로 인도하시는 경우가 많습니다. 긴 시간 기다리며 우리는 더디다고 느끼지만, 하나님은 가장 완전한 길로 인도하십니다. 하나님은 가장 정확한 때에 개입해 우리의 인생을 새롭게 바꾸어 가십니다.

그러므로 우리는 기다려야 합니다. 그 시간에 하나님은 우리를 다듬어 가십니다. 하나님의 백성으로 만들어 가십니다. 쓴 뿌리를 제거하십니다. 버려야 할 것을 버리게 하십니다. 그렇게 해서 우리를 하나님의 거룩한 도구로 만드십니다. 우리를 완전한 구원에 이르게 하십니다.

삶에서 최고의 순간은 언제일까요? 그리스도께서 우리에게 오시는 때입니다. 그리스도께서 한 번 오시는 것으로 끝이 아닙니다. 우리는 삶에서 그리스도를 끊임없이 모셔야 합니다.

그리스도께서는 시작과 끝이 되십니다. 그리스도께서 우리 삶에 찾아오셨고, 우리의 시간은 하나님의 시간 안에 있습니다. 그러므로 이해하기 힘든 일이 일어날지라도 낙심하지 말아야 합니다. 하나님은 우리 가운데서 그분의 언약을 성실하게 이루어 가십니다.

이제 우리가 해야 할 일은 무엇입니까? 우리 삶의 보좌에 그리스도를 모셔 들여야 합니다. 그리스도를 갈망해야 합니다. 사모해야 합니다. 그리스도를 따르는 참 제자로 살아야 합니다.

예수님은 "내가 곧 길이요 진리요 생명이니 나로 말미암지 않고는 아버지께로 올 자가 없느니라"(요 14:6)고 말씀하셨습니다. 우리에게는 지도가 필요 없습니다. 더 나은 방법도 필요 없습니다. 오직 예수 그리스도만 필요합니다. 그분으로 충분합니다. 예수님이 오시면 모든 것이 해결됩니다. 예수님만 참 소망이 되십니다.

그리스도께서는 우리 삶에 어디쯤 계십니까? 삶의 중심에 계십니까? 지금 우리는 그리스도 안에 있습니까? 우리는 그리스도를 삶의 중심에 모셔 들여야 합니다. 가정의 중심에 모셔 들여야 합니다. 교회의 중심에 모셔 들여야 합니다.

그리스도 외에 붙잡은 것이 있다면 다 놓아야 합니다. 그리고 회개해야 합니다. 그리스도께서 우리 삶의 주인이 되시고 왕이 되시고 통치자가 되시면 무질서와 혼란이 사라집니다. 무너지고 썩은 것이 복구됩니다. 그러므로 그리스도께서 우리의 마음에 좌정하시도록 주님을 높여 드리기 바랍니다.

11

돌이키게 하심

2 그가 임하시는 날을 누가 능히 당하며 그가 나타나는 때에 누가 능히 서리요 그는 금을 연단하는 자의 불과 표백하는 자의 잿물과 같을 것이라
3 그가 은을 연단하여 깨끗하게 하는 자같이 앉아서 레위 자손을 깨끗하게 하되 금, 은같이 그들을 연단하리니 그들이 공의로운 제물을 나 여호와께 바칠 것이라
4 그때에 유다와 예루살렘의 봉헌물이 옛날과 고대와 같이 나 여호와께 기쁨이 되려니와
5 내가 심판하러 너희에게 임할 것이라 점치는 자에게와 간음하는 자에게와 거짓 맹세하는 자에게와 품꾼의 삯에 대하여 억울하게 하며 과부와 고아를 압제하며 나그네를 억울하게 하며 나를 경외하지 아니하는 자들에게 속히 증언하리라 만군의 여호와가 말하였느니라
6 나 여호와는 변하지 아니하나니 그러므로 야곱의 자손들아 너희가 소멸되지 아니하느니라

──────── **말라기 3:2-6**

말라기서는 그리스도께서 오실 것을 정확하게 예언하고 있으며, 그분이 오시면 무슨 일이 일어나는지 말씀하고 있습니다.

오랜 침묵을 깨고 그리스도께서 이 세상에 오신 목적이 무엇입니까? 예수님은 이 세상에 오셔서 세상을 정화하셨습니다. 세상의 더러운 것을 불로 태우셨습니다. 그래서 예수님이 금을 연단하는 자의 불과 같이 임하실 것이라고 했습니다(3:2).

하나님은 시련을 통해 이 세상을 정결하게 하십니다. 환난과 핍박을 주어 백성들을 정결하게 하십니다. 오늘날도 마찬가지입니다. 어려움을 겪음으로써 우리 안에 있는 불순물이 제거됩니다.

고난을 좋아할 사람은 없습니다. 그러나 고난이 주는 유익은 말로 표현할 수 없이 큽니다. 명설교를 들으며 깨닫는 것보다 고난을 통해 깨닫는 것이 더 많습니다. 고난을 통한 깨달음은 강력합니다. 고난은 최고의 스승입니다. 삶에 어려움이 닥치면 진지해지지만 어려움 없이 편하게 지내면 경박해집니다. 삶에 어려움이 닥치면 저절로 진지해집니다. 삶에 대해 깊이 있는 질문을 하게 됩니다.

——— **시련을 통해 정결하게 하시다**

하나님의 말씀을 전하는 사람은 고난을 경험해야 합니다. 고난을 경험하지 않으면 말씀을 제대로 이해할 수 없습니다. 고난이 오면 정신이 번쩍 듭니다. 고난으로 말미암아 간절함을 가진 사람은 말씀을 고난이 없는 사람과 듣는 태도가 확연히 다릅니다.

시련은 자신을 깊이 성찰하게 합니다. 가정적으로나 개인적으로 어려움이 닥치면 무엇을 회개해야 하는지 생각해야 합니다. 우리는 고난을 겪지 않으면 교만해집니다. 자기 마음대로 살려고 합니다. 그래서 하나님은 백성들을 고난의 풀무 가운데 넣어 정결하게 하십니다. 고난의 풀무 불이 강력할수록 불순물이 많이 나옵니다.

하나님은 고난을 통해 우리를 정결하게 하십니다. 스스로 죄를 깨닫고 회개하는 것은 쉬운 일이 아닙니다. 우리는 고난을 통해 죄를 깨닫습니다. 평소에는 죄를 죄로 여기지 않는데, 죄가 쌓이고 쌓여 문제가 터집니다. 하나님은 우리에게 시련을 주심으로써 더 큰 시련이 오는 것을 막으십니다.

옷은 하루만 입어도 더러워집니다. 먼지가 묻습니다. 특히 하얀 옷은 먼지가 조금만 묻어도 눈에 잘 보입니다. 그런데 더러운 옷은 이미 더러워져 있기 때문에 뭔가 묻어도 눈에 잘 보이지 않습니다. 우리의 의는 더러운 옷과 같습니다(사 64:6). 우리는 쉽게 더러워집니다. 사는 것이 죄를 짓는 것입니다.

죄를 짓고도 죄를 회개하지 않은 채 살면 죄가 무엇인지 몰라 회개하지 않게 됩니다. 세상 속에서 살다 보면 우리는 매일 더러워집니다. 그러므로 매일 정결하게 해야 합니다. 죄가 쌓이게 되면 죄가 보이지 않게 되기 때문입니다.

영적으로 민감한 사람의 눈에는 숨겨진 죄가 보입니다. 매일 말씀 묵상을 하는 사람은 말씀의 깊이에 따라 자신의 오래된 죄까지 발견합니다. 말씀 속에 깊이 들어가면 말씀의 빛 앞에 영혼이 비치고, 그동안 볼 수 없던 것을 보게 됩니다.

회개하는 사람이 회개할 수 있습니다. 회개해야 할 것 같은 사람은 회개하지 않습니다. 회개할 것이 없을 것 같은 사람이 회개합니다. 신실한 사람이 회개합니다.

회개는 자신의 모습을 적나라하게 보여줍니다. 그런데 오랫동안 회개하지 않은 사람은 양심이 무뎌질 대로 무뎌져 회개하고 싶어도 할 수가 없습니다. 죄를 인식하는 감각이 떨어졌기 때문입니다. 죄를 죄로 인식하지 못해 누군가 자신의 죄를 지적하면 오히려 화를 냅니다.

우리는 누군가 죄를 지적해도 화를 내어서는 안 됩니다. 그 사람이 지적한 것보다 더 심각한 죄를 가지고 있기 때문입니다. 누군가 우리를 비난해도 열 받을 이유가 없습니다. 그 사람이 비난하는 것보다 더 심각한 죄인이기 때문입니다.

우리의 죄가 얼마나 깊이 감추어져 있는지 알 수 없습니다. 무엇이든 오랫동안 숨겨둔 것은 찾아내기가 어렵습니다. 그리고 우리는 죄를 합리화합니다. 미화하고, 위장합니다. 성령께서 깊이 비추어주시는 은혜가 없으면 우리는 회개로부터 멀어질 수밖에 없습니다. 영적으로 깨어 있는 사람이 회개할 수 있습니다.

참회록은 아무나 쓰는 것이 아닙니다. 그 시대에 가장 거룩하게 살았던 사람이 참회록을 쓸 수 있습니다. 역사 속에서 경건하게 살았던 하나님의 사람들이 쓴 글을 보면 놀랍습니다. 데이비드 브레이너드(David Brainerd) 선교사는 북아메리카 인디언 선교를 위해 헌신하다가 젊은 나이에 생을 마쳤습니다. 그의 글을 보면 소름이 돋을 정도입니다. 그가 철저히 회개했기 때문입니다.

우리는 자신이 무엇을 했는지, 얼마나 열심히 헌신했는지 등 자신의 행위에 초점을 맞추면 안 됩니다. 하나님이 우리를 위해 무엇을 하셨는지 주목해야 합니다. 우리의 행위에 초점을 맞추면 신앙생활이 위험해질 수 있습니다. 우리의 행위를 주목하면 우리가 열심히 노력한 것을 주장하게 됩니다. 마치 자신이 무엇인가 된 줄로 착각합니다. 자기 의를 쌓으려고 합니다.

그러면 십자가로부터 멀어집니다. 십자가의 대적이 될 수 있습니다. 신앙생활을 열심히 하고도 악한 자가 됩니다. 우리는 우리가 얼마나 심각한 죄인이기에 하나님이 그분의 아들을 십자가에 못 박아 죽게 하셨는지 깨달아야 합니다.

─────── **우리의 의는 더러운 옷과 같다**

예수님이 보시기에 악한 것은 잘못된 열심입니다. 예수님 시대에 바리새인의 모습이 그러했습니다. 잘못된 열심은 십자가를 가립니다.

은혜를 받으면 죄를 깊이 깨닫게 됩니다. 죄를 깨닫는 만큼 십자가 앞으로 나아갈 수 있습니다. 예수님을 믿은 지 얼마 되지 않았을 때만 십자가의 은혜가 주어지는 것이 아닙니다. 예수님을 믿으면 믿을수록 십자가가 깊이 와 닿습니다. 십자가를 놓치면 율법주의자로 전락할 수 있습니다.

선행을 많이 행한다고 죄를 짓지 않습니까? 착한 사람은 죄를 짓지 않습니까? 봉사를 많이 한다고 죄를 짓지 않습니까? 많은 교회를 지었다고 죄를 짓지 않습니까? 결코 교만해선 안 되는 죄인이기에 우리에게는 날마다 십자가가 필요합니다.

그리스도께서 세상에 오신 목적이 무엇입니까? 예수님은 정결하게 하려고 세상에 오셨습니다. 십자가가 무엇입니까? 우리의 더러운 죄를 깨끗하게 하기 위한 죽음입니다. 우리는 날마다 보혈의 공로에 의지해 살아야 합니다. 십자가와 그리스도의 보혈을 놓치면 안 됩니다. 우리는 그리스도의 십자가와 보혈에 근거해 존재하기 때문입니다. 우리의 의는 더러운 옷과 같습니다.

요즘은 보혈에 대한 찬양을 많이 부르지 않습니다. 그런데 한국 교회가 부흥할 때는 보혈 찬송을 빼놓지 않고 불렀습니다.

내 주의 보혈은 정하고 정하다 내 죄를 정케하신 주 날 오라 하신다
내가 주께로 지금 가오니 골고다의 보혈로 날 씻어주소서
나의 죄를 씻기는 예수의 피밖에 없네 다시 정케 하기도 예수의 피밖에
없네 예수의 흘린 피 날 희게 하오니 귀하고 귀하다 예수의 피밖에 없네
샘물과 같은 보혈은 주님의 피로다 보혈에 죄를 씻으면 정하게 되겠네
정하게 되겠네 정하게 되겠네 보혈에 죄를 씻으면 정하게 되겠네

예수님의 보혈이 없으면 우리는 주님 앞으로 나아갈 수 없습니다. 찬송가 305장, '나 같은 죄인 살리신'은 예수님을 믿은 지 얼마 되지 않았을 때 부르는 찬송이 아닙니다. 우리가 일평생 불러야 하는 찬송입니다. 이 찬송을 통해 우리는 자신의 신앙 상태를 점검해 볼 수 있습니다.

이 찬송가의 가사가 가슴에 저미도록 와 닿는다면 그 사람의 신앙은 건강한 것입니다. 이 찬송을 부르는데도 마음에 울림이 전혀 없다면 그 사람의 신앙은 병든 것입니다. "이 찬양을 부르는데, 왜 제 가슴이 뜨겁지 않을까요? 제가 병들었습니다. 용서해 주세요"라고 하나님 앞에서 탄식해야 합니다.

하나님은 거룩하십니다. 사랑의 하나님이십니다. 그러나 거룩하신 하나님을 경험하지 않으면 그분의 사랑을 경험할 수 없습니다. 오늘날 사람들은 사랑의 하나님을 말합니다. 거룩하신 하나님을 잊었습니다. 그런데 하나님의 사랑을 경험하려면 먼저 거룩하신 하나님을 경험해야 합니다. 그것이 십자가입니다. 십자가를 경험하지 않으면 하나님의 사랑을 경험할 수 없습니다.

하나님은 그분의 백성을 사랑하기 때문에 거룩에 열심을 내십니다. 그것이 십자가입니다. 우리는 십자가를 통해 하나님이 거룩에 얼마나 열심을 내시는지 알 수 있습니다. 거룩에 대한 열심으로 하나님은 백성들에게 고난을 허락하실 수밖에 없습니다.

하나님의 최고 관심은 거룩입니다. 그래서 하나님의 역사에는 정결하게 하는 작업이 선행됩니다. 하나님의 일을 할 때도 마찬가지입니다. 먼저 죄의 문제를 깨끗하게 정리해야 합니다. 이것이 하나님의 일을 시작하는 데 있어 핵심입니다.

정결하게 하지 않으면 어떤 일도 일어나지 않습니다. 은혜에 있어서도 마찬가지입니다. 정결하게 하지 않으면 은혜를 받을 수 없습니다. 새 일을 행하시는 하나님을 경험하려면 먼저 철저히 회개해야 합니다. 회개하지 않으면 새로운 일이 일어나지 않습니다. 마음이 새롭게 될 리 없습니다. 새로운 마음을 가지지 않는데, 어떻게 새로운 삶이 시작되겠습니까.

보라 내가 새 일을 행하리니 이제 나타낼 것이라 **사 43:19**

우리가 하는 것이 아닙니다. 하나님이 새 일을 행하십니다. 그러면 우리가 해야 할 일은 무엇입니까? 회개입니다. 우리가 회개하면 하나님이 새 일을 행하실 것입니다.

부흥을 외친다고 부흥을 경험할 수 있는 것은 아닙니다. 회개가 없으면 부흥을 경험할 수 없습니다. 회개하지 않았는데도 모든 것이 잘 된다면 오히려 위험할 수 있습니다. 회개하지 않았는데 어떻게 은혜를 받겠습니까! 은혜 중의 은혜는 십자가의 은혜입니다. 죄 사함을 받는 은혜보다 더 큰 은혜는 없습니다.

─────── **위선으로 가짜 열매를 맺지 말라**

우리는 은혜를 구해야 합니다. 우리가 구하는 은혜가 무엇입니까? 죄를 회개함으로써 십자가 앞에 더 깊이 나아가는 것이 은혜입니다.

거룩을 놓치면 아무 의미가 없습니다. 그런데 자칫하면 우리의 열심으로 말미암아 오히려 거룩을 놓칠 수 있습니다. 거룩을 지키는 것은 쉽지 않습니다.

예수님 시대에 바리새인들의 열심은 탁월했습니다. 그들은 거룩하게 살기 위해 노력하는 것처럼 보였습니다. 당시 바리새인이라고 하면 가장 모범적이고 흠 잡을 데 없는 신자라고 생각했지만, 예수님이 보시기에 그들은 가장 추악한 사람이었습니다. 그래서 예수님은 바리새인과 종교지도자들을 향해 심판을 선포하셨습니다. 그들은 가장 거룩한 것처럼 행세했지만, 사실은 가장 악한 자였습니다. 악취 나는 죄인이었습니다. 예수님을 잘 믿는 것처럼 행동했지만 사실은 종교적 열심으로 죄를 교묘하게 숨기고 있었습니다.

예수님은 바리새인들을 향해 "화 있을진저 외식하는 서기관들과 바리새인들이여 잔과 대접의 겉은 깨끗이 하되 그 안에는 탐욕과 방탕으로 가득하게 하는도다 눈 먼 바리새인이여 너는 먼저 안을 깨끗이 하라 그리하면 겉도 깨끗하리라 화 있을진저 외식하는 서기관들과 바리새인들이여 회칠한 무덤 같으니 겉으로는 아름답게 보이나 그 안에는 죽은 사람의 뼈와 모든 더러운 것이 가득하도다"(마 23:25-27)라고 말씀하면서 그들을 책망하셨습니다.

위선은 매우 위험합니다. 왜 위험합니까? 죄의 실체를 볼 수 없게 만들기 때문입니다. 죄의 실체를 보지 못하면 회개하지 않습니다. 겉과 속이 다르면 위험합니다. 자신을 속이기 때문입니다. 사람들로부터 가장 모범적이라고 칭송을 받는 사람이 가장 문제가 많은 신자일 수 있습니다.

위선적인 삶으로는 열매를 맺을 수 없습니다. 스스로 속이며 살기 때문입니다. 거짓 선을 행하면 변화되지 않습니다. 하나님은 겉을 보지 않고 속을 보십니다.

우리의 신앙은 지금 외형적으로 흐르고 있습니다. 이것이 오늘날의 문제입니다. 사람들이 보기에는 멋있게 보일지 모르지만, 사실은 하나님을 속이고 있는 것입니다.

신앙생활을 하면서 하나님을 의식합니까, 아니면 사람을 의식합니까? 우리는 신앙의 형식주의를 경계해야 합니다. 은혜를 받지 못하면 형식주의자가 될 수 있습니다. 기쁨과 감격이 사라진 채 습관적으로 신앙생활을 하다 보면 겉모양만 그럴 듯하게 꾸미게 됩니다. 몸은 예배 자리에 앉아 있지만 마음은 그곳에 없습니다.

오늘날 우리는 예배의 홍수 속에서 신앙생활을 하지만 영혼이 바짝 마른 사람이 많습니다. 주일마다 교회에 많은 사람이 모이지만, 하나님은 사람의 수를 보지 않으십니다. 쌀독에 들어 있어도 굶어 죽는 쥐가 있습니다. 강가에 있지만 목말라 죽는 사람이 있습니다. 십자가 앞에서 자신이 죄인임을 깨닫고 날마다 회개의 눈물을 흘리는 사람은 큰 은혜 속에 사는 사람입니다.

오늘날 자신을 치장하고 사람들로부터 칭송을 받으며 그럴 듯하게 살지만, 속은 비어 있고 껍데기뿐인 사람이 매우 많습니다. 세례 요한은 이런 사람들을 향해 "이미 도끼가 나무 뿌리에 놓였으니 좋은 열매를 맺지 아니하는 나무마다 찍혀 불에 던져지리라"(마 3:10)고 말했습니다. 위선을 행하면 열매를 맺을 수 없습니다. 열매를 맺어도 가짜 열매를 맺을 뿐입니다.

세례 요한은 회개를 촉구했습니다. 예수 그리스도를 맞이하려면 반드시 회개해야 했기 때문입니다. 회개를 미루지 말라고 했습니다. 예수님이 오시면 심판이 임하기 때문입니다.

손에 키를 들고 자기의 타작 마당을 정하게 하사 알곡은 모아 곳간에 들이고 쭉정이는 꺼지지 않는 불에 태우시리라 **마 3:12**

예수님이 오시면 알곡과 쭉정이를 구분하듯 진짜와 가짜를 구분하십니다. 위선은 가짜입니다. 그러므로 예수님은 구원과 심판을 동시에 행하십니다.

하나님은 가장 먼저 유대인을 심판하십니다. 마지막 날에는 모든 민족을 심판하시지만, 그분이 택한 백성을 먼저 정화하십니다. 명목상의 신자는 의미가 없습니다. 유대인은 하나님의 택함을 받은 백성이라는 자부심만 있을 뿐 하나님의 백성다운 모습을 놓쳤습니다. 하나님의 부르심을 받았다는 것은 특권이지만 그만한 책임이 따릅니다.

하나님은 백성들에게 거룩을 요구하십니다. 거룩을 잃어버린 백성에 대한 하나님의 심판은 매우 준엄합니다. 철저히 종교화되어 생명력이 없는 유대인에게는 더 이상 소망이 없습니다. 결국 A.D. 70년에 성전이 훼파되어 역사 속으로 사라졌습니다. 예수님이 "돌 하나도 돌 위에 남지 않고 다 무너뜨려지리라"(마 24:2)고 말씀하신 대로 되었습니다.

——— 하나님이 지적하신 죄

본문에서는 어떤 죄를 다루고 있습니까? 하나님은 일곱 가지 죄를 지적하셨습니다.

첫째, 주술 행위입니다. 당시 점치는 사람이 많았습니다.

다시, 새롭게

그의 아들이나 딸을 불 가운데로 지나게 하는 자나 점쟁이나 길흉을 말하
는 자나 요술하는 자나 무당이나 진언자나 신접자나 박수나 초혼자를 너
희 가운데에 용납하지 말라 이런 일을 행하는 모든 자를 여호와께서 가증
히 여기시나니 이런 가증한 일로 말미암아 네 하나님 여호와께서 그들을
네 앞에서 쫓아내시느니라 신 18:10-12

주술 행위는 당시 이방의 풍습이었습니다. 그런데 하나님의
백성들이 점을 치고 우상을 숭배했습니다. 이것은 하나님을 믿지
않는 불신앙의 모습입니다.

요즘 우리나라에 사주카페가 유행하고 있습니다. 그리고 연말
이나 연초가 되면 토정비결을 보러 가는 사람이 많습니다. 우리
나라에서 역술인의 수입이 엄청나다고 합니다. 신자들 가운데도
점을 보러 가는 사람이 있다고 합니다.

왜 미래를 궁금해합니까? 하나님을 신뢰하지 못하기 때문입니
다. 하나님은 우리에게 미래를 알지 못하게 하셨습니다. 우리의
미래는 하나님의 손에 있습니다. 우리는 그저 하나님께 맡기면
됩니다. 매일 하나님의 인도를 받으며 살면 됩니다.

둘째, 간음입니다. 간음은 부도덕의 상징입니다. 영적으로 타
락하면 도덕적으로 함몰됩니다. 하나님과의 관계가 무너지면 도
덕성을 지킬 힘이 없습니다. 영적으로 타락하면 세상을 따라가게
되어 있습니다. 그 속에서 성적 타락은 피할 수 없는 일입니다.

우리는 신앙의 현주소를 확인해야 합니다. 신자가 도덕적인
면에서 세상 사람보다 우위에 있다고 말할 수 있습니까? 통계를

보면 신자와 세상 사람은 완전히 다르지 않습니다.

세상이 타락해도 하나님은 심판하지 않으십니다. 하나님은 그분의 백성들 때문에 세상을 그대로 두십니다. 그런데 하나님의 백성들마저 거룩을 잃어버리면 하나님은 심판하시지 않을 이유가 없습니다.

우리는 하나님의 택하신 족속이요 왕 같은 제사장들이요 거룩한 나라요 그의 소유가 된 백성입니다(벧전 2:9). 우리가 무너지면 이 세상이 하나님의 진노를 피할 수 있겠습니까. 그러므로 세상을 압도하는 도덕성이 필요합니다.

셋째, 불법입니다. 품꾼의 삯에 대하여 억울하게 하는 것, 과부와 고아를 압제하는 것, 나그네를 억울하게 하는 것, 거짓 맹세하는 것, 부당한 이득을 챙기는 것 등은 모두 공의가 무너진 것입니다.

자신보다 약한 사람과 거래할 때 그리스도인은 그에게 자비를 베풀어야 합니다. 집주인이라면 집주인의 권리만 주장해서는 안 됩니다. 예수님을 믿는 주인은 뭔가 달라야 합니다.

하나님은 연약한 자에게 사랑을 베풀지 않는 삶, 긍휼 없는 삶을 지적하셨습니다. 성경에 보면 하나님은 자주 고아와 과부, 나그네를 대하는 법에 대해 말씀하셨습니다. 우리는 연약한 자들을 무조건 도와야 합니다. 그들은 누군가가 도와주지 않으면 살아갈 수 없는 사람입니다. 우리는 그들에게 자비를 베풀어야 합니다. 그것이 하나님의 마음입니다.

노임을 주고 있습니까? 정당한 임금을 주고 있습니까? 정확한 날짜에 임금을 주고 있습니까? 미루지는 않습니까? 노임을 미루

다시, 새롭게

는 것은 그것을 받는 자의 입장에서는 죽으라는 것과 같습니다.

가난한 자를 불공평하게 판결하여 가난한 내 백성의 권리를 박탈하며 과
부에게 토색하고 고아의 것을 약탈하는 자는 화 있을진저 사 10:2

하나님은 강력하게 말씀하고 계십니다. 긍휼의 하나님이시기 때문입니다. 약자를 바라볼 때 긍휼의 마음을 가져야 합니다. 돌봐야 하는 약자를 오히려 압제하고 이용하는 것은 악 중의 악입니다. 이것을 통해 세상이 악하다는 것을 알 수 있습니다.

세상이 타락하고 어두워지면 사람들의 마음에 자비가 없어집니다. 사람들이 냉혹해집니다. 잔인해집니다. 이것은 굉장히 위험한 증세로, 사람들이 하나님을 경외하지 않기 때문에 나타나는 현상입니다. 하나님을 두려워합니까? 하나님의 백성은 하나님을 두려워하지만 세상 사람은 두려워하지 않습니다.

우리는 변질의 위험성을 안고 살아갑니다. 음식을 냉장고에 넣어도 오랜 기간 방치하면 곰팡이가 핍니다. 우리는 부패하지 않기 위해, 거룩하게 살기 위해 노력해야 합니다. 교회에 다니고, 직분을 받고, 나름 열심히 신앙생활을 한다고 생각하지만 자신도 모르는 사이에 변질됩니다. 추악한 위선자로 변질됩니다. 그나마 변질된 것도 모른 채 살아가는 사람이 많습니다. 그것이 문제입니다. 그러므로 끊임없이 정화 작업이 일어나야 합니다.

지금은 노골적인 박해가 없는 시대입니다. 그러나 편안하게 살다 보면 신앙은 금방 해이해집니다. 하나님과의 관계가 시큰둥

해집니다. 형식적으로 예배를 드리게 됩니다. 마음에도 없는 헌금 생활을 하고, 마음에도 없는 봉사를 합니다. 그러다가 시들시들해지고, 그곳에는 자아의 왕국만 커집니다. 하나님은 안중에도 없고 종교적 습관만 남게 됩니다.

——— 연단을 두려워하지 말라

우리의 신앙이 근본적으로 환골탈태해야 합니다. 종교적인 문화생활을 즐기는 것과 참된 신앙생활은 다릅니다. 영적으로 민감해야 합니다. 영혼이 무뎌져 죄를 회개하지 않은 채 산다면 고난을 자초하는 것입니다.

언젠가 하나님 앞에 서게 될 날이 올 것입니다. 주님은 곧 오실 것입니다. 주님이 오시면 새로운 시대가 열립니다. 껍데기로는 살 수가 없습니다. 버틸 수가 없습니다. 주님이 오시면 껍데기는 불 속에 들어가고 맙니다.

위장된 신앙, 형식화된 신앙으로는 아무 일도 일어나지 않습니다. 회개하고 세례를 받아야 합니다. 베드로는 "너희가 회개하여 각각 예수 그리스도의 이름으로 세례를 받고 죄 사함을 받으라 그리하면 성령의 선물을 받으리니"(행 2:38)라고 말했습니다.

사도행전에 보면 새로운 시대가 시작되었습니다. 성령께서 임하시자 놀라운 일이 일어났습니다. 오순절에 성령께서 임하신 뒤 모든 것이 달라졌습니다. 그들은 참된 회개를 했습니다.

하나님이 그분의 백성을 연단하시는 것은 더 큰 재앙을 막기 위함입니다. 본문에서 하나님은 연단을 통해 우리를 그분께로 온전히 돌이키게 하십니다. 그러므로 우리는 연단을 두려워해선 안 됩니다.

지금 연단 가운데 있습니까? 감사하게 받아들이기를 바랍니다. 주님께 돌이키기를 바랍니다. 하나님을 깊이 만나는 시간이 되기를 바랍니다.

하나님이 깊이 다루시려는 죄가 무엇인지 발견하기 바랍니다. 참으로 회개하기 바랍니다. 그렇게 할 때 하나님이 살려주십니다. 새롭게 시작하도록 인도하십니다.

정화는 한 번으로 끝나지 않습니다. 그러므로 끊임없이 우리를 정결하게 해야 합니다. 우리가 돌이켜야 할 것이 무엇인지 정확하게 발견하기 바랍니다. 돌이키며 사는 은혜가 무엇인지를 삶 가운데서 경험하기 바랍니다.

12

도둑질하지 말라

7 만군의 여호와가 이르노라 너희 조상들의 날로부터 너희가 나의 규례를 떠나 지키지 아니하였도다 그런즉 내게로 돌아오라 그리하면 나도 너희에게로 돌아가리라 하였더 니 너희가 이르기를 우리가 어떻게 하여야 돌아가리이까 하는도다

8 사람이 어찌 하나님의 것을 도둑질하겠느냐 그러나 너희는 나의 것을 도둑질하고도 말하기를 우리가 어떻게 주의 것을 도둑질하였나이까 하는도다 이는 곧 십일조와 봉헌 물이라

9 너희 곧 온 나라가 나의 것을 도둑질하였으므로 너희가 저주를 받았느니라

———————— **말라기 3:7-9**

말라기서에는 강한 말씀이 많습니다. 말씀이 강하고 직설적이며, 쉽지 않은 주제를 다루고 있습니다. 그러나 우리 삶의 근본적인 문제를 다루고 있어 우리에게는 축복이 됩니다.

백성들이 하나님의 규례를 지키지 않음으로써 하나님을 떠났습니다. 하나님은 떠난 백성들을 향해 돌아오라고 말씀하셨습니다. 여기서 하나님의 마음을 볼 수 있습니다.

말라기서에 보면 하나님의 마음이 잘 숨겨져 있습니다. 백성들에게 돌아오라고 하신 말씀은 하나님의 진심입니다. 그 속에서 그분의 사랑을 느낄 수 있습니다. 그분의 따뜻한 마음을 느낄 수 있습니다.

범죄한 이스라엘의 상태는 심각했습니다. 그들의 범죄와 타락은 극에 달했습니다. 제사장부터 백성에 이르기까지 모두 타락했습니다. 그들은 도를 넘어 탈선했습니다. 그럼에도 하나님은 돌아오라고 말씀하셨습니다.

이스라엘 백성은 언제나 오락가락했습니다. 기복이 심했습니다. 날마다 올라갔다 떨어지기를 반복했습니다. 그런데 하나님은 변함없으셨습니다. 하나님은 언제나 동일한 모습으로 이스라엘 백성을 바라보고 그들이 돌아오기를 기다리십니다.

만약 하나님이 변하신다면 어떻게 되겠습니까? 하나님이 사람처럼 변덕스럽다면 우리에게는 소망이 없습니다. 사람은 변덕스럽고 오락가락하지만 하나님은 언제나 그 자리에 계십니다. 언제나 그 자리에서 우리를 기다리십니다.

───── **하나님의 기준에 합당한 순종**

누가복음 15장에 보면 탕자의 비유가 나옵니다. 이 말씀에서 우리는 아들을 기다리는 아버지의 모습을 볼 수 있습니다.

아버지는 늘 그 자리에서 아들을 기다렸습니다. 아들이 돌아오면 받아줘야 하기 때문입니다. 기다리는 아버지가 있었기 때문에 아들은 집으로 돌아올 수 있었습니다. 망가진 모습으로 돌아온 아들을 아버지는 받아줬습니다.

탕자의 비유에 등장하는 아버지의 모습에서 하나님 아버지를 가장 잘 볼 수 있습니다. 언제든지 돌아오면 받아주는 아버지이십니다. 가정에서도 마찬가지입니다. 자녀들은 변덕스럽습니다. 때로는 탈선합니다. 부모의 속을 썩입니다. 그러나 부모는 변함없이 사랑으로 기다려줍니다. 부모가 기다리면 자녀는 반드시 돌아옵니다. 변함없는 사랑으로 기다리는 부모가 있다면 자녀는 반드시 돌아옵니다.

본문에서 하나님은 "내게로 돌아오라 그리하면 나도 너희에게로 돌아가리라"고 말씀하셨습니다. 이것이 복음입니다. 그러자 이스라엘 백성은 어떻게 반응했습니까? 그들은 하나님께 "우리가 어떻게 하여야 돌아가리이까"라고 물었습니다. 여기서 희망이 느껴집니다.

돌아가려면 구체적인 결단이 필요합니다. 본문에 보면 하나님은 "너희 조상들의 날로부터 너희가 나의 규례를 떠나 지키지 아니하였도다"라고 말씀하셨습니다. 이스라엘 백성의 불신앙은 하루 이틀 된 것이 아니었습니다. 오랜 세월 지속되었습니다.

다시, 새롭게

하나님께로 돌아간다는 것은 하나님이 주신 규례, 말씀으로 돌아가는 것입니다. 우리는 하나님의 말씀에 관심을 가져야 합니다. 우리에게 잘못된 것이 무엇인지, 우리가 어디서 빗나갔는지를 알아야 어떻게 돌이켜야 하는지 알 수 있습니다. 우리는 말씀을 통해 이것을 찾아야 합니다. 그런데 말씀을 모르면 무엇이 잘못되었는지 알지 못합니다.

하나님이 주신 율법은 백성들이 살아가는 기준이 됩니다. 하나님이 정하신 기준은 변함없으므로 우리는 그분의 말씀대로 지켜야 합니다. 본문에서 하나님은 그분이 주신 율법 중에 이스라엘 백성이 십일조를 어겼다고 말씀하셨습니다.

하나님은 온전한 십일조와 봉헌물을 드려야 했음에도 이스라엘 백성이 그렇게 하지 않고 하나님의 것을 도둑질했지만, 돌이키라고 말씀하셨습니다. 이스라엘 백성의 반응은 어떠했습니까? 본문에 보면 그들은 "우리가 어떻게 주의 것을 도둑질하였나이까"(3:8)라고 반문했습니다. 백성들은 자신들의 잘못을 알지 못했습니다.

이스라엘 백성이 하나님께 십일조와 봉헌물을 드리지 않은 것이 아닙니다. 그런데 무엇이 문제입니까? 그들이 드린 것은 온전한 십일조가 아니었습니다. 하나님은 이런 사실을 알고 계셨습니다.

하나님이 정하신 기준에 맞아야 합니다. 하나님을 만족시켜야 합니다. 하나님의 기준에 합당하게 순종할 때 우리는 그분을 만족시킬 수 있습니다. 이스라엘 백성은 규례대로 지켰다고 말하지만 하나님은 그분의 것을 도둑질했다고 말씀하셨습니다.

이스라엘 백성이 "우리가 어떻게 하여야 돌아가리이까"라고 묻자 하나님은 그들이 합당하게 제사를 드린 것이 아니라고 문제를 말씀하셨습니다. 그들의 무너짐은 예배의 훼손에서 시작되었던 것입니다.

이스라엘 백성이 합당하게 제사를 드리지 않았다는 것은 하나님께 온전한 십일조와 봉헌물을 드리지 않았다는 것을 뜻합니다. 이를 통해 그들의 마음이 하나님에게서 떠났음을 알 수 있습니다.

─── 십일조에 담긴 하나님의 비밀

말라기 시대에는 예배를 드리는 데 있어 심각한 문제가 있었습니다. 하나님을 향한 이스라엘 백성의 사랑하는 마음은 식어버렸고, 그들의 삶은 이전에 비해 피폐해졌습니다.

겉보기에 이스라엘 백성은 모든 것을 행한 것 같았지만 그들은 온전하게 드리지 않았습니다. 하나님은 이것을 가볍게 여기지 않으셨습니다.

십일조는 하나님을 경외하는 마음을 표현하는 것입니다. 십일조와 관련된 메시지는 돈 문제를 다루는 것이 아닙니다. 우리 삶의 핵심을 다루는 것입니다. 그런데 물질의 문제가 하나님과 우리의 관계를 훼손시킵니다. 우리는 십일조를 통해 우리 삶이 하나님의 것임을 점검할 수 있습니다.

예수님은 자주 돈 문제를 언급하셨습니다. 예수님은 "한 사람이 두 주인을 섬기지 못할 것이니 혹 이를 미워하고 저를 사랑하

다시, 새롭게

거나 혹 이를 중히 여기고 저를 경히 여김이라 너희가 하나님과 재물을 겸하여 섬기지 못하느니라"(마 6:24)고 말씀하셨습니다.

하나님의 자리를 가장 강력하게 위협하는 것이 돈이기 때문입니다. 돈의 문제를 어떻게 다룰 것인지는 하나님과의 관계에서 결정적 영향을 끼칩니다. 그러므로 헌금 문제를 단순히 헌금 문제로만 여겨서는 안 됩니다.

하나님은 왜 십일조를 명령하셨습니까? 하나님은 돈이 필요해 십일조를 명령하신 것이 아닙니다. 물론 당시에는 성전 섬기는 일을 하는 대제사장들과 레위인들을 먹여 살리기 위한 목적도 있었습니다. 그러나 그것보다 중요한 하나님의 의도가 있었습니다.

하나님은 우리의 행복을 위해 율법을 주셨습니다. 우리는 이 사실을 기억해야 합니다. 우리가 하나님의 명령을 지키든 지키지 않든 간에 그것은 하나님께 영향을 끼치지 않습니다.

하나님이 명령형으로 말씀하셨기 때문에 우리는 부담으로 느낍니다. 그러나 하나님이 명령하신 대로 지켜야 우리가 행복해지기 때문에, 우리에게 복이 되기 때문에 명령형으로 말씀하신 것입니다. 하나님이 명령하신 것에는 그분의 약속이 붙어 있습니다.

하나님의 명령은 우리에게 부담스러운 것이지만 우리 삶에 중요한 영향을 끼칩니다. 성경은 "내가 오늘 네 행복을 위하여 네게 명하는 여호와의 명령과 규례를 지킬 것이 아니냐"(신 10:13)라고 말씀합니다. 그러므로 성경을 읽는 우리의 태도가 굉장히 중요합니다.

십일조에 대한 말씀에는 하나님의 비밀이 숨어 있습니다. 그러므로 우리는 십일조에 대해 말씀하신 하나님의 관점을 이해해야 합니다. 하나님의 말씀을 분명히 이해하고 순종할 때 하나님이 우리에게 주시고자 하는 축복을 경험하게 됩니다.

─────── 모든 물질의 주인

하나님은 왜 십일조 헌금을 하라고 말씀하셨습니까?

첫째, 모든 물질의 주인은 하나님이심을 깨닫게 하려고 십일조 헌금을 하라고 말씀하셨습니다. 우리는 우리 인생의 주인이 누구인지를 알아야 합니다. 이것은 신자인 우리가 가져야 하는 가장 기본적 태도입니다. 우리 인생의 주인은 우리가 아니라 하나님이십니다. 이것은 신앙고백에서 가장 기본적인 것입니다.

우리 인생의 주인은 하나님이시기에 우리의 몸과 모든 소유도 하나님의 것입니다. 그런데 사람들은 자신이 가진 것은 자기 것이라고 생각해 하나님께 드리는 것을 아까워합니다. 헌금할 때 자신의 것을 하나님께 드린다고 생각하는 사람이 있습니다. 그러나 헌금은 하나님의 것을 하나님께 돌려드리는 것입니다.

우리의 모든 것은 하나님께 속해 있습니다. 온 하늘과 온 땅, 만물은 하나님의 것입니다. 그래서 욥은 "내가 모태에서 알몸으로 나왔사온즉 또한 알몸이 그리로 돌아가올지라 주신 이도 여호와시요 거두신 이도 여호와시오니 여호와의 이름이 찬송을 받으실지니이다"(욥 1:21)라고 고백했습니다.

우리에게는 소유권이 없습니다. 우리의 몸도 하나님의 것입니다. 이것을 분명하게 인식하고 자신의 몸을 잘 관리해야 합니다. 우리는 하나님이 맡기신 것을 관리하는 청지기에 불과합니다. 우리 몸이 하나님의 것이므로 우리 몸과 관련된 것도 하나님의 것입니다. 지금 자신의 주머니 안에 있다고 자기 것이라고 생각해서는 안 됩니다. 우리가 가진 것은 하나님이 우리에게 일시적으로 맡기신 것입니다. 이것을 인식하는 것이 청지기 의식입니다.

하나님은 우리가 헌금하고 난 뒤 남은 것으로 무엇을 하느냐에 관심을 가지십니다. 사실 돈을 사용하는 권한은 우리에게 있지 않습니다. 우리는 십일조 등 헌금 생활을 통해 돈에 집착하는 마음을 버리는 훈련을 해야 합니다. 자신에게 있는 것이 자신의 것이라는 생각에서 벗어나야 합니다. 헌금 생활을 통해 이것을 반복적으로 훈련해야 합니다.

사람이 씨를 뿌리지만 열매를 거두게 하는 분은 하나님이십니다. 농사를 짓는 사람은 이것을 쉽게 이해할 것입니다. 씨앗이 아무리 좋아도 비가 오지 않으면 열매를 거둘 수 없습니다. 일조량이 부족해도 열매를 거둘 수 없습니다. 우박이 떨어지면 한순간에 엉망이 되어버립니다. 열매를 거두게 하는 분은 하나님이십니다.

엘리야 시대에는 하나님이 하늘 문을 닫아버리셨습니다. 그래서 3년 반 동안 기근이 있었고, 이로 말미암아 모든 것이 죽을 수밖에 없습니다. 이것이 재앙입니다. 이처럼 우주와 만물은 하나님의 손에 있습니다.

우리의 힘과 재주로 살아가는 것 같지만 그렇지 않습니다. 모든 것은 하나님의 다스림 가운데 있습니다. 인간이 자랑하는 것이 한순간에 휴지 조각이 될 수 있습니다. 우리의 소유 가운데 하나님으로부터 오지 않은 것이 있습니까? 자신이 땀 흘려 돈을 벌었다고 자기 것이라고 주장할 수 있습니까? 일할 수 있는 몸을 누가 주셨습니까? 일할 수 있는 건강을 누가 주셨습니까? 일할 수 있는 은사와 재능을 누가 주셨습니까? 하나님이 주셨습니다. 모든 것은 하나님으로부터 왔습니다.

아이가 자라 글을 깨우치면 글을 읽고 이해합니다. 지혜가 생깁니다. 지능이 발달하여 우주와 만물의 이치를 깨닫습니다. 그 재능을 누가 주셨습니까? 그런데 사람들은 자기가 잘나서 그렇게 된 줄로 착각합니다. 우리는 실핏줄 하나만 터져도 쓰러집니다. 뇌의 작은 부분만 다쳐도 정상적인 생활을 할 수 없습니다.

우리는 하나님의 은혜로 살고 있습니다. 우리에게 주어진 모든 것은 하나님이 주신 것입니다. 하나님이 주지 않으시면 우리는 아무것도 가질 수 없습니다. 십일조 헌금은 '우리의 모든 것이 하나님으로부터 왔습니다'라는 믿음의 고백입니다. 그러므로 '내 삶은 모두 하나님의 것이니 하나님께 돌려드립니다'라는 마음으로 드려야 합니다.

우리 삶에서 하나님이 다스리시지 않는 것은 없습니다. 우리의 물질은 하나님의 다스림 가운데 있어야 제대로 사용될 수 있습니다. 십일조 헌금은 물질의 영역에서 하나님의 통치를 받겠다는 믿음을 고백하는 것입니다.

우리의 물질이 하나님의 통치 아래에 있음을 인정해야 올바른 재정 원칙을 가지고 살아갈 수 있습니다. 우리가 올바른 재정 원칙을 가지고 살아갈 때 하나님은 물질의 영역에서 우리를 실패하지 않게 하십니다.

탕자의 비유를 예로 들면, 둘째 아들은 아버지의 재산에서 자신에게 돌아올 분깃을 받아 먼 나라에 가서 허랑방탕하게 살았습니다. 둘째 아들은 아버지로부터 엄청난 재산을 받았지만, 그것은 아버지의 권한 아래 있을 때 복됩니다. 아버지의 권한에서 벗어나면 자기 마음대로 쓰게 됩니다. 그것이 허랑방탕입니다.

십일조 헌금을 드리라고 한 것은 하나님이 우리에게 무언가를 요구하시는 것이 아니라 오히려 우리에게 복된 것입니다. 엄청난 축복이 담겨 있습니다. 그러므로 십일조 헌금을 자기 마음대로 하려는 마음이 없는지 자신을 점검해야 합니다.

십일조 헌금을 드려야 할 것으로 개척 교회를 돕거나 선교지를 돕는 사람이 있습니다. 그것은 자기 마음대로 한 것입니다. 그렇게 하면 자신의 이름이 드러납니다. 그렇게 되면 물질의 주인이 자신이 될 수 있습니다.

우리에게는 자신이 주인이 되어 마음대로 살고 싶어 하는 마음이 있습니다. 그러나 이런 생각은 아주 위험합니다. 개인적으로 돕는 것에는 위험 요소가 많으므로 교회에서 체계적으로 도와야 합니다. 그리스도의 이름만 드러나게 해야 합니다.

십일조 헌금은 공동체를 움직이는 핵심적 요소입니다. 공동체를 움직이는 데 가장 중요한 재정입니다. 교회는 십일조 헌금을 통해 운영됩니다. 구약시대에도 성전을 움직이기 위해 십일조 헌금을 했습니다. 교회에서 큰일을 하고, 교회를 운영하는 등 모든 것은 십일조 헌금을 통해 이루어집니다. 하나님은 교회를 통해 하나님의 역사를 이루어 가실 때 십일조를 사용하십니다.

십일조 헌금은 교회 공동체를 향한 애정을 표현하는 것이요, 교회 공동체의 일원으로서 헌신을 표현하는 것입니다. 또한 우리가 가진 모든 것은 우리의 것이 아니라 하나님의 것이라는 믿음을 표현하는 것입니다.

——— 마음의 고백

둘째, 우리가 무엇을 사랑하는지 깨닫게 하려고 십일조 헌금을 하라고 말씀하셨습니다.

네 보물 있는 그곳에는 네 마음도 있느니라 **마 6:21**

마음이 어디로 흐르는지 보면 마음이 어떠한지 알 수 있습니다. 돈을 사용하는 것을 보면 그 사람이 어떤 사람인지 알 수 있습니다. 지갑이 언제 열리는지 보면 그 사람의 인격과 삶, 신앙을 알 수 있습니다.

헌금은 예배 가운데 부수적인 것이 아닙니다. 십일조 헌금은 예배의 근본입니다. 하나님에 대한 태도를 나타내는 구체적 행위입니다. 사실 다른 것을 통해서는 잘 알 수 없습니다. 열심히 말씀을 듣는 것, 열심히 찬양하는 것으로는 그 사람의 신앙이 어떠한지 알 수 없습니다. 예배 시간에 앉아 있는 모습으로는 그 사람의 신앙을 알 수 없습니다.

하지만 돈을 어디에 가장 많이 사용하는지 보면 그 사람의 가치관을 알 수 있습니다. 물질을 어디에 사용하는지 보면 그 사람

다시, 새롭게

의 관심사가 무엇인지를 알 수 있습니다.

자신의 몸을 위해서라면 돈을 아끼지 않는 사람이 있는데, 그 사람은 자신의 몸을 아주 중요하게 여기는 것입니다. 책을 사는 데 많은 돈을 사용하는 사람이 있는데, 그 사람의 관심사는 자신의 정신에 있습니다. 자신의 외모를 중요하게 여기는 사람은 자신의 미모를 가꾸는 데 돈을 아낌없이 씁니다. 취미를 위해 돈을 아끼지 않는 사람은 취미를 가치 있는 것으로 여기기 때문입니다. 이렇게 사람들은 자신이 사랑하는 곳에 돈을 씁니다.

사랑하는 사람을 위해서라면 무엇을 주든 아깝지 않습니다. 아내를 위해 선물을 구입할 때 아깝다는 생각이 든다면 그 사람은 아내를 사랑하지 않는 것입니다. 아내를 사랑한다면 아까워하지 않습니다.

하나님을 사랑한다는 것을 어떻게 표현할 수 있을까요? 말라기 선지자는 이스라엘 백성이 하나님으로부터 멀어졌음을 뜻하는 것이 무엇인지 말하고 있습니다. 그들이 하나님의 것을 도둑질했다는 것은 단순히 십일조 헌금을 하지 않았다는 뜻이 아닙니다. 하나님보다 물질을 더 사랑했다는 뜻입니다.

돈을 사랑하는 사람은 돈에 민감합니다. 돈 때문에 화를 많이 냅니다. 교회에서 활동하면서도 돈에 민감한 사람이 있습니다. 돈 문제가 나오면 예민하게 반응합니다. 이런 사람은 내면 깊숙한 곳에 무엇이 있는지 확인해 봐야 합니다. 헌금으로 시험에 든 적이 있습니까? 이것은 돈에 민감하다는 뜻입니다.

물질에 대한 탐욕은 내면 깊숙이 숨어 있어서 잘 보이지 않습니다. 그래서 이스라엘 백성은 속았습니다. 그들이 십일조 헌금을 온전히 하지 않았던 것은 그 내면에 숨겨진 탐욕 때문이었습니다.

> 돈을 사랑함이 일만 악의 뿌리가 되나니 이것을 탐내는 자들은 미혹을 받아 믿음에서 떠나 많은 근심으로써 자기를 찔렀도다 **딤전 6:10**

돈을 사랑하는 것은 일만 악의 뿌리로 끝나지 않습니다. 사람들은 하나님과의 관계가 뒤틀렸기 때문에 돈을 사랑하게 된 것입니다. 돈을 사랑하는 사람은 대화의 주제가 항상 돈입니다. 돈에 대해 많이 이야기한다는 것은 돈을 묵상한다는 뜻입니다.

우리는 헌금할 때마다 자신이 섬기는 대상이 누구인지 분명히 확인해야 합니다. 영국에서 있었던 일입니다. 영국에서는 예배 시간에 헌금 바구니를 돌리는 것이 아니라 쟁반을 돌렸습니다. 그런데 헌금할 돈이 없었던 한 꼬마가 쟁반 위에 드러누웠습니다. 이 모습을 본 어른들이 "얘야, 뭐 하는 짓이냐"라고 묻자, 아이는 "저는 하나님께 드릴 것이 없어서 제 몸을 드리려고 하는 거예요"라고 대답했습니다. 그 아이가 바로 데이비드 리빙스턴(David Livingstone) 선교사입니다.

헌금은 은혜 안에서 다루어져야 합니다. 십일조는 구약의 율법이기에 신약시대에는 폐기되어야 한다고 주장하는 사람이 있습니다. 오늘날 십일조 문제로 논란이 일어나는 이유는 교회가 헌금을 바르게 사용하지 못하기 때문입니다. 이는 교회가 책망을 받아야 할 일입니다. 교회의 지도자가 책망을 받아야 할 일입니다. 하나님이 다스리실 것입니다. 그런데 교회가 헌금을 바르게 사용하지 못하는 것이 자신의 책임을 거부하는 이유가 되어서는 안 됩니다.

──────── 복음 안에서 기쁨으로 순종하라

다양한 논란이 있지만 십일조는 청지기의 삶에 있어 기본적인 태도라고 할 수 있습니다. 십일조는 대단한 것이 아니라 기본입니다.

구약시대에는 10분의 1이 아니라 10분의 3을 드렸습니다. 2년 동안 10분의 2를 드렸고, 세 번째 해에는 10의 3을 드렸습니다.

첫 번째 십일조는 레위인의 생활을 위한 것이었습니다. 두 번째 십일조는 이스라엘 백성이 성전에 올라가는 비용으로 구별하는 것이었습니다. 세 번째 십일조는 각 지방의 거룩한 곳간에 쌓아두고 고아와 과부, 나그네를 돕는 데 사용하는 것이었습니다.

말라기 선지자는 십일조에 대해 말하면서 하나님을 시험하여 보라고 했습니다(3:10). 그는 원색적인 표현을 사용하여 십일조 헌금에 대해 말했는데, 그만큼 시대가 악했기 때문입니다. 둘러대어 말하면 알아듣지 못하니까 강렬하게 표현한 것입니다. 그 시대의 사람들이 기본을 지키지 않았기 때문입니다.

신약시대가 되었다고 해서 율법이 폐기된 것은 아닙니다. 복음 안에서 율법을 재해석하면 더 적극적입니다. 성전이나 제사 제도는 그리스도로 말미암아 효용이 없어졌지만 구약의 율법 가운데 복음 안에서 선명하게 드러나는 것이 많습니다.

제사장직은 사라졌습니다. 그러나 그 직분이 가지는 기능은 살아있습니다. 하나님은 왕 같은 제사장으로 살아가도록 우리에게 소명을 주셨습니다(벧전 2:9). 제사장적 삶을 살아야 한다는 것입니다. 특권층의 사람만 제사장으로서 살아가는 것이 아니라 하나님의 백성은 모두 거룩한 제사장입니다. 이것이 신약시대에 발전한 것입니다.

구약시대의 순종이 소극적이라면 신약시대에는 적극적으로 순종하기를 요구합니다. 그러므로 일주일에 한 번 안식일에 제사를 드림으로써 순종하는 것이 아니라 삶의 전 영역이 예배가 되어야 합니다. 이는 우리의 몸을 하나님이 기뻐하시는 거룩한 산 제물로 드리는 것입니다. 부분적이 아니라 전체로 확장되어야 합니다. 소극적이 아니라 적극적으로 순종해야 합니다. 우리 삶 전체가 하나님의 통치 가운데 있어야 합니다.

구약시대에는 율법을 지키는 것이 힘들었다면 신약시대에는 복음 안에서 기쁨으로 순종할 수 있습니다. 율법 아래 있을 때보다 훨씬 적극적으로 순종해야 합니다. 우리는 구약시대의 백성들보다 받은 은혜가 훨씬 큽니다. 구약시대에는 받은 은혜가 그림자에 불과했고, 신약시대에는 실체가 나타났습니다.

구약시대에는 희미하게 그리스도를 보았지만, 신약시대에는 실제로 그리스도를 보았습니다. 그리스도의 복음의 혜택을 누리며 살아갑니다. 그러므로 우리는 하나님의 말씀을 적극적으로 지켜야 합니다.

예수님은 몸으로 희생제물이 되셨는데, 우리를 위해 자신의 몸 일부만 주신 것이 아닙니다. 우리에게 자신의 몸을 전부 내어 놓으셨습니다. 예수님은 우리를 위해 살이 찢기고 피를 흘리셨습니다. 이런 은혜를 누리고 있는 우리는 적극적으로 자신의 삶을 드려야 합니다.

모든 것은 하나님이 주신 것으로, 우리는 기쁨과 감사가 넘쳐야 합니다. 은혜 생활의 절정은 드리는 것에 있습니다. 받는 것에서 오는 기쁨보다 드리는 것에서 오는 기쁨을 깨달아야 합니다. 이것이 복음 안에 사는 우리의 삶입니다.

삭개오는 예수님을 만난 이후 변화되었습니다. 예수님을 만난 삭개오는 "내 소유의 절반을 가난한 자들에게 주겠사오며 만일 누구의 것을 속여 빼앗은 일이 있으면 네 갑절이나 갚겠나이다"(눅 19:8)라고 말했습니다.

예수님을 만나고 나서 삭개오의 물질에 대한 욕심이 자발적으로 해체되었습니다. 하나님의 은혜의 힘으로 말미암아 물질의 탐욕을 이겨냈습니다.

─────── 내 것이 아니다

복음 안에 있는 우리의 삶은 자발적이어야 합니다. 억지로 하는 것이 아니라 기쁨으로 해야 합니다. 십일조를 드리는 정도가 아니라 삶을 기꺼이 드릴 수 있어야 합니다. 하나님으로부터 받은 은혜가 크기 때문에 은혜의 힘으로 이렇게 할 수 있습니다.

은혜의 힘이 없으면 모든 것이 어렵게 느껴집니다. 그래서 억지로 할 수밖에 없습니다. 억지로 하다 보면 형식적으로 하게 됩니다. 형식적으로 하다 보면 사람의 눈을 속이게 됩니다. 이처럼 은혜가 없으면 사람의 힘으로 하게 됩니다. 사람의 힘으로 하면 하나님을 기쁘시게 할 수 없습니다.

우리는 하나님의 나라를 위해 일합니까, 세상의 나라를 위해 일합니까? 세상의 나라에서는 물질이 신입니다. 그러나 우리는 눈에 보이지 않는 하나님의 나라를 섬기는 사람으로, 오직 하나님 한 분만 섬겨야 합니다.

하나님의 것을 도둑질하면 어떤 일이 일어납니까? 인생 전체가 도둑질당할 수 있습니다. 삶 전체를 잃을 수 있습니다. 물질의 영역에서 하나님의 축복을 경험할 것인지, 물질의 영역에 구멍이 생겨 삶의 유출을 경험할 것인지는 매우 중요한 주제입니다.

돈 문제는 단순히 돈 문제로 끝나지 않습니다. 우리의 신앙과 삶 전체를 끌어가는 핵심 문제입니다. 이것은 영적 문제일 수밖에 없습니다. 오늘날은 맘몬(Mommon)을 우상으로 섬기는 시대입니다. 맘몬은 하나님의 자리를 넘보는 가장 강력한 존재입니다. 그러므로 우리는 날마다 영적 전쟁을 치르며 살아갑니다.

하나님은 말라기 선지자를 통해 그분의 것을 도둑질하는 것을 멈추지 않으면 심각한 결과가 올 것이라고 말씀하셨습니다(3:9). 하나님이 강하게 말씀하신 이유가 있습니다. 어떻게 해서든 받아내겠다는 의도가 아닙니다. 하나님은 그분보다 돈을 사랑하는 것이 얼마나 무서운 결과를 초래하는지 알려주기 위해 강하게 말씀하신 것입니다.

이 세상을 보십시오. 세상 사람들은 돈으로 말미암아 무너지고 망가지고 타락하고 있습니다. 이 세상을 살아가는 우리에게 "하나님의 것을 도둑질하지 말라"는 것은 하나님을 사랑하라는 뜻입니다.

그리고 회개는 구체적으로 해야 합니다. 예수님은 "어디서 떨어졌는지를 생각하고 회개하여 처음 행위를 가지라 만일 그리하지 아니하고 회개하지 아니하면 내가 네게 가서 네 촛대를 그 자리에서 옮기리라"(계 2:5)고 말씀하셨습니다.

말라기 시대에 이스라엘 백성은 예배에서 실패했습니다. 그들은 하나님을 섬긴 것이 아니라 물질을 섬겼는데, 십일조를 도둑질한 것으로 이런 사실이 드러났습니다. 이것은 단순한 헌금의 문제가 아닙니다. 하나님에 대한 예배를 훼손한 것입니다. 이것으로 말미암아 이스라엘의 운명은 어두워졌습니다.

우리의 삶에서도 마찬가지입니다. 예배에 실패하면 우리의 모든 것이 무너질 수밖에 없습니다. 십일조를 온전히 드리는 것이 하나님에 대한 우리의 마음을 표현하는 것이요, 이 세상에서 물질의 유혹을 거스르는 것이요, 하나님의 백성으로 승리하는 것입니다. 이 말씀에 온전히 순종함으로써 하나님 나라의 백성으로서 승리하기를 바랍니다.

13 ——

하늘 문이 열린다

10 만군의 여호와가 이르노라 너희의 온전한 십일조를 창고에 들여 나의 집에 양식이 있게 하고 그것으로 나를 시험하여 내가 하늘 문을 열고 너희에게 복을 쌓을 곳이 없도록 붓지 아니하나 보라

11 만군의 여호와가 이르노라 내가 너희를 위하여 메뚜기를 금하여 너희 토지 소산을 먹어 없애지 못하게 하며 너희 밭의 포도나무 열매가 기한 전에 떨어지지 않게 하리니

12 너희 땅이 아름다워지므로 모든 이방인들이 너희를 복되다 하리라 만군의 여호와의 말이니라

———————— 말라기 3:10-12

말라기서에 보면 하나님은 끊임없이 망가진 이스라엘 백성에게 다가가 말씀하셨습니다. 본래 자리로 돌이키기 원하시는 하나님의 열심을 느낄 수 있습니다.

하나님은 어떻게 해서든 복 주기를 원하시지만 이스라엘 백성은 언제나 곁길로 빠졌습니다. 우리도 그러합니다(사 53:6). 각자 자기가 가고 싶은 대로 갑니다.

하나님은 복 주기를 원하시는데 우리는 그 복을 틀어막습니다. 복이 오는 통로를 막습니다. 우리가 복을 만들 수 있다면 만들어내면 됩니다. 그런데 복은 우리가 만들어내는 것이 아니라 위로부터 우리에게 주어지는 것으로, 하늘 문이 열려야 합니다.

하나님과의 관계가 열려야 하늘 문이 열립니다. 하나님과의 관계가 닫히면 하늘 문도 닫힙니다. 그러면 복이 임할 수 없습니다. 하늘 문을 여는 열쇠는 하나님과의 관계에 있습니다. 하나님과의 관계에서 핵심적 요소는 예배입니다.

예배의 핵심은 하나님께 나아가는 우리의 태도입니다. 우리의 마음의 태도, 우리의 자세입니다. 이것에 영향을 끼치는 것 중 하나가 십일조, 봉헌물입니다. 즉 헌금 생활은 하나님과의 관계를 점검할 수 있는 중요한 요소입니다.

——— 초점은 물질의 축복이 아니다

만군의 여호와가 이르노라 너희의 온전한 십일조를 창고에 들여 나의 집에 양식이 있게 하고 그것으로 나를 시험하여 내가 하늘 문을 열고 너희에게 복을 쌓을 곳이 없도록 붓지 아니하나 보라 **말 3:10**

본문의 이 구절에 대한 오해가 많습니다. 그리고 잘못 해석하는 경우도 많습니다. 우리는 십일조 헌금을 열심히 하면 물질적으로 복을 받는다는 것을 강조할 때 이 구절을 많이 사용합니다.

　하지만 성경 한 구절만 뽑아서 해석하는 행위는 위험합니다. 성경을 볼 때는 항상 전후 문맥을 살펴야 합니다. 그리고 그 책에서 강조하는 것이 무엇인지 전체의 주제를 이해해야 합니다. 상황을 이해해야 합니다. 상황과 전체 흐름 속에서 그 구절이 무엇을 의미하는지 살펴야 합니다.

　하나님은 자신을 시험해 보라고 말씀하셨습니다. 그런데 우리가 하나님을 시험할 수 있습니까? 하나님이신지 아니신지, 하나님이 그렇게 하시는지 하지 않으시는지를 우리가 시험한다는 것 자체가 불신앙입니다.

　그렇다면 하나님은 왜 자신을 시험해 보라고 말씀하셨을까요? 그 시대가 워낙 악하고 불신앙으로 가득 차 있었기 때문입니다. 언약의 백성이 하나님을 전혀 모르는 백성처럼 행동했습니다. 그들은 타락할 대로 타락했기 때문에 여간해서는 하나님을 믿으려고 하지 않았습니다.

　그래서 하나님은 이런 백성들을 향한 처방으로 자신을 시험해 보라고 말씀하셨던 것입니다. 오죽했으면 이렇게까지 말씀하셨겠습니까. 그러므로 이 말씀만 보고 '우리도 하나님을 시험해 보자'라고 생각하면 곤란합니다.

　본문 말씀은 십일조 헌금을 잘하면 복을 주신다는 하나님의 약속이라기보다 그릇된 길로 가려고 하는 백성들을 돌이키시기 위한 설득이라고 보는 것이 옳습니다. 물론 십일조 헌금을 온전히 할 때 하나님이 부어주시는 축복이 분명히 있습니다. 그런데 이것이 본문의 핵심은 아닙니다. 복을 받기 위해 하나님을 시험하는 것은 신앙적인 모습이 아닙니다.

십일조 헌금을 하면 복이 주어집니까? 십일조 헌금을 잘하면 하나님이 물질의 복을 주십니까? 그렇다, 그렇지 않다고 답하기가 쉽지 않습니다. 이것은 간단한 문제가 아닙니다. 우리가 뭔가 하나를 잘하면 하나님이 축복하신다고 생각하기 어렵습니다.

말라기서를 보면 이스라엘 백성은 총체적으로 무너졌습니다. 십일조 헌금은 그중 하나일 뿐입니다. 십일조 헌금을 제대로 하지 않아서 복을 받지 못한 것으로 보기는 어렵습니다. 총체적인 문제가 해결되지 않았기 때문에 십일조 헌금을 올바르게 한다고 해서 모든 문제가 해결되는 것은 아닙니다.

우리는 십일조 헌금을 하면 물질의 축복을 받는다고 공식처럼 생각합니다. 물론 십일조 헌금을 올바르게 하여 물질의 축복을 받는 사람도 있지만, 평생 십일조 헌금을 했어도 가난하게 사는 사람도 있습니다. 그러므로 물질의 축복을 받는 것에만 초점을 맞추고 신앙생활을 해서는 안 됩니다. 그렇게 하면 신앙이 왜곡될 수 있습니다.

기복주의(祈福主義)는 한국 교회에 큰 영향을 끼쳤습니다. 한국 교회뿐 아니라 인간의 내면 세계에는 기복주의적인 요소가 아주 많습니다. 성경에 보면 하나님은 복에 대해 분명히 말씀하셨습니다. 아브라함에게 복을 약속하시고, 그에게 복을 주셨습니다.

그러나 모든 것을 물질의 축복과 연관시키는 기복주의는 위험합니다. 현실의 어려움에서 벗어나려는 갈망이 강할수록 기복주의에 빠질 위험이 있습니다.

이단에 빠진 대부분의 사람들은 삶이 불안정합니다. 그리고 특별하고 자극적인 것에 끌리는 성향이 있습니다. 기복주의도 마찬가지입니다. 기복주의는 그릇된 가르침이요, 복음을 오용하는 것입니다. 신앙은 하나님과의 상업적 거래가 아닙니다. 그러므로 우리 편에서 무언가를 하면 하나님도 무엇인가 보상해준다고 생각해서는 안 됩니다.

────── **온전한 십일조, 하나님을 첫 자리에 두는 것**

온전한 십일조를 드린다는 것은 무슨 뜻입니까? 우리가 드리는 헌금은 하나님이 받으실 만합니까?

십일조 헌금의 액수도 중요하지만 돈을 버는 과정도 중요합니다. 헌금을 드리는 사람의 마음과 태도, 동기도 중요합니다. 헌금하는 행위 이전에 삶 전체가 하나님이 받으실 만한지가 중요합니다. 부도덕하게 살면서 헌금만 많이 하면 그것을 온전한 헌금 생활이라고 말할 수 있습니까? 소득에서 10분의 1을 정확하게 떼어 헌금하면 그것을 온전한 십일조라고 말할 수 있습니까?

십일조는 신앙의 기본입니다. 기본이 올바르지 않으면 영적으로 무너질 수밖에 없습니다. 가장 기본적인 것이 제대로 되어 있지 않은데, 하나님을 올바르게 섬길 수 있겠습니까! 온전한 십일조를 드리라는 것은 하나님과의 관계를 회복하라는 뜻입니다. 십

다시, 새롭게

일조 헌금을 하면 하나님이 복을 주신다고 이해했다면 본문을 오해한 것입니다. 복은 따라오는 것이지, 복 자체가 목적이 될 수는 없습니다.

본문은 복 받는 원리를 소개하는 말씀이 아닙니다. 하나님을 사랑하는 것에서 벗어난 백성을 하나님께로 다시 돌아오게 하려는 말씀입니다. 우리는 하나님이 원하시는 삶이 무엇인지에 관심을 갖기보다 무엇을 하면 복을 받는지에 몰두합니다. 그러면 이상한 쪽으로 향하게 됩니다.

신앙이 무엇입니까? 신앙은 하나님께 합당한 예우를 해드리는 것입니다. 예배가 바로 그것입니다. 믿음의 여정에서 핵심은 하나님을 알아가는 것이지만 우리는 하나님을 다 알 수 없습니다.

이스라엘 백성은 하나님을 오해했고, 하나님에 대해 무지했습니다. 하나님에 대한 무지가 이스라엘 백성을 방자하게 만들었습니다. 하나님을 모르니 그분을 두려워하지 않았습니다. 그분을 경외하지도 않았고, 합당한 예우를 하지도 않았습니다.

그래서 하나님은 이스라엘 백성에게 "너희가 나를 멸시하는도다"라고 말씀하셨습니다. 이런 말씀을 하신 것은 그들이 하나님이 어떤 분인지 알지 못했기 때문입니다.

하나님은 이스라엘 백성에게 약속하고 끊임없이 다가오고 그들을 다시 일으켜 세우려고 하셨습니다. 그럼에도 그들은 하나님의 마음과 언약을 실현하기 위해 하나님이 행하신 일을 잊어버렸습니다. 그들은 단지 현실의 삶에 대한 불만으로 하나님을 원망했습니다.

본문에는 "만군의 여호와"라는 표현이 반복되는데, 하나님은 이스라엘 백성과 약속하실 뿐 아니라 약속을 이루는 신실하신 분입니다. 말라기서에서 "만군의 여호와"라는 표현이 24번 나옵니다. 이는 하나님은 전능하시고, 온 땅을 다스리시며, 하나님만이 우리의 예배를 받으셔야 한다는 것을 뜻합니다.

온전한 십일조를 드리지 못한다는 것은 하나님에 대해 무지해 그분을 대하는 이스라엘 백성의 태도에 문제가 있었음을 뜻합니다. 그들은 하나님에 대해 무지하여 하나님을 무시했고, 공경하지 않았습니다. 하나님의 이름을 멸시했습니다. 하나님이 누구신지 몰랐기 때문에 그분을 두려워하지도 않았습니다.

온전한 십일조를 드리는 것은 하나님을 첫 자리에 두는 것입니다. 여기서 우리는 하나님이 "나를 시험해 보라"고 말씀하면서까지 왜 십일조를 강조하시는지 생각해야 합니다.

이스라엘 백성은 하나님과의 관계가 완전히 무너졌습니다. 그러니 하나님이 복을 주실 리 없습니다. 하늘 문이 닫혀버렸습니다. 하나님과의 관계가 회복되어야 하늘 문이 열리고 하나님이 복을 쏟아 부으십니다.

하나님은 선악을 알게 하는 나무의 열매를 먹지 말라고 말씀하셨습니다. 그 말씀대로 순종하는지를 통해 하나님을 경외하는지 알 수 있습니다. 하나님의 하나님 되심을 인정한다면 그분이 말씀하신 대로 지킬 것입니다. 십일조도 마찬가지입니다. 십일조를 하나님의 것으로 구별하여 드림으로써 하나님의 하나님 되심을 인정해야 합니다.

─────── **헌금 훈련은 믿음 훈련이다**

하나님은 헌금 생활을 통해 무엇을 보고자 하시는 걸까요?

첫째, 우리의 믿음을 보십니다. 우리는 "나를 시험해 보라"는 말씀을 통해 하나님의 마음을 읽어야 합니다. 인공호흡을 해서라도 그 백성을 살리기 원하시는 하나님의 마음을 읽어야 합니다.

사실 하나님을 시험하는 것은 악한 짓입니다. 예수님은 "기록되었으되 주 너의 하나님을 시험하지 말라"(마 4:7)고 말씀하셨습니다. 하나님은 시험의 대상이 될 수 없습니다.

이스라엘 백성은 광야에서 하나님을 시험하다가 그분의 분노를 샀습니다. 성경은 "그들이 돌이켜 하나님을 거듭거듭 시험하며 이스라엘의 거룩하신 이를 노엽게 하였도다"(시 78:41)라고 말씀합니다. 하나님을 시험하려는 마음을 갖는다는 것은 그분을 신뢰하지 못한다는 뜻입니다.

당시 이스라엘 백성의 삶은 녹록하지 않았습니다. 포로 생활에서 돌아왔지만 경제적으로 어려웠습니다. 온전한 제물을 드리지 못했습니다. 현실의 상황을 고려하다 보니 현실과 타협한 것입니다. 그러나 현실이 힘들고 어려울지라도 온전한 십일조를 드려야 합니다. 이것은 눈에 보이는 현실을 의지하는 것이 아니라 하나님을 신뢰한다는 믿음의 표현입니다.

십일조는 우리가 하나님을 시험하는 도구라기보다는 하나님이 우리를 시험하시는 것이라고 할 수 있습니다. 현실이 어렵고 불안할수록 물질에 의지하려는 마음이 강해지는데, 그때 우리의 믿음을 테스트할 수 있습니다.

물질은 생존의 문제와 직결됩니다. 자본주의 세상에서 물질은 절대적인 것입니다. 그러므로 믿음 생활을 시작할 때부터 훈련하는 것이 좋습니다. 초기에 가르쳐주는 것이 좋습니다. 처음부터 배운 사람은 쉽게 할 수 있습니다. 당연한 것으로 여깁니다. 그런데 하지 않다가 나중에 하려고 하면 훈련되지 않아서 힘듭니다. 액수가 많아지면 더 힘들어집니다.

헌금 훈련은 믿음 훈련입니다. 눈에 보이지 않는 것에 의존하는 훈련입니다. 그러므로 헌금 문제는 단순히 돈의 문제가 아니라 믿음의 문제입니다.

> 공중의 새를 보라 심지도 않고 거두지도 않고 창고에 모아들이지도 아니하되 너희 하늘 아버지께서 기르시나니 너희는 이것들보다 귀하지 아니하냐 너희 중에 누가 염려함으로 그 키를 한 자라도 더할 수 있겠느냐 또 너희가 어찌 의복을 위하여 염려하느냐 들의 백합화가 어떻게 자라는가 생각하여 보라 수고도 아니하고 길쌈도 아니하느니라 그러나 내가 너희에게 말하노니 솔로몬의 모든 영광으로도 입은 것이 이 꽃 하나만 같지 못하였느니라 오늘 있다가 내일 아궁이에 던져지는 들풀도 하나님이 이렇게 입히시거든 하물며 너희일까보냐 믿음이 작은 자들아 그러므로 염려하여 이르기를 무엇을 먹을까 무엇을 마실까 무엇을 입을까 하지 말라 **마 6:26-31** 너희는 먼저 그의 나라와 그의 의를 구하라 그리하면 이 모든 것을 너희에게 더하시리라 **마 6:33**

수영로교회에서 부목사로 5년간 사역하다가 호주로 떠났습니다. 하나님이 먹이신다는 것을 직접 체험해 보고 싶었습니다. 수영로교회에 있는 동안 편하게 사역했습니다. 제 생각에 물질의 걱정이 없으니 믿음 훈련이 잘 되지 않은 듯했습니다. 그래서 아무도 의지할 곳이 없는 호주로 떠났습니다. 누구에게도 도움을 받지 않았고 부탁하지도 않았습니다.

호주로 간 지 4개월이 되니 모든 것이 바닥났습니다. 사실 그곳에서 일할 수도 있었습니다. 공부하면서 일할 수 있었습니다. 그런데 일하면 공부하는 데 힘들어질 수 있고, 무엇보다 하나님이 저를 책임지신다는 것을 확인하고 싶었습니다. 스스로 광야로 나간 것입니다.

그때 하나님은 제가 그분을 정말 믿는지 시험하셨습니다. 사람이 생각났습니다. 사람을 의지하고 싶었습니다. 전화하고 싶었습니다. 참 어려운 시간이었습니다. 그런데 그 시간을 이겨냈습니다. 하나님이 제게 은혜를 주셨습니다. 하나님이 주시는 만나와 메추라기를 경험했습니다. 하나님은 기막힌 방식으로 저희 가족을 먹이셨습니다. 그때 하나님이 먹이고 책임져 주시는 것을 경험했습니다.

하나님이 먹이시는 것을 경험하지 못하면 물질 문제에서 자유로울 수 없습니다. 하나님이 책임지시는 것을 경험한 사람은 어떤 고난이 와도 당당합니다. 하나님이 먹이신다는 말씀이 성경에 셀 수 없이 나옵니다. 하나님이 거짓말하십니까. 하나님은 살아 계십니다. 이것을 경험해야 합니다.

둘째, 우리의 탐욕을 다스리기 원하십니다. 탐욕은 다스리기 어렵습니다. 우리의 삶을 무너뜨립니다. 스스로 통제할 수도 없습니다. 탐욕이 우리를 어디로 끌고 갈지 아무도 모릅니다.

현대인들은 '좀 더 병'에 걸려 있습니다. 아무리 벌어도 부족함을 느끼고, 끊임없이 소비하라는 유혹에 시달립니다. 그래서 빚진 사람이 많습니다.

물질을 사용하는 것을 통해 믿음이 드러납니다. 현대인들이 헌금하기를 주저하는 이유는 경제적 형편 때문입니다. 그러나 그 안에 탐욕이 있습니다. 헌금하기를 주저하는 이유는 탐욕 때문입니다. 사실 헌금 생활은 물질적 탐욕을 포기하는 훈련입니다.

성경은 "그리스도 예수의 사람들은 육체와 함께 그 정욕과 탐심을 십자가에 못 박았느니라"(갈 5:24)고 말씀합니다. 자아가 죽어야 합니다. 우리 안에 있는 정욕과 탐심이 끊임없이 올라옵니다. 그러면 정욕과 탐심을 십자가에 못 박아야 하는데, 우리의 힘으로는 불가능합니다.

만일 우리가 성령으로 살면 또한 성령으로 행할지니 **갈 5:25**

우리는 성령의 도우심이 필요합니다. 하나님께 드리는 것을 통해 우리 안에 있는 욕망의 족쇄를 풀어야 합니다. 이것을 정기적으로 훈련해야 합니다.

셋째, 삶의 기본적인 태도를 점검하기 원하십니다. 하나님께 드리려면 우리는 일상에서 최선을 다해야 합니다. 일하지 않는 사람이 십일조 헌금을 할 수 있겠습니까.

단순히 생존하기 위해, 욕망을 성취하기 위해 일해서는 안 됩니다. 하나님의 나라를 위해 사는 사람은 생존을 위해 사는 사람보다 우위에 있습니다. 욕망을 성취하기 위해 일하는 것이 아니라 하나님의 나라라는 높은 가치를 위해 일하기 때문에 동기 자체가 다릅니다. 그러므로 하나님의 나라를 위해 사는 사람은 세상 사람들보다 성실해야 합니다.

청소년을 대상으로 "만약 10억 원을 준다면 감옥에서 일 년간 있겠느냐"라는 설문조사를 했습니다. 고등학생 중 56퍼센트가 감옥에 가겠다고 대답했습니다. 중학생 가운데 39퍼센트, 초등학생 가운데 17퍼센트가 감옥에 가겠다고 대답했습니다. 보통 일이 아닙니다. 아이들 안에 배금주의(拜金主義)가 가득 차 있습니다. 이것은 돈만 생긴다면 뭐든지 하겠다는 뜻입니다.

─────── 드림과 나눔의 삶

십일조를 물질적 축복을 받기 위한 수단으로 여기는 기복주의의 폐해는 모든 책임을 하나님께 돌리는 것입니다. 돈을 버는 것에 하나님의 특별한 은총이 필요하지 않습니다. 돈을 버는 것은 하나님의 일반은총의 영역이라고 할 수 있습니다.

일본은 부자 나라입니다. 그렇다면 일본이 십일조 헌금을 열심히 하는 나라입니까? 그렇지 않습니다. 오히려 일본은 십일조를 모르는 나라입니다. 그런데 왜 일본이 부유합니까? 일본이 부자인 것은 하나님의 일반은총입니다. 하나님은 악인과 선인에게 동시에 햇빛을 비추어주십니다.

성실하고 정직하고 매사에 최선을 다하고 돈을 버는 데 필요한 기본적 이론과 원리를 익히면 그에 합당한 결과가 주어지는 것은 당연한 일입니다.

새는 그냥 입을 벌린 채 나무에 앉아 있지 않습니다. 일찍 일어나는 새가 모이를 먹습니다. 새는 열심히 일합니다. 집을 지을 때도 열심히 짓습니다. 그리고 열심히 먹이를 물어다가 새끼에게 먹입니다. 이처럼 우리는 일상에서 최선을 다해야 합니다. 하나님이 주신 지혜를 최대한 동원해야 합니다.

장사 경험이 없는 사람이 자신의 음식 솜씨만 믿고 거액의 돈을 투자하여 식당을 열었습니다. 교회에서 개업 예배를 드리고 십일조 헌금을 열심히 하면 사업이 번창할 거라는 생각은 하나님을 시험하는 것입니다. 식당을 하려면 실력이 있어야 합니다.

직장인이 십일조 헌금을 열심히 했어도 직장에서 해고당할 수 있습니다. 그런데 직장에서 해고당하면 시험에 듭니다. "십일조 헌금을 꼬박꼬박 했는데, 왜 저를 힘들게 하십니까"라고 하나님께 따집니다. 그러나 십일조 헌금을 하는 것도 중요하지만, 실력을 최대한 발휘하여 그 회사에 없어서는 안 될 꼭 필요한 존재가 되는 것이 더 중요합니다. 일을 제대로 하지 않으면서 십일조 헌금을 한 것만 가지고 하나님을 탓해서는 안 됩니다.

사업하는 사람은 십일조 헌금을 열심히 해야 하지만, 성경적 기준으로 기업을 운영해야 합니다. "하나님이 책임지실 줄 믿습니다"라고 기도하며 사업에 전혀 신경 쓰지 않고 날마다 교회에만 있다면, 과연 하나님이 그 사업을 일으켜주시겠습니까.

다시, 새롭게

오늘날 한국 교회의 성도들 가운데 잘못된 관점을 가진 성도가 많습니다. 하나님을 시험하는 성도가 너무 많습니다. 자신의 삶은 전혀 준비하지 않으면서 뭔가 하면 하나님이 복을 주실 거라고 생각하는 사람이 많습니다.

새벽기도를 하는 것보다 더 중요한 것은 근무 시간에 졸지 않고 최선을 다해 일하는 것입니다. 근무 시간에 성경을 읽는 것은 믿음 있는 자의 모습이 아닙니다. 상사의 눈을 피해 성경을 읽는 것은 결코 영적인 행동이 아닙니다. 월급을 받는 만큼 최선을 다해야 합니다. 월급 받는 것 이상으로 모든 것을 쏟아 부어야 합니다. 이것이 하나님의 백성의 모습입니다.

빨리 퇴근해 교회에 와서 봉사하는 것이 하나님 나라를 섬기는 게 아닙니다. 직장에서 힘들고 궂은일을 감당하는 것이 하나님 나라의 백성의 모습입니다. 교회에 오고 기도하고 십일조 헌금을 한다고 하나님이 축복하시는 것은 아닙니다. 삶의 전 영역에서 균형을 맞추어야 합니다.

십일조와 헌금은 드림과 나눔의 삶을 뜻합니다. 대부분의 사람은 받는 것에 익숙합니다. 이것은 천국의 원리와 반대됩니다. 천국의 원리는 항상 주는 것입니다. 나누는 것입니다. 드리는 것입니다.

주라 그리하면 너희에게 줄 것이니 곧 후히 되어 누르고 흔들어 넘치도록 하여 너희에게 안겨 주리라 너희가 헤아리는 그 헤아림으로 너희도 헤아림을 도로 받을 것이니라 눅 6:38

이 말씀에서 핵심은 "주라"입니다. 그런데 우리는 그다음 말씀에 주목합니다. 예수님은 물질에 대해 말씀하신 것이 아닙니다. 이 말씀은 용서에 대한 것으로 다양하게 적용될 수 있습니다. 다른 사람에게 관대해야 한다는 뜻입니다.

관대함이 있으면 십일조뿐 아니라 모든 헌금을 늘려 가야 합니다. 하나님께 넉넉히 드려야 합니다. 예수님은 주는 것이 받는 것보다 복이 있다고 말씀하셨습니다(행 10:35). 하나님은 나누고 드리며 사는 백성을 책임지십니다.

─────── **은혜 안에서 기쁨으로 드리라**

상황을 이긴 사람, 물질의 욕망을 이긴 사람이 드릴 수 있고 나눌 수 있습니다. 집착하면 드릴 수 없습니다. 나눌 수 없습니다. 후히 드리는 만큼 물질의 속박에서 자유로워집니다. 그러나 움켜쥐려고 하는 마음에 구속되면 물질의 노예가 되고 맙니다.

돈을 마음대로 사용하려고 하는 생각은 위험합니다. 내가 돈의 주인이 아니라 돈이 나의 주인이 되어버립니다. 돈의 지배를 받게 됩니다. 신앙의 논리보다 돈의 논리로 살면 하나님이 배제될 수밖에 없습니다. 중요한 선택을 할 때마다 하나님보다 돈이 기준이 됩니다.

돈이 주인이 되면 부도덕한 삶을 살게 됩니다. 하나님 없이 사는 사람이 시간 있고 돈 있고 젊음 있고 건강하면 사치와 방종으로 갈 수밖에 없습니다. 무분별하게 살아갑니다. 그것이 자녀들에게까지 영향을 끼칩니다.

다시, 새롭게

하나님께 드려야 할 물질을 드리지 않으면 이상한 곳에 물질이 낭비됩니다. 하나님이 다스리시는 대로 사용하면 물질을 함부로 사용할 수 없습니다. 삶의 모든 영역이 하나님의 통치 가운데 있기에 돈을 함부로 쓸 수 없습니다. 삶을 함부로 다룰 수 없습니다. 삶에 절제가 있고 규모가 있습니다. 물질의 영역이 하나님의 통치 아래에 들어가면 삶의 모든 영역에서 질서가 잡힙니다. 균형 잡힌 삶, 안정된 삶을 살아갈 수 있습니다.

십일조의 본체는 그리스도이십니다. 예수님은 자신의 몸을 우리를 위해 다 내어놓으셨습니다. 기쁨으로 내어놓으셨습니다. 그리고 십자가에 못 박혀 죽으심으로써 율법의 요구를 완성하셨습니다. 우리는 그리스도를 따라가야 합니다.

십일조 헌금을 세금 내듯 억지로, 형식적으로 해서는 안 됩니다. 하나님이 기뻐하지 않으십니다. 은혜 안에서 기쁨으로 드려야 합니다. 즐거이 드려야 합니다.

각 사람이 네 하나님 여호와께서 주신 복을 따라 그 힘대로 드릴지니라

신 16:17

각각 그 마음에 정한 대로 할 것이요 인색함으로나 억지로 하지 말지니 하나님은 즐겨 내는 자를 사랑하시느니라 **고후 9:7**

물질이 신처럼 군림하는 세상에서 그리스도인은 헌금 생활을 통해 전혀 다른 방식으로 사는 법을 훈련할 수 있습니다. 온전한 헌금 생활을 통해 하나님을 높여드리고, 물질을 다스리는 삶을

익혀야 합니다. 이를 통해 공동체를 세워 가며 살아갈 때 하나님은 우리 삶에 풍성한 은혜를 주실 것입니다.

본문에는 하나님의 축복이 약속되어 있습니다. 하나님은 우리의 필요를 채워주겠다고 약속하셨습니다(3:11-12). 하나님은 관대하십니다. 우리를 위해 좋은 것을 아끼지 않으십니다. 하나님은 우리가 그분 앞에서 회복되고 복 받은 모습을 이방인들이 보고 "복되다" 할 것이라고 말씀하셨습니다. 하나님과의 관계가 회복될 때 부러워할 만한 일이 우리에게 일어날 것입니다. 그 모습에 세상 사람들이 우리를 복되다고 할 것입니다.

본문의 핵심은 십일조가 아닙니다. 하나님은 "네가 나를 사랑하느냐"라고 물으심으로써 당신이 어떤 분인지를 알려주셨습니다. 자신의 아들을 아끼지 않고 우리를 위해 내어주셨습니다. 그러므로 하나님을 예배하는 것이 마땅합니다. 하나님의 마음, 하나님의 사랑을 깨달은 자는 마땅히 그분을 예배해야 합니다. 하나님과 우리 사이에 그 어떤 것도 끼어들어서는 안 됩니다. 우리는 일상 가운데서 "하나님이 나의 왕이십니다"라고 고백해야 합니다.

하나님을 위해 드리는 것, 이웃을 위해 나누고 베푸는 것에 열심을 내야 합니다. 이것은 쉽지 않은 일입니다. 그러므로 훈련이 필요합니다. 작은 것부터 훈련해야 합니다. 그렇게 할 때 하나님은 하늘 문을 여시고 우리에게 풍성한 복을 주실 것입니다.

우리는 받을 것을 기억할 것이 아니라 드릴 것을 생각해야 합니다. 그러면 하나님이 하실 일을 하나님이 하실 것입니다.

다시, 새롭게

14

일상 언어의 훈련

13 여호와가 이르노라 너희가 완악한 말로 나를 대적하고도 이르기를 우리가 무슨 말로 주를 대적하였나이까 하는도다
14 이는 너희가 말하기를 하나님을 섬기는 것이 헛되니 만군의 여호와 앞에서 그 명령을 지키며 슬프게 행하는 것이 무엇이 유익하리요
15 지금 우리는 교만한 자가 복되다 하며 악을 행하는 자가 번성하며 하나님을 시험하는 자가 화를 면한다 하노라 함이라

———————— 말라기 3:13-15

이스라엘 백성의 이야기를 들으신 하나님은 그 이야기 속에 하나님을 대적하는 것이 있다고 말씀하셨습니다. 이에 이스라엘 백성은 "우리가 무슨 말로 주를 대적하였나이까"라고 반문했습니다. 말라기서에서는 이런 모습을 자주 볼 수 있습니다.

하나님은 이스라엘 백성이 이야기하는 것을 들으셨습니다. 이것은 매우 중요합니다. 일상에서 나누는 대화 가운데 우리의 신앙이 들어 있습니다. 주일 교회에서는 우리의 신앙을 확인하기가 어렵습니다. 교회에서는 모든 사람의 신앙이 좋아 보이기 때문입니다.

월요일 아침에 우리의 신앙을 가장 정확하게 확인할 수 있습니다. 직장과 가정, 학교에서 드러나는 민낯을 통해 신앙의 상태를 알 수 있습니다. 일상 생활에서 나누는 부부의 대화 가운데서 하나님을 어떻게 표현합니까? 일상 가운데 하나님은 어디에 계십니까? 우리의 신앙은 어디에 있습니까? 일상에서 튀어나온 말을 통해 우리의 신앙을 확인할 수 있습니다.

─────── **모든 공간에 계시는 하나님**

하나님은 귀가 밝으십니다. 듣지 못하는 것이 없습니다. 사람들은 비밀을 얘기하면서 아무에게도 말하지 말라고, 둘만 알자고 신신당부합니다. 그런데 둘만 아는 비밀은 없습니다. 하나님이 듣고 계시기 때문입니다. 아무리 작은 소리로 이야기해도 하나님은 모든 것을 듣고 계십니다.

하나님은 분명히 들으십니다(3:16). 여호와를 경외하는 자들의 말을 들으십니다. 그들의 대화 주제는 무엇입니까? 하나님입니다. 그들은 하나님을 경외하는 것에 대해 말합니다.

하나님은 우리의 이야기를 청취하고 녹음하고 녹취하시기 때문에 우리가 말한 것은 사라지지 않습니다. 그대로 남습니다. 그러므로 일상의 대화는 매우 중요합니다. 우리는 주일에 예배드릴 때만이 아니라 일상 속에서 우리의 신앙을 확인해야 합니다.

많은 사람이 하나님을 구약의 하나님으로만 생각합니다. 성전에 계시는 하나님, 특정한 공간에만 계시는 하나님으로 생각합니다. 하나님이 계신 성전에서만 그분을 만날 수 있다고 여깁니다. 그래서 성전에서 제의적 의식을 끝낸 이후에는 하나님과 상관없이 자기 마음대로 해도 된다고 생각합니다.

구약성경에 보면 하나님은 성전에 갇혀 계시는 분이 아닙니다. 그런데 사람들은 그렇게 생각하고 행동했습니다. 하나님은 일정한 곳에만 계시는 분이 아닙니다. 하나님은 모든 공간에 계십니다.

예전에 어느 가정을 심방했을 때의 일입니다. 거실에서 예배를 드렸는데, 예배를 마친 뒤 그 집의 주인 집사님이 "목사님, 아이들의 방에서 한 번 더 기도해주세요"라고 말했습니다.

하나님은 무소부재(無所不在)하십니다. 하나님이 계시지 않는 곳은 없습니다. 이것은 하나님의 중요한 속성입니다. 운전할 때도, 서재에 있을 때도, 일터에 있을 때도, 학교에 있을 때도, 집에서 멀리 떨어진 곳에 있을 때도 하나님은 늘 함께하십니다.

내가 주의 영을 떠나 어디로 가며 주의 앞에서 어디로 피하리이까 내가 하늘에 올라갈지라도 거기 계시며 스올에 내 자리를 펼지라도 거기 계시니이다 내가 새벽 날개를 치며 바다 끝에 가서 거주할지라도 거기서도 주의 손이 나를 인도하시며 주의 오른손이 나를 붙드시리이다 **시 139:7-10**

하나님의 시선을 피할 수 있는 곳은 없습니다. 그러므로 우리는 매일 삶의 자리에서 자기 신앙의 현주소를 확인해야 합니다.

하나님은 광야 떨기나무 가운데서 모세를 부르시고 "네가 선 곳은 거룩한 땅이니 네 발에서 신을 벗으라"(출 3:5)고 말씀하셨습니다.

신약시대에는 거룩한 곳이 따로 구분되어 있지 않습니다. 우리가 성전이기 때문입니다. 그러므로 삶의 모든 자리에서 하나님의 임재를 경험해야 합니다.

─────── **입술과 말로 짓는 죄**

말을 통해 우리의 신앙이 드러납니다. 자신도 모르게 무심코 내뱉는 말 속에 불신앙적 요소가 숨어 있습니다. 하나님은 일상에서 우리가 말하는 것에 귀를 기울이십니다. 그러므로 신앙생활을 하는 우리에게 말은 매우 중요합니다. 말로 신앙의 성공과 실패가 결정됩니다.

예수님은 바리새인들을 향해 "독사의 자식들아 너희는 악하니 어떻게 선한 말을 할 수 있느냐 이는 마음에 가득한 것을 입으로 말함이라"(마 12:34)고 말씀하셨습니다. 자신이 하는 말의 수준을

다시, 새롭게

능가할 수 없습니다. 말이 곧 삶입니다. 말이 그 사람의 품격, 실력, 신앙을 드러냅니다. 그러므로 언어의 변화가 신앙의 변화라고 할 수 있습니다.

> 기록된 바 의인은 없나니 하나도 없으며 깨닫는 자도 없고 하나님을 찾는 자도 없고 다 치우쳐 함께 무익하게 되고 선을 행하는 자는 없나니 하나도 없도다 그들의 목구멍은 열린 무덤이요 그 혀로는 속임을 일삼으며 그 입술에는 독사의 독이 있고 그 입에는 저주와 악독이 가득하고 그 발은 피 흘리는 데 빠른지라 **롬 3:10-15**

인간의 악은 입, 혀, 목구멍, 입술을 통해 나타납니다. 말을 통해 하나님과의 관계를 확인할 수 있습니다. 하나님과의 관계가 깨어지면 언어도 뒤틀립니다. 그러므로 우리의 언어를 바꾸려면 하나님과의 관계가 회복되어야 합니다.

성경에 보면 말의 영향력에 대한 말씀이 많습니다. "죽고 사는 것이 혀의 힘에 달렸나니 혀를 쓰기 좋아하는 자는 혀의 열매를 먹으리라"(잠 18:21). 무서운 말씀입니다.

사람들은 살아가면서 많은 죄를 짓지만, 그중 입술과 말로 짓는 죄가 가장 많습니다. 사실 그리스도인들이 몸으로, 행동으로 죄를 짓는 경우는 많지 않습니다. 우리는 원망하고 불평할 때가 많은데, 원망과 불평은 언어 생활에서 실패하게 만듭니다.

말라기 시대는 사람들의 원망과 불평이 쌓여 있었습니다. 사실 포로 생활에서 귀환한 이후 이스라엘 백성의 형편은 아주 열악했습니다. 70년간의 포로 생활을 마치고 돌아왔으니 어떠했겠습니까. 모든 땅이 훼파되어 그 황폐한 땅을 복구하는 데도 오랜 시간이 걸렸습니다. 성전을 재건했지만, 이전에 비해 초라했습니다. 이처럼 이스라엘 백성의 삶은 모든 면에서 열악했습니다. 그러다 보니 백성들의 마음에 원망이 생기게 되었습니다.

광야를 떠돌아다닌 이스라엘 백성의 역사는 원망과 불평의 역사라고 말할 수 있습니다. 그들은 원망하고 불평하다가 광야에서 죽었습니다.

성경은 "이스라엘 자손 온 회중이 그 광야에서 모세와 아론을 원망하여 이스라엘 자손이 그들에게 이르되 우리가 애굽 땅에서 고기 가마 곁에 앉아 있던 때와 떡을 배불리 먹던 때에 여호와의 손에 죽었더라면 좋았을 것을 너희가 이 광야로 우리를 인도해 내어 이 온 회중이 주려 죽게 하는도다"(출 16:2-3)라고 말씀합니다. 이스라엘 백성은 지도자인 모세와 아론을 원망했지만, 그 속에는 하나님에 대한 원망이 깔려 있었습니다.

원망을 간단하게 생각해서는 안 됩니다. 원망은 죄인의 악습입니다. 이스라엘 백성은 왜 하나님을 원망했습니까? 현실이 기대한 것에 미치지 못했기 때문입니다. 이스라엘 백성은 자신들에게 그런 현실을 허락한 이가 하나님이시라고 생각했습니다. 그래서 차라리 애굽에 있을 때가 나았다고 말하면서 하나님을 원망했습니다. 이것은 하나님이 간섭하지 않으셨을 때가 훨씬 더 나았다는 뜻입니다.

다시, 새롭게

본문에 보면 "이는 너희가 말하기를 하나님을 섬기는 것이 헛되니 만군의 여호와 앞에서 그 명령을 지키며 슬프게 행하는 것이 무엇이 유익하리요 지금 우리는 교만한 자가 복되다 하며 악을 행하는 자가 번성하며 하나님을 시험하는 자가 화를 면한다 하노라 함이라"(3:14-15)고 기록되어 있습니다.

이것은 "예수 믿지 않는 사람이 더 잘 사네. 악을 행하는 사람이 더 잘 살잖아. 하나님을 믿으면 뭐해. 안 믿는 게 차라리 더 낫겠어. 하나님의 말씀을 지킨다고 지켰지만 결과가 고작 이것이라니. 하나님 없이 사는 것이 더 낫지 않나"라는 뜻입니다.

하나님을 믿으면서 열심히 십일조를 드리고 헌신했음에도 형편이 나아지지 않으면 원망하는 마음이 생깁니다. 이 말에 분명 공감하는 사람이 있을 것입니다. 현실의 상황이 자신이 기대한 것보다 좋지 않을 때, 기도한 대로 이루어지지 않을 때, 현실이 말씀과 점점 멀어질 때 우리의 마음에 원망과 불평이 생깁니다. 마음이 식어버립니다. 하나님과의 관계가 꼬이기 시작합니다.

이스라엘 백성이 놓친 것은 무엇입니까? 그들은 모든 어려움이 자신들의 불신앙에서 기인했다는 사실을 알지 못했습니다. 이스라엘 백성은 하나님을 원망할 것이 아니라 자신들이 무엇을 잘못했는지 깨닫고 하나님께로 돌이켜야 했습니다.

연단이 오면 그것을 잘 통과해야 합니다. 그리고 힘들 때 말을 조심해야 하는데, 이때 감정의 질이 좋지 않기 때문입니다. 감정의 질이 좋은 때가 있고 나쁜 때가 있습니다. 행복한 때는 감정의 질이 좋습니다. 우리는 감정의 질이 좋지 않을 때 말로 죄를 지을 수 있으므로 힘들 때일수록 말을 적게 해야 합니다. 그리고 하나님께 물어야 합니다.

무익한 말을 내뱉지 말아야 합니다. 예수님은 "내가 너희에게 이르노니 사람이 무슨 무익한 말을 하든지 심판 날에 이에 대하여 심문을 받으리니 네 말로 의롭다 함을 받고 네 말로 정죄함을 받으리라"(마 12:36-37)고 말씀하셨습니다.

우리는 하고 싶은 말이 있어도 참는 것을 훈련해야 합니다. 입밖으로 내뱉은 말은 엎질러진 물과 같아서 다시 주워 담을 수 없습니다. 결국 우리는 자신이 말한 것으로 심판을 받습니다.

나의 반석이시요 나의 구속자이신 여호와여 내 입의 말과 마음의 묵상이 주님 앞에 열납되기를 원하나이다 **시 19:14**

다윗은 우리가 말하는 것뿐 아니라 마음이 품은 것까지 열납되기를 원한다고 기도했습니다.

이스라엘 백성은 가나안으로 가는 길에 광야를 통과해야 했습니다. 그런데 그들은 하나님을 원망하고 불평함으로써 광야를 통과하지 못했습니다. 이스라엘 광야를 통과하지 못하면 하나님의 백성으로 빚어질 수 없습니다.

우리는 자신의 삶에 주어진 것에 감사해야 합니다. 주어진 현실의 삶이 힘들어도 하나님이 우리에게 현실의 상황을 허락하신 데는 깊은 뜻이 있음을 믿어야 합니다. 그리고 하나님을 원망하거나 불평하기보다는 그분께 감사해야 합니다.

하나님은 곧장 우리를 가나안으로 데려가지 않으십니다. 반드시 광야를 통과하게 하십니다. 연단의 과정을 거치게 하십니다. 연단되는 동안 하나님은 우리의 교만을 깨뜨리고 오직 하나님만 의지하게 만드십니다.

원망과 불평은 하나님과의 관계를 악화시키지만 감사는 관계를 회복시킵니다. 그러므로 원망하고 불평하는 마음을 극복해야 하고 감사하는 마음을 가져야 합니다. 우리는 이것을 끊임없이 훈련해야 합니다. 감사하면 승리합니다. 감사할 때 천국을 경험할 수 있습니다. 신앙의 최고봉은 감사입니다.

사탄은 지금 일어난 상황에 우리를 몰두하게 합니다. 그러나 우리는 상황을 넘어 하나님의 구원을 보아야 합니다. 악인은 당장 형통해 보이지만 결국에는 망합니다. 지금 힘들어 보여도 하나님은 그 과정을 통해 하나님의 백성을 빚어 구원을 이루어내십니다. 합력하여 선을 이루십니다.

요셉의 삶에는 수많은 어려움과 고통이 있었습니다. 상황을 보면 원망하고 불평할 수밖에 없습니다. 그러나 하나님은 그 어려움과 고통을 통해 요셉을 애굽의 총리로 삼으셨습니다. 야곱 가(家)를 애굽으로 불러내셨습니다. 이스라엘 백성을 고센 땅에서 일으켜 열국을 구원하는 통로로 삼으셨습니다.

당신들은 나를 해하려 하였으나 하나님은 그것을 선으로 바꾸사 오늘과 같이 많은 백성의 생명을 구원하게 하시려 하셨나니 창 50:20

만약 요셉이 하나님을 원망하고 불평했다면 그는 하나님께 쓰임받지 못했을 것입니다.

바울은 "범사에 감사하라"(살전 5:18)고 했습니다. 범사에 감사하는 것은 무조건 감사하는 것입니다. 이해되지 않아도 감사하는 것입니다. 일단 감사부터 하는 것입니다. 무슨 일이 일어나든지 감사로 반응하기 바랍니다.

지금 아무리 생각해도 답이 나오지 않아도 일단 감사해야 합니다. 하나님은 우리의 하나님이십니다. 어떤 악조건도 선으로 바꾸실 것입니다(롬 8:28).

─────── 전염성이 강한 냉소적이고 부정적인 말

말라기서에서 이스라엘 백성은 하나님께 냉소적으로 말했습니다. 마음이 꼬여 있으면 냉소적으로 말하게 됩니다.

냉소는 은근히 조소하고 비아냥거리는 태도를 말합니다. 냉소적인 말은 공동체에 부정적 영향을 끼칩니다. 공동체의 분위기를 냉각시킵니다. 자신도 하지 않을 뿐 아니라 남도 하지 못하게 합니다. 부정적 분위기를 확산시키고 분위기를 부정적으로 몰아갑니다.

가나안 정탐을 마치고 돌아온 열두 명의 정탐꾼 가운데 열 명은 공동체를 혼란 속에 빠뜨리는 보고를 했습니다(민 14:36-38). 가나안 땅에 들어가는 것은 꿈도 꾸지 말라고 했습니다. 그런데 그들은 다 죽었습니다.

냉소적인 말은 부정적 영향을 끼치기 때문에 냉소적으로 말하는 사람이 주변에 있다면 피하기 바랍니다. 전혀 도움이 되지 않

다시, 새롭게

습니다. 부정적인 말은 독감이 전염되듯 빨리 전염됩니다. 여리고를 점령할 때 하나님은 이스라엘 백성에게 여리고 성 주위를 돌라고 말씀하셨습니다. 그때 여호수아는 백성들에게 "너희는 외치지 말며 너희 음성을 들리게 하지 말며 너희 입에서 아무 말도 내지 말라"(수 6:10)고 말했습니다.

오늘날 우리 사회에도 냉소적인 모습이 많습니다. 이것은 죄성에서 나오는 것입니다. 냉소적인 말을 유머라고 말하기도 하는데 사실은 놀리는 것입니다. 살살 웃으며 약을 올리는 것입니다.

냉소적인 사람은 사람이나 사물을 보는 관점이 왜곡되어 모든 것을 부정적인 시선으로 봅니다. 하나님에 대해 냉소적인 사람은 그 태도 안에 불신앙이 있습니다. 그래서 하나님을 위해 어떤 것도 시도하지 않습니다. 하나님께 마음이 닫혀 있습니다. 하나님을 신뢰하지 않습니다. 하나님의 은총에 대해 눈이 닫혔습니다. 그래서 부정적으로 말하는 것입니다. 이런 사람은 불행하게 살 수밖에 없습니다.

냉소적인 태도를 고치지 않으면 하나님께 쓰임받을 수 없습니다. 그러므로 우리는 긍정적인 언어를 회복해야 합니다. 희망의 언어, 믿음의 언어를 사용해야 합니다. 사람을 볼 때 약점을 보지 말고 강점을 보아야 합니다. 어두운 면을 보지 말고 밝은 면을 보아야 합니다. 과거를 보지 말고 미래를 보아야 합니다. 자녀의 현재 모습을 보면 안타까울 때가 있습니다. 그러나 자녀의 미래를 생각하면 가슴이 뜁니다.

말의 실패는 하나님에 대한 상처에서 나옵니다. 그러므로 하나님과의 관계를 풀어야 합니다. 하나님에 대한 시각을 교정해야 합니다. 이스라엘 백성은 하나님과의 관계가 꼬여 있어 하나님을 대적했습니다.

우리는 쉽게 삶의 결론을 내려서는 안 됩니다. 지금 힘들다고 '하나님이 나를 사랑하지 않으시나'라고 생각해서는 안 됩니다. 사고가 일어났을 때 '하나님이 나를 버리셨나'라고 생각해서는 안 됩니다.

상처의 명약은 십자가입니다. 하나님이 우리를 얼마나 사랑하시는지 깊이 경험하면 하나님에 대한 오해가 풀립니다. 십자가를 경험하면 모든 의문이 풀립니다. 십자가 앞으로 나아가면 하나님의 사랑에 젖습니다.

우리 입에서 좋지 않은 말이 나오는 것은 하나님과의 관계가 뒤틀려 있기 때문입니다. 그러나 십자가 앞에 나아가 하나님의 사랑을 충분히 경험하면 우리 입에서 원망과 불평이 사라지고 사랑의 언어가 나옵니다.

죄악 가운데 있던 우리를 구원하신 하나님의 사랑을 깨닫게 되면 다른 사람을 바라볼 때도 '나를 바꾸신 하나님은 저 사람도 바꾸실 수 있다'라는 믿음으로 바라보게 됩니다. 그렇게 될 때 우리 입에서 불평이 새어나오지 않고 감사가 흘러나옵니다.

─────── **언어의 중심**

영적 대화를 훈련해야 합니다. 이스라엘 백성에게는 하나님을 대적하는 마음이 있어 그들의 대화에 하나님이 배제되었습니다.

다시, 새롭게

우리는 영적 대화를 나누고 있습니까? 우리의 대화 가운데서 하나님이 많이 언급됩니까, 돈이 많이 언급됩니까? 날마다 돈에 대해 이야기한다면 그것은 하나님을 대적하는 것입니다. 모든 것을 돈으로 해석하는데, 그 속에 하나님이 계시겠습니까! 우리가 나누는 대화 가운데 하나님이 계시지 않는데, 그분이 우리의 왕이시라고 말할 수 있습니까!

자신도 모르게 불평한다면 영적으로 문제가 있는 것입니다. 대화 가운데서 하나님을 높이기 바랍니다. 하나님을 의식하기 바랍니다. 하나님을 인정하기 바랍니다. 일상의 대화가 사람과 사람의 대화로 끝나서는 안 됩니다. 그 대화 가운데 하나님을 높이고 경외하는 언어가 나타나야 합니다.

종교개혁자 장 칼뱅(John Calvin)은 비 오는 것을 보며 "하나님이 비를 내리시네"라고 말했습니다. 모든 사건과 사물, 일 가운데 하나님을 모셔 와야 합니다. 하나님의 임재 가운데서 하나님의 관점으로 말해야 합니다. 하나님을 높여드려야 합니다. 하나님께 감사해야 합니다.

하나님이 대화의 주인공이 되시면 비난하는 말을 할 수 있겠습니까. 뒷담화를 할 수 있겠습니까. 그리스도인은 뒷담화를 해서는 안 됩니다.

우리는 말잔치로 시간을 보내서는 안 됩니다. 하나님은 말하는 것보다 두 배로 많이 들으라고 사람에게 하나의 입과 두 개의 귀를 주셨습니다.

내 사랑하는 형제들아 너희가 알지니 사람마다 듣기는 속히 하고 말하기
는 더디 하며 성내기도 더디 하라 **약 1:19**

하나님의 음성을 들으려면 침묵하는 훈련을 해야 합니다. 입
을 닫아야 합니다. 말하면서 하나님의 음성을 들을 수는 없습니
다. 하나님의 음성을 들으려면 입을 닫아야 합니다.

말씀을 묵상하려면 듣는 것에 집중해야 합니다. 그러므로 언
어의 중심은 말이 아니라 침묵입니다. 침묵할 줄 모르는 사람은
말할 줄 모르는 것입니다. 침묵하지 않는 사람의 말은 들을 필요
도 없습니다.

오늘날은 말의 홍수 시대입니다. 미디어를 통해 말이 홍수처
럼 쏟아져 나오는데 정작 마실 물이 없습니다. 쓸데없이 말을 많
이 하고 나면 머리가 아픕니다. 이때는 마음이 곤고해집니다. 다
른 사람을 실컷 욕하고 나면 속이 시원한 것 같지만 잠시뿐입니
다. 이내 마음이 허전해집니다. 영혼이 빈털터리가 되었기 때문
입니다.

침묵을 배우면 안식이 옵니다. 말할 때는 영혼이 혼란한데, 잠
잠히 있으면 안식이 옵니다. 말할 때는 영혼의 평온을 경험할 수
없습니다. 그러나 아무것도 하지 않고 잠잠히 있으면 영혼이 평
온해져 영적으로 회복됩니다.

물론 처음부터 이렇게 되는 것은 아닙니다. 훈련이 필요합니
다. 잠잠히 있으면 속에 불이 나는 사람이 있습니다. 침묵하는 것
이 훈련되지 않았기 때문입니다.

다시, 새롭게

살아가는 동안 우리는 하나님을 높여드리는 말을 해야 합니다. 우리의 말 가운데 원망과 불평이 사라져야 합니다. 냉소적인 언어가 사라져야 합니다. 우리는 하나님을 온전히 높여드려야 합니다. 그렇게 할 때 대화를 들으시는 주님이 우리의 말을 통해 영광을 받으실 것입니다.

Part 4

시간을

새롭게.

15 ───

나의 특별한 소유

16 그때에 여호와를 경외하는 자들이 피차에 말하매 여호와께서 그것을 분명히 들으시고 여호와를 경외하는 자와 그 이름을 존중히 여기는 자를 위하여 여호와 앞에 있는 기념책에 기록하셨느니라

17 만군의 여호와가 이르노라 나는 내가 정한 날에 그들을 나의 특별한 소유로 삼을 것이요 또 사람이 자기를 섬기는 아들을 아낌같이 내가 그들을 아끼리니

18 그때에 너희가 돌아와서 의인과 악인을 분별하고 하나님을 섬기는 자와 섬기지 아니하는 자를 분별하리라

──────── **말라기 3:16-18**

찬송을 부르고 기도하는 것을 신앙이라고 생각하기 쉬운데, 일상에서 소소하게 나누는 대화 역시 하나님 앞에서 행해지는 것입니다. 우리의 모든 행위는 하나님 앞에서 행해집니다. 그러므로 모든 행위는 우리의 신앙이요, 예배라고 할 수 있습니다. 일상의 신앙이 매우 중요합니다.

앞선 말씀에서 하나님은 대적하는 이스라엘 백성의 대화를 들으셨습니다. 그리고 본문에 보면 하나님은 그분을 경외하는 자들의 말을 들으신다고 했습니다. 여기서 우리는 '경외'라는 단어에 주목해야 합니다. 경외는 무서움이나 공포가 아닌 두려움을 뜻합니다. 하나님의 주권과 영광을 느끼는 거룩한 두려움입니다. 하나님의 주권과 위엄, 권세 앞에서 느끼는 거룩한 두려움을 뜻합니다. 여기에는 하나님에 대한 사랑도 포함되어 있습니다.

두려움과 사랑은 공존합니다. 우리는 하나님을 사랑하는 동시에 두려워하는 마음도 있습니다. 이 두 마음이 공존하는 것이 경외입니다. 하나님을 경외하는 사람들의 대화에는 그분에 대한 사랑과 존중이 있었습니다.

─────── **인간의 본분, 인간의 존재 목적**

왜 이스라엘 백성은 함량 부족의 거짓된 제물을 하나님께 드렸습니까? 왜 온전하지 않은 십일조를 하나님께 드렸습니까? 왜 하나님을 대적하는 말을 했습니까? 답은 하나입니다. 이스라엘 백성에게 하나님을 두려워하는 마음이 없었기 때문입니다. 두려워하는 마음이 없는 사람은 고삐 풀린 망아지와 같습니다.

하나님을 경외하는 마음, 하나님을 두려워하는 마음은 구약시대에 이스라엘 백성의 신앙을 뒷받침하는 가장 강력한 힘입니다. 그들이 하나님을 두려워했을 때는 아무 문제가 없었습니다. 그러나 하나님을 두려워하는 마음이 사라지자 모든 것이 무너지고, 영적으로 타락했습니다.

> 이스라엘아 네 하나님 여호와께서 네게 요구하시는 것이 무엇이냐 곧 네 하나님 여호와를 경외하여 그의 모든 도를 행하고 그를 사랑하며 마음을 다하고 뜻을 다하여 네 하나님 여호와를 섬기고 내가 오늘 네 행복을 위하여 네게 명하는 여호와의 명령과 규례를 지킬 것이 아니냐 **신 10:12-13**

하나님은 이스라엘 백성에게 가장 먼저 하나님을 경외하라고 말씀하셨습니다. 먼저 하나님을 경외해야 하나님의 도를 행할 수 있습니다. 그러지 않으면 하나님의 말씀에 순종할 수 없습니다. 하나님을 경외하는 마음은 신앙을 이끌어가는 힘입니다.

하나님을 경외하는 것이 사람의 본분이요, 사람의 존재 목적입니다(전 12:13). 우리는 하나님을 경외하도록 창조되었으므로 그분을 경외하지 않는 것은 사람의 본분을 망각하는 것입니다.

사도행전 5장에 보면 아나니아와 삽비라 부부가 소유를 팔아 그 값에서 얼마를 감추고 나머지를 하나님 앞에 가지고 왔습니다. 그런데 그들은 전부를 드린 것처럼 위장했습니다. 이 사건으로 말미암아 부부는 죽고 말았습니다.

당시에는 성령의 역사가 강력하게 일어나 하나님을 알지 못했던 사람들까지 두려움을 느꼈습니다. 성령의 거룩하심 앞에 두려워하며 떨 수밖에 없었습니다. 이런 시대에 공동체 안에서 하나님을 속이는 일이 일어난 것입니다. 아나니아와 삽비라 부부는 성령의 역사가 강력하게 일어나 하나님을 두려워하던 시대에 전혀 두려워하지 않고 엄청난 죄를 저질렀습니다. 그래서 하나님은 그들을 혹독하게 심판하셨습니다.

성경은 "아나니아가 이 말을 듣고 엎드러져 혼이 떠나니 이 일을 듣는 사람이 다 크게 두려워하더라"(행 5:5)고 말씀합니다. 오늘날에는 이런 일이 일어나지 않습니다. 그러나 이 사건은 우리에게 분명한 메시지를 줍니다.

부흥이 일어날 때, 하나님의 임재를 강하게 느낄 때 사람들에게 두려움이 있습니다. 하나님에 대한 경외심이 있습니다. 하나님에 대한 두려움이 있을 때 거짓과 허세가 사라집니다. 경박스러움이 사라집니다.

하나님의 일에 참여하는 사람은 주의해야 합니다. 하나님 앞에서 귀중한 일을 하면서도 익숙하게 하다 보면 가볍게 행동할 수 있습니다. 두려워하는 마음이 없기 때문입니다. 그러면 대형 사고가 터집니다. 하나님의 일을 하는 사람은 평생 하나님을 두려워하는 마음을 가지고 있어야 합니다.

엘리 제사장의 두 아들은 거룩함으로 가득 차 있는 곳이요, 하나님의 임재를 상징하는 곳인 성전을 놀이터로 삼았습니다. 그들은 거룩을 거룩으로 여기지 않았습니다. 두려워해야 할 하나님을 두려워하지 않았습니다. 그리하여 비극적인 최후를 맞았습니다.

성경은 "엘리의 아들들은 행실이 나빠 여호와를 알지 못하더라"(삼상 2:12)고 말씀합니다. 하나님을 알지 못하면 그분을 두려워할 이유가 없습니다. 엘리 제사장은 두 아들에게 하나님을 두려워하는 마음을 심어주지 못했던 것입니다. 하나님을 믿지 않으면 그분을 두려워하지 않습니다(롬 3:18). 그래서 악인은 하나님을 전혀 두려워하지 않습니다.

─────── **하나님을 의식하는 삶**

엘라 골짜기에서 골리앗과 싸운 다윗을 생각해 봅시다. 이스라엘 군대는 블레셋의 골리앗을 두려워했습니다. 그러나 다윗은 달랐습니다. 그는 할례받지 못한 적장이 하나님의 이름을 모욕하는 것을 참을 수가 없었습니다.

사울을 위시한 이스라엘 군대는 골리앗을 두려워했지만 다윗은 하나님을 두려워했습니다. 하나님에 대한 두려움이 골리앗이라는 존재에 대한 두려움을 압도했습니다. 다윗은 어렸을 때부터 하나님을 경외하는 법을 배웠습니다. 그는 참으로 두려워해야 하는 대상이 누구인지 정확하게 알았습니다.

하나님을 경외하는 사람은 어떻게 살아야 합니까? 항상 하나님을 의식하며 살아야 합니다. 하나님은 우리가 무엇을 하든지 보고 계십니다. 우리는 늘 이것을 기억해야 합니다. 하나님은 땅 끝까지 보고 계십니다.

하나님은 우리가 말하는 것을 들으십니다. 우리가 거짓말을 하든 소곤소곤 이야기하든 사람을 비난하든 원망하든 들으십니

다시, 새롭게

다. 혼자 중얼거리는 것도 들으십니다.

하나님은 우리의 머릿속에 스쳐 지나가는 생각까지도 다 아십니다. 다윗의 밧세바 사건이 바로 그것입니다. 이 사건은 은밀하게 진행되었습니다. 다윗은 자신의 권력을 이용해 죄의 흔적을 말끔히 지우려 했고, 죄의 흔적을 다 지워졌다고 생각해 아무 일도 없었던 것처럼 행동했습니다.

시간이 흘렀습니다. 어느 날 나단 선지자가 다윗을 찾아왔습니다. 그러나 그가 놓친 것이 있었습니다. 하나님의 눈은 가리지 못했습니다. 사실 하나님의 눈을 가리는 것은 불가능합니다. 하나님의 눈을 가리는 다윗의 손보다 그분의 눈이 더 크기 때문입니다.

직장에서 상사보다 하나님을 더 의식해야 합니다. 사장이 직원을 대할 때도 마찬가지입니다. 하나님을 더 의식해야 합니다. 교회에서 봉사할 때도 사람의 눈을 의식하는 것이 아니라 하나님을 의식해야 합니다.

하나님을 의식하는 것이 신앙의 핵심입니다. 이것을 놓치면 외식주의자가 될 수 있습니다. 위선을 행하게 됩니다. 사람을 의식하는 순간 위선자가 될 수 있습니다. 지도자의 위치에 있으면 이것이 더 어렵습니다. 하나님은 위선을 싫어하십니다. 그래서 산상수훈에서 예수님은 계속 은밀한 중에 보시는 하나님 앞에서 하라고 말씀하셨습니다(마 6:4, 6, 18).

우리는 하나님을 경외하는 법을 가장 먼저 배워야 합니다. 하나님을 경외하는 것이 지식의 근본이기 때문입니다(잠 1:7). 세상의 학문을 통달했어도 하나님을 경외하지 않는다면 세상의 지식은 아무 소용없습니다. 오히려 세상의 지식으로 교만해질 수 있고, 심지어 사람을 죽일 수도 있습니다. 성경은 "지혜가 많으면 번뇌도 많으니 지식을 더하는 자는 근심을 더하느니라"(전 1:18)고 말씀합니다.

부모는 자녀에게 하나님을 두려워하는 법, 경외하는 것을 가르쳐야 합니다. 아이가 하나님을 두려워한다면 그 아이에 대해 걱정할 것이 없습니다.

부모가 언제까지 아이를 따라다니겠습니까. 부모가 자녀를 따라다니려고 해도 더 이상 따라다닐 수 없는 때가 있습니다. 부모가 어떻게 할 수 없는 때가 옵니다. 그러므로 아이에게 하나님을 두려워하는 법을 가르쳐야 합니다.

부모가 하나님보다 아이의 성적을 더 중요하게 생각한다면 아이는 하나님을 두려워하기 어렵습니다. 부모가 주일에 예배드리는 것보다 더 중요하게 여기는 것이 있는데, 아이가 하나님을 두려워하겠습니까. 부모가 하나님께 기도하며 문제를 해결하기보다 돈으로 문제를 해결하려고 한다면 아이는 하나님보다 돈을 더 중요하게 생각할 것입니다.

성경은 "너희 자녀들아 와서 내 말을 들으라 내가 여호와를 경외하는 법을 너희에게 가르치리로다"(시 34:11)라고 말씀합니다. 부모는 자녀에게 하나님이 계신 것과 그분을 두려워해야 한다는 것을 가르쳐야 합니다. 이것이 최고의 가르침입니다. 하나님을 두려워하는 법을 가르치려면 자녀에게 그분을 두려워하는 모습을 보여줘야 합니다.

본문에 보면 "여호와를 경외하는 자와 그 이름을 존중히 여기는 자를 위하여 여호와 앞에 있는 기념책에 기록하셨느니라"(3:16)고 기록되어 있습니다. 하나님은 분명히 들으십니다. 흘려듣지 않으십니다. 집중하여 들으십니다. 하나님은 들으신 것으로 끝내지 않으십니다. 하나님 앞에 있는 기념책에 기록하십니다.

하나님은 왜 귀 기울여 들으십니까? 왜 분명히 들으십니까? 하나님은 심판주이시므로 분별해야 하기 때문에 귀 기울여 들으십니다. 하나님은 그냥 벌을 주거나 상을 주시는 분이 아닙니다. 하나님은 정확하십니다. 세상의 법정도 대충 판단하지 않는데, 하나님의 법정에서는 어떻겠습니까!

─────── **하나님의 특별한 소유 삼으시다**

성경에 보면 하나님의 책에 대한 기록이 많습니다. 하나님이 그분을 경외하는 자와 그분의 이름을 존중히 여기는 자를 위해 기념책에 기록하시는 이유는 무엇입니까? 그들을 축복하시기 위해서입니다.

하나님을 경외하는 자들에 대한 축복이 무엇입니까? 본문에 보면 "나는 내가 정한 날에 그들을 나의 특별한 소유로 삼을 것이요 또 사람이 자기를 섬기는 아들을 아낌같이 내가 그들을 아끼리니"(3:17)라고 기록되어 있습니다.

하나님은 그분을 경외하는 자와 그분의 이름을 존중히 여기는 자를 특별하게 대우하십니다. 존중하십니다. 하나님을 하나님으로 온전히 대우해드린 것에 대한 보상은 충분히 주어집니다. 하나님은 기억력이 비상하십니다. 하나님은 잊지 않으십니다. 그럼에도 하나님은 기념책을 만드셨습니다. 기념책에 기록된 것은 의심할 여지가 없습니다.

하나님은 하나님을 경외하는 사람을 그분의 특별한 소유로 삼으십니다. 여기서 '소유'는 보배, 보석이라는 뜻이 있습니다. 이것은 아무에게나 사용하는 말이 아닙니다.

보배는 흔하지 않습니다. 아주 귀중한 것입니다. 하나님은 우리에게 "너희는 나의 특별한 보배다"라고 말씀하십니다. 사람들은 보석을 아무렇게나 던져두지 않습니다. 특별하게 다룹니다.

옛날에는 왕들이 보석 박힌 왕관을 썼습니다. 왕의 영광을 드러내기 위해 그 나라에서 최고로 좋은 보석을 수집하여 왕관을 꾸몄습니다. 왕은 최고의 것을 골라 자신의 영광을 드러내는 데 사용했습니다.

이스라엘은 하나님께 그런 존재였습니다. 하나님은 이스라엘을 특별한 보배로 여기셨습니다. 그리고 모든 민족 가운데 뛰어난 민족으로 삼으셨습니다.

> 세계가 다 내게 속하였나니 너희가 내 말을 잘 듣고 내 언약을 지키면 너희는 모든 민족 중에서 내 소유가 되겠고 **출 19:5**

하나님의 소유가 된다는 것은 하나님이 특별히 보호하시겠다는 뜻입니다.

우리가 하나님을 두려워하고 존경하고 경외한 것에 대해 하나

다시, 새롭게

님은 엄청난 사랑으로 반응하십니다. 우리가 저항할 수 없을 만큼 거대한 사랑으로 반응하십니다.

주를 두려워하는 삶은 복을 쌓는 것입니다(시 31:19). 하나님을 경외하는 자에게는 하나님이 주시는 축복이 쌓여 있습니다. 하나님을 경외하는 사람은 복이 있습니다(시 128:1).

그러므로 우리 삶에서 하나님을 경외하는 것을 놓치지 말아야 합니다. 하나님을 두려워하는 마음을 가지고 살아가는 것 자체가 복입니다. 이는 하나님이 쌓아 두신 은혜를 누리는 것입니다.

본문에 보면 "그때에 너희가 돌아와서 의인과 악인을 분별하고 하나님을 섬기는 자와 섬기지 아니하는 자를 분별하리라"(3:18)고 기록되어 있습니다. 하나님이 분별하시는 날이 반드시 옵니다. 하나님은 의인과 악인을 분별하십니다. 하나님을 섬기는 자와 하나님을 섬기지 않는 자를 분별하십니다. 하나님을 경외하는 자와 하나님을 경외하지 않는 자를 분별하십니다.

우리가 하나님을 두려워하는 것은 그분의 심판과 연결됩니다. 사실 죽음은 일종의 심판입니다. 언젠가 우리는 하나님의 심판대 앞에 서게 됩니다. 그러므로 하나님의 심판을 의식하고 사는 사람은 그분을 두려워할 수밖에 없습니다.

모든 민족을 그 앞에 모으고 각각 구분하기를 목자가 양과 염소를 구분하는 것같이 하여 양은 그 오른편에 염소는 왼편에 두리라 그때에 임금이 그 오른편에 있는 자들에게 이르시되 내 아버지께 복 받을 자들이여 나아와 창세로부터 너희를 위하여 예비된 나라를 상속받으라 마 25:32-34

심판의 날에는 중립지대가 없습니다. 모든 것이 나누어집니다. 어느 쪽이든 선택해 서야 합니다. 그러므로 우리는 하나님 앞에서 우리의 정체성을 분명히 해야 합니다. '나는 누구인가' '나는 어디에 서 있는가'를 분명히 해야 합니다.

우리는 회색지대에 서 있을 수 없습니다. 자신의 입장을 분명히 정리해야 합니다. 둘 사이에서 머뭇거려서는 안 됩니다. 경계선을 밟고 애매하게 서 있지 말아야 합니다.

─────── 경외와 두려움으로

여호수아는 자신에게 주어진 사명을 다하고 백성들 앞에서 고별설교를 합니다.

> 이제는 여호와를 경외하며 온전함과 진실함으로 그를 섬기라 너희의 조상들이 강 저쪽과 애굽에서 섬기던 신들을 치워 버리고 여호와만 섬기라 만일 여호와를 섬기는 것이 너희에게 좋지 않게 보이거든 너희 조상들이 강 저쪽에서 섬기던 신들이든지 또는 너희가 거주하는 땅에 있는 아모리 족속의 신들이든지 너희가 섬길 자를 오늘 택하라 오직 나와 내 집은 여호와를 섬기겠노라 수 24:14-15

이것은 여호수아의 결의가 담긴 설교입니다. 여호수아는 삶을 마무리하면서 왜 이런 선포를 했을까요? 이것을 통해 당시 이스라엘의 영적 분위기를 알 수 있습니다. 이스라엘 백성은 이미 하나님을 떠났습니다. 그들은 이방 신들을 섬겼습니다. 배교의 시

다시, 새롭게

대가 시작되었습니다. 어둡고 불길한 징조가 이스라엘을 뒤덮고 있었습니다. 당시 이스라엘 백성은 가나안의 풍요로운 문화에 젖어 허우적거렸습니다.

핍박으로 말미암아 배교하는 경우도 있지만, 달콤한 세속적 유혹으로 말미암아 배교하는 경우도 있습니다. 지금 우리는 세속적인 시대를 살고 있습니다. 먹고 마시고 즐기는 문화가 만연해 있습니다. 이런 문화 안에는 음란함이 있습니다.

작은 죄의 유혹을 허용하면 거기서 모든 문제가 시작됩니다. 오늘날 신자들은 술 한 잔 정도는 괜찮다고 생각하지만, 작은 것을 통해 밀고 들어오는 죄의 영향력은 매우 강력합니다.

한국의 술 문화는 굉장히 무섭습니다. 술 한 잔은 한 잔으로 끝나지 않습니다. 한 잔이 두 잔 되고, 두 잔이 석 잔 됩니다. 술에 취하면 자신이 무슨 짓을 하는지도 인식하지 못합니다. 처음에는 사람이 술을 마시지만, 나중에는 술이 술을 마십니다.

탐욕과 허영, 성적 일탈, 가정 붕괴가 점점 가속되고 있습니다. 이 모든 것은 어디서 비롯되었습니까? 형식적인 예배, 무분별한 성찬의 참여에서 전조가 시작되었습니다. 사람들은 자기 마음대로 예배드리고 그것으로 만족합니다. 하나님의 영광에는 관심을 갖지 않습니다. 이미 우상숭배의 길로 접어들었고, 곁길로 빠졌습니다.

예배라는 이름을 가지고 있지만, 우상을 숭배하는 것입니다. 이런 외식적인 모습으로는 세속화의 유혹을 이겨낼 수 없습니다.

중세 교회가 급격히 타락했을 때 수도원운동이 일어났습니다.

세상이 너무 타락해서 세속으로부터 자신들을 보호하기 위해 격리된 공간을 만든 것이 수도원입니다. 그런데 수도원에 있는 사람들도 타락했습니다. 세상과 격리되어 있어도 하나님이 계시지 않는 곳에서는 타락할 수밖에 없습니다.

시대가 어두워지면 죄를 죄로 인식하지 못합니다. 죄를 죄로 인식하지 못하면 회개가 사라집니다. 사람들이 점점 완악해집니다. 그래서 우리 안에서 무슨 일이 일어나는지 인식하지 못한 채 망해 갑니다.

왜 회개가 희귀해졌습니까? 영적 어둠이 짙어졌기 때문입니다. 영적 어둠이 짙어지면 죄를 죄로 분별하지 못합니다. 이것은 하나님에 대한 두려움이 사라졌기 때문에 일어나는 현상입니다. 하나님을 두려워하지 않는 사람은 회개하지 않고, 회개하지 않으면 영적으로 회복될 수 없습니다.

배교의 시대를 사는 우리는 신앙의 고삐를 바짝 당겨야 합니다. 사탄이 벌이는 배교의 역사를 알아보는 눈이 열려야 합니다. 영적으로 민감해야 합니다.

하나님이 분별하시는 날은 반드시 옵니다. 그러므로 신앙생활을 애매모호하게 해서는 안 됩니다. 우리는 참으로 하나님을 두려워합니까? 하나님을 두려워하는 신자로 살아가기 바랍니다. 하나님을 존중하고 경외하며 살아갈 때 복된 인생을 살게 됩니다.

이스라엘의 하나님 나 여호와가 말하노라 내가 전에 네 집과 네 조상의 집이 내 앞에 영원히 행하리라 하였으나 이제 나 여호와가 말하노니 결단코 그렇게 하지 아니하리라 나를 존중히 여기는 자를 내가 존중히 여기고 나를 멸시하는 자를 내가 경멸하리라 **삼상 2:30**

하나님은 지금 이곳에 계십니다. 우리는 항상 이것을 의식하며 살아야 합니다. 혼자 있을 때도 이것을 의식해야 합니다. 무엇을 하든 하나님이 지금 이곳에 함께하신다는 것을 의식해야 합니다. 하나님을 존중하는 마음과 두려워하는 마음으로 살아간다면 하나님은 우리를 존중히 여기실 것입니다.

16 ——

그날이 오기 전에

1 만군의 여호와가 이르노라 보라 용광로 불같은 날이 이르리니 교만한 자와 악을 행하는 자는 다 지푸라기 같을 것이라 그 이르는 날에 그들을 살라 그 뿌리와 가지를 남기지 아니할 것이로되

———————— **말라기 4:1**

성경을 보면 '날'에 대한 말씀이 많이 나옵니다. 본문에 보면 "용광로 불같은 날이 이르리니" "그 이르는 날에"라고 기록되어 있습니다. 그리고 다음 말씀에 보면 "내가 정한 날에"(4:3), "여호와의 크고 두려운 날이 이르기 전에"(4:5)라는 표현이 나옵니다.

말라기서에는 종말에 대한 예언이 많습니다. 이것은 하나님의 심판의 메시지입니다. 하나님의 심판은 성경의 굵직한 주제 가운데 하나입니다.

창세기에 보면 아담과 하와가 범죄한 것에 대해 하나님이 심판하십니다. 그리고 노아의 홍수 심판이 나오는데, 이것은 하나님이 전 인류를 심판하신 것입니다. 성경에는 소돔과 고모라의 심판, 바벨탑 심판 등 하나님의 심판이 계속해서 나옵니다.

십자가는 죄에 대한 하나님의 심판입니다. 십자가 사건을 통해 하나님이 죄에 대해 얼마나 진노하시는지 알 수 있습니다. 우리는 하나님이 거룩하신 분임을 압니다. 하나님이 거룩하시다는 것은 그분이 죄에 대해 눈을 감지 않으신다는 뜻입니다.

레위기를 보면 구약시대에 이스라엘 백성은 성전에서 속죄의 제물을 바쳤습니다. 그러므로 대속죄일이 되면 짐승의 피가 얼마나 많이 나왔겠습니까. 제사장들의 옷에 늘 피가 묻어 있을 정도였습니다.

사람은 죄를 짓지 않는 날이 없습니다. 하나님의 속죄가 없으면 살 수가 없습니다. 그래서 사람이 제물을 바칠 때마다 짐승들이 죽어야 했습니다. 이것을 통해 인간이 악독하다는 것과 하나님의 심판이 얼마나 무서운지를 알 수 있습니다.

　구약시대에 선지자들은 심판의 메시지를 전했습니다. 세례 요한은 구약시대의 마지막 선지자로, 하나님의 심판이 임박했음을 선포했습니다.

　성경에 보면 심판에 대한 예언의 말씀은 매우 맹렬합니다. 본문에는 심판의 날을 가리켜 "용광로 불같은 날"이라고 표현했습니다. 세례 요한은 심판에 대해 선포하며 "쭉정이는 꺼지지 않는 불에 태우시리라"(마 3:12)고 말했습니다. 이처럼 하나님의 심판을 불에 비유한 경우가 많습니다.

　하나님은 백성을 연단할 때 불로 연단하십니다. 하나님이 불로 연단하시면 고통스럽습니다. 그러나 더 뜨거운 불에 타서 멸망하지 않게 하려고 하나님은 백성들을 불로 연단하십니다. 백성을 구원하기 위해 불을 사용하시는 것입니다. 그러므로 우리에게 고난과 시련이 많은 것은 축복입니다. 하나님의 연단을 통해 구원받는 것이 낫습니다. 하나님의 연단 없이 살다 보면 나중에 어마어마한 고통을 겪게 됩니다.

　불은 악인을 태웁니다. 흔적도 없이 사라지게 합니다. 그러므로 불은 악인에게는 재앙과 같고, 의인에게는 연단의 도구입니다. 본문에 나오는 불은 악인을 심판하는 불이며, 하나님의 맹렬한 진노를 뜻합니다. 지옥을 말할 때도 불에 비유하는데, 뜨거운 불이 계속 타는 곳이 지옥입니다.

　용광로 불의 화력은 엄청납니다. 모든 것을 녹여버립니다. 불이 지나간 자리에는 아무것도 남지 않습니다. 불은 모든 것을 살라버립니다. 본문에 보면 "만군의 여호와가 이르노라 보라 용광로 불같은 날이 이르리니 교만한 자와 악을 행하는 자는 다 지푸라기 같을 것이라 그 이르는 날에 그들을 살라 그 뿌리와 가지를 남기지 아니할 것이로되"(4:1)라고 기록되어 있습니다.

하나님이 심판하시면 남는 것이 없습니다. 모두 사라집니다. 그러므로 일말의 희망도 가질 수 없습니다. 하나님의 진노는 맹렬한 불처럼 모든 것을 끝내버리십니다. 하나님이 심판하시는 날이 점점 다가옵니다. 이것은 성경에 기록되어 있는 예언의 말씀입니다.

심판의 개념은 오늘날 우리 삶 가운데서 계속 작동되고 있습니다. 사람들은 이 단어를 굉장히 싫어합니다. 사람들은 심판을 부정하고 싶어 합니다. 외면하려고 합니다. 사람들이 심판을 부정하는 이유는 자기 마음대로 살고 싶기 때문입니다.

만약 심판이 없다면 모든 것이 무너집니다. 운전할 때 마음대로 운전하면 범칙금을 내게 됩니다. 이것이 가장 기본적인 심판이라고 할 수 있습니다. 당장은 아니라도 언젠가는 대가를 지불해야 합니다. 우리 일상 가운데서 심판은 계속 작동하고 있으며, 심판이 있기 때문에 세상이 돌아가는 것입니다.

───── 심판의 날은 구원의 날이다

본문에서는 크고 두려운 심판, 세상 끝날에 일어나는 심판을 말합니다. 세상 끝날은 그리스도의 날, 주의 날입니다.

그리스도께서 이 땅에 오시면 완전하고 확고한 심판이 있을 것입니다. 그날에는 숨을 곳이 없습니다. 달아날 수도 없습니다.

심판의 날이 하나님의 백성에게는 구원의 날입니다. 그러나 악한 사람에게는 징벌의 날, 멸망의 날입니다.

심판은 누구에게 임합니까? 교만한 자와 악을 행하는 자에게 임합니다. 여기서 교만한 자는 하나님의 자리에 앉아 있는 사람, 자기가 주인이 되어 살아가는 사람, 하나님의 존재를 부정하는 사람, 하나님을 반역하는 사람, 하나님을 멸시하고 대드는 사람입니다.

교만은 무서운 죄로, 결코 가볍게 여겨서는 안 됩니다. 우리는 자신이 죄인이요, 십자가의 은혜가 없으면 구원받을 수 없는 존재임을 인식해야 합니다. 우리는 교만할 수 없는 사람입니다.

악을 행한다는 것은 자기 마음대로 산다는 뜻입니다. 사람들은 하나님이 없다고 생각하기 때문에 자기 마음대로 삽니다. 자기 마음대로 사는 사람은 기준이 없습니다. 기준 자체를 무시하고 삽니다. 오늘 이 시대가 그렇습니다.

사람들은 죄라고 지적하면 왜 그것이 죄냐고 반문합니다. 악을 선이라고 주장합니다. 악을 선으로 여기고 그렇게 법을 만듭니다. 이것은 사회 전체가 타락했음을 뜻합니다. 우리는 이런 시대를 살고 있습니다.

사람들은 악을 선으로, 선을 악으로 여깁니다. 그리고 악을 행하며 삽니다. 이로 말미암아 도덕과 기준이 완전히 무너졌습니다. 사람들은 도덕과 기준을 만드신 하나님께 반항합니다. 이것이 악을 행하는 자의 모습입니다.

악을 행한다는 것은 적극적인 행위입니다. 악을 행하는 자는 하나님께 결사적으로 저항합니다. 하나님이 만드신 가장 기본적인 법, 규칙, 기준을 무시합니다. 하나님은 악인에 대한 징벌로써 심판을 통해 악인에게서 의인을 구해내십니다.

하나님의 진노를 빼면 그분의 구원을 설명할 수 없습니다. 하나님의 구원과 심판은 항상 붙어 있습니다. 그리고 하나님의 진노를 온전히 이해하지 못하면 그분의 사랑을 온전히 이해할 수 없습니다. 하나님의 진노가 있기에 그분의 사랑을 이해할 수 있습니다.

심판이 있어야 구원이 있습니다. 우리는 하나님의 심판을 통해 백성을 구원하시려는 그분의 열심을 볼 수 있습니다. 하나님의 심판은 마지막 날에 임합니다. 일상 가운데 많은 심판이 있지만, 완전한 심판은 하나님의 인내가 끝나는 마지막 날에 임합니다.

노아의 홍수 심판이 있기 전 하나님은 120년 동안 인내하셨습니다. 노아가 방주를 짓는 기간은 하나님의 심판이 임한다는 것을 알려주는 시간이었습니다. 하나님께 돌아오라는 뜻이었습니다. 우리는 소돔과 고모라의 심판을 통해서도 하나님의 자비를 볼 수 있습니다. 하나님은 심판을 원하지 않으십니다. 그분은 심판을 즐기시는 분이 아닙니다.

악이 하늘에 닿으면 하나님의 인내는 끝납니다. 죄의 분량이 가득 차면 하나님의 인내는 끝납니다. 그때가 되면 하나님은 심판을 더 이상 미루실 수 없습니다. 심판하시는 것 외에 다른 방법이 없을 때 하나님은 심판하십니다. 그날이 마지막 날입니다.

하나님은 대충 보고 심판을 결정하시는 분이 아닙니다. 감정적으로 심판을 결정하시는 분이 아닙니다. 홧김에 심판하시는 분이 아닙니다. 하나님은 세상을 구원할 방법이 심판밖에 없는지 심사숙고하시고 하나님을 향한 인간의 반역이 도를 넘을 때 어쩔 수 없이 세상을 심판하십니다.

하나님의 심판을 얘기할 때마다 인간의 악을 생각해야 합니다. 인간이 얼마나 악한지, 인간의 죄가 얼마나 끔찍한지를 생각해야 합니다.

우리는 십자가를 바라볼 때마다 죄의 실체를 보게 됩니다. 영적으로 깨어 성령께서 빛을 비추어주시는 대로 보게 되면 자기 안에 있는 악을 인식하고 참을 수 없는 고통을 느낍니다. 우리는 이것을 경험해야 합니다. 그러면 십자가 앞에 나아가 구원을 요청하게 됩니다.

시간의 시작과 끝

우리는 하나님의 심판을 말할 때 성경적 시간관을 이해해야 합니다. 성경적 시간은 직선입니다. 불교에서는 윤회를 말합니다. 불교의 시간관은 원입니다. 시작도 없고 끝도 없기 때문에 심판도 없습니다. 소크라테스, 공자, 장자 또한 삶과 죽음이 끊임없이 순환한다고 말했습니다.

그러나 성경에서 말하는 시간에는 시작과 끝이 분명히 있습니다. 창세기에서 세상이 시작되었고, 요한계시록에 보면 세상이 끝납니다.

우리는 시간의 시작과 끝이 있다는 사실을 알고 시간의 개념을 정확하게 이해하며 살아야 합니다.

철이 든다는 것은 시간에 대해 이해한다는 뜻입니다. 시간에 대해 이해하지 못하면 어떻게 살아야 하는지 알 수 없습니다. 언젠가 시간이 멈추는 때가 옵니다. 바로 심판의 때입니다. 사람에게는 죽음이 있습니다. 사람에게 주어진 시간이 멈추는 것이 죽음입니다. 이것이 심판입니다.

한 일간지와 인터뷰를 하던 이어령 교수는 자신이 암 진단을 받은 사실에 대해 얘기했습니다. 그는 "죽음을 생각하는 삶이 중요하다. 중국을 비롯한 세계 여러 나라가 정월 초하루에 왜 죽음에 대한 노래를 부르겠는가. 죽음을 염두에 둘 때 우리의 삶이 농밀해지기 때문이다. 죽음을 눈앞에 둔 지금, 시간이 가장 농밀해졌다. 죽음이라는 끝이 있음을 아는 것은 삶에 깊은 영향력을 끼친다"라고 말했습니다.

시간은 영원하지 않습니다. 끝이 있으며 유한합니다. 영원은 시간의 개념이 아닙니다. 그러므로 영생한다는 것은 오래 산다는 뜻이 아닙니다. 시간의 바깥으로 간다는 뜻입니다.

사는 것은 우리가 시간 안에 있다는 뜻입니다. 우리는 일정한 시간을 배정받아 이 땅에서 살고 있습니다. 얼마나 배정받았느냐는 알 수 없습니다. 짧게 배정받은 사람도 있고, 길게 배정받은 사람도 있습니다. 분명한 사실은 시간은 유한하다는 것입니다.

우리는 좀 더 살고 싶어 하지만 우리 마음대로 할 수 없습니다. 시간은 우리의 것이 아니기 때문입니다. 시간은 하나님의 것입니다. 하나님이 시간을 통치하십니다. 우리는 시간을 우리 마음대로 할 수 없습니다. 인생의 주인은 우리가 아니기 때문입니다. 시간의 주인은 하나님이십니다. 하나님이 인생을 심판하십니다. 역사를 시작하신 분도, 종결하시는 분도 하나님입니다. 우리는 하나님의 손 안에 있습니다.

이어령 교수는 인터뷰 도중 소천한 딸에 대해 말했습니다.

"딸도 암 진단을 받았다. 그런데 딸은 암이라는 말을 듣고도 당황하지 않았다. 수술하면 일 년, 수술하지 않으면 3개월을 살 수 있다고 했다. 그 말을 듣고 딸은 웃었다. 그리고 딸은 수술 받지 않고 암을 받아들였다. 그랬더니 의사가 당황했다."

이민아 목사는 남겨진 시간 동안 책 두 권을 썼습니다. 그리고 마지막까지 강연을 했습니다. 불꽃처럼 살았습니다. 죽음은 그녀에게 두려움을 주지 못했습니다. 그녀를 위축시키지 못했습니다.

이어령 교수는 "딸에게는 죽음보다 높고 큰 비전이 있었다. 그런 비전이 죽음을 뛰어넘게 했다. 죽음을 두려워하지 않을 만한 비전이 나에게도 있을까"라고 말했습니다.

죽음은 누구에게나 찾아옵니다. 죽음은 개인적인 종말이요, 심판입니다. 사람들은 죽으면 모든 것이 끝난다고 생각하지만 죽음 뒤에는 심판이 있습니다(히 9:27). 심판은 하나님의 영역으로 우리 마음대로 할 수 없습니다. 그러므로 항상 끝을 생각하며 살아야 합니다.

이어령 교수는 "암에 걸리고 나니 꽃이 예쁜 줄 알겠다"라고 말했습니다. 죽음이 있기에 삶이 귀중합니다. 끝이 있기 때문에 오늘 하루가 귀하게 느껴집니다.

지금 호흡하는 것이 얼마나 감사한 일입니까! 살아있다는 것이 얼마나 놀라운 일입니까! 살아있다는 것은 하나님이 우리에게 주신 생명의 힘이 작동하고 있다는 뜻입니다. 오늘은 하나님이 주신 기회입니다.

아무리 많은 돈을 들여도 죽어 가는 생명을 살려낼 수는 없습니다. 생명은 그렇게 귀중합니다. 지금 살아있다는 것, 이것이 기적입니다. 하나님의 생명이 우리 안에 작동하고 있습니다. 우리는 하나님이 주신 기회, 하나님이 주신 시간을 살고 있습니다.

우리는 생명에 대해 감사해야 합니다. 무엇을 하는지는 중요하지 않습니다. 신자는 생명의 가치를 알아야 합니다. 하나님이 허락하셔야 살아있을 수 있습니다. 그러므로 매일 아침 하나님께 깊이 감사해야 합니다. "할렐루야"라고 외쳐야 합니다.

─────── **살아야 하는 이유**

생명에 대한 신비를 깨달은 사람은 그냥 살 수 없습니다. 우리 인생이 끝나지 않고 새로운 하루를 살게 하신 하나님 앞에서 살아야 합니다. 살아있음이 신비입니다. 우리는 자신이 살아야 하는 이유를 하나님 안에서 발견해야 합니다.

시시한 생명은 없습니다. 생명을 시시하게 여긴다면 생명을 주신 하나님을 모독하는 것입니다. 끝이 온다는 것을 알면 진지해집니다. 오늘이 끝이라면 대충 살 수가 없습니다. 모든 것이 소중합니다. 하루하루가 특별하게 느껴집니다.

무엇을 위해 열심히 사는지가 중요합니다. 하나님이 맡기신 것에 충실해야 합니다. 하나님이 있으라고 하시는 곳에 있어야 합니다. 하나님이 맡기신 것이 소명입니다. 직업을 넘어 소명을 발견해야 합니다. 남들이 한다고 따라가면 안 됩니다. 누군가 부추겨서 하는 것도 안 됩니다. 먼저 자신의 소명인지를 확인해야 합니다. 자신에게 맞는 옷을 입어야 합니다.

자기 자리가 아닌 곳에 앉아 있는 것은 고통스러운 일입니다. 좋은 자리, 높은 자리라도 자기 자리가 아닌 곳에 앉아 있으면 고통스럽습니다. 자기가 앉아야 할 곳에 앉아야 합니다.

예수님은 지상에 계시는 동안 분명한 부르심을 알고 그 부르심에 맞게 사셨습니다.

> 아버지께서 내게 하라고 주신 일을 내가 이루어 아버지를 이 세상에서 영화롭게 하였사오니 아버지여 창세 전에 내가 아버지와 함께 가졌던 영화로써 지금도 아버지와 함께 나를 영화롭게 하옵소서 **요 17:4-5**

제한된 시간 안에서 자기 마음대로 살아서는 안 됩니다. 심판은 주어진 시간에 대한 심판입니다. 우리의 의도와 생각대로 사는 것은 죄입니다. 에덴동산에서 하나님의 간섭이 싫어 스스로 하나님이 되려고 했던 인간의 야망이 심판을 초래했습니다. 자기 마음대로 살고 싶어 하는 것은 죄입니다. 자기 마음대로 살면 심

다시, 새롭게

판을 받을 수밖에 없습니다.

예수님을 믿고 신앙생활을 하는 것을 무엇인가에 매여 사는 삶으로 생각할 수 있습니다. 추운 겨울 새벽기도에 가야 하고, 더운 여름에 땀 흘리며 봉사도 해야 합니다. 이런 모습이 예수님을 믿지 않는 사람들의 눈에는 한심하게 보일 수 있습니다.

세상의 재미를 보지 못하고, 날마다 교회에만 왔다 갔다 하는 것이 억울하다는 생각이 듭니까? 그런데 그것이 복입니다. 하나님께 매여 사는 것이 복입니다.

누군가가 우리 삶을 간섭한다는 것은 좋은 일입니다. 부모가 간섭할 때가 좋은 때입니다. 잔소리하는 사람이 없다는 것은 두려운 일입니다. 마음대로 살지 못하도록 귀찮게 하는 사람이 있는 것이 복입니다.

자신이 하고 싶은 대로 살면 끝이 어떻게 되겠습니까? 세상의 재미에 빠져 살다 보면 어떻게 될지 알 수 없습니다. 죄의 씨를 뿌리면 반드시 죄의 열매를 거둡니다. 자기 마음대로 살았음에도 아무 일도 없다면 그것 자체가 심판입니다. 하나님 없이 사는 사람에게 돈과 시간이 있으면 타락하지 않을 수 없습니다. 세상이 그 사람을 가만 두지 않기 때문입니다.

죄의 열기는 뜨겁습니다. 열기가 강력하면 그 속으로 빨려 들어갑니다. 교회는 성령의 열기로 뜨겁지만, 세상은 죄의 열기로 뜨겁습니다.

요즘 은둔형 신자가 많습니다. 간섭하지 말라는 것입니다. 자기 마음대로 하도록 내버려두라는 것입니다. 심방도 거부합니다.

심지어 교회에 등록하지 않고 다니는 사람도 있습니다. 조용히 자기 마음대로 살겠다는 것입니다. 그런데 이렇게 신앙생활을 하는 것은 위험합니다.

제자훈련을 받으면 숙제가 많습니다. 숙제하지 않는 학생을 야단치는 선생님이 좋은 선생님입니다. 아이가 늦게 일어나 학교에 지각하는 것을 보고도 부모가 화를 내지 않는다면, 아이가 하는 일에 관심이 없다면 그 부모는 친부모가 아닐 수 있습니다.

한 주만 예배에 빠져도 전화하는 교회가 좋은 교회입니다. 그런 교회에서 신앙생활을 해야 합니다. 그러므로 신앙생활을 하기에 가장 좋은 사람은 목사입니다. 목사는 예배에 빠질 수가 없기 때문입니다.

> 징계는 다 받는 것이거늘 너희에게 없으면 사생자요 친아들이 아니니라
> **히 12:8**

하나님의 간섭은 그분의 사랑입니다. 간섭하지 않고 내버려두시는 것은 하나님의 심판입니다.

하나님이 이스라엘 백성의 삶에 간섭하신 것은 그대로 두면 망하기 때문입니다. 하나님은 어떻게 해서든 이스라엘 백성을 출애굽하게 하려고, 가나안 땅으로 인도하려고 혼내고 간섭하셨습니다.

한 번밖에 없는 인생입니다. 하나님이 살게 하시는 삶을 사는 사람은 하나님을 원망하지 않습니다. 하나님으로부터 받은 소명

다시, 새롭게

대로 일하는 사람은 삶이 영광스럽습니다. 그러므로 맡은 일에 최선을 다하고 성실하고 정직하게 살아야 합니다. 자신의 일을 통해 하나님의 영광을 드러내야 합니다.

언제 힘이 납니까? 하나님이 하라고 하시는 일을 할 때 힘이 납니다. 그런 사람은 아침에 하나님이 일으켜주십니다. 우리가 했으면 하는 원하시는 일이 있기 때문에 우리를 일으켜주십니다. 눈을 뜨게 하십니다. 일어나게 하십니다. 하나님은 우리를 살게 하시고, 살 수 있도록 에너지를 주십니다. 우리가 사는 것이 아니라 하나님이 우리에게 살아갈 힘을 주십니다.

─────── **잠자는 영혼과 교회를 깨우라**

인생은 짧습니다. 시간은 짧습니다. 한 달, 일 년이 금방 지나갑니다. 10년이 금방 지나갑니다. 남이 어떻게 사는지 간섭할 시간이 없습니다. 자신에게 주어진 시간의 질을 높여야 합니다. 중요한 것이 아니면 그냥 흘려보내야 합니다. 하고 싶다고 해서 모두 할 수는 없습니다. 하고 싶은 것과 해야 하는 것은 다릅니다. 책도 골라서 읽어야 합니다.

우리의 연수가 칠십이요 강건하면 팔십이라도 그 연수의 자랑은 수고와 슬픔뿐이요 신속히 가니 우리가 날아가나이다 누가 주의 노여움의 능력을 알며 누가 주의 진노의 두려움을 알리이까 우리에게 우리 날 계수함을 가르치사 지혜로운 마음을 얻게 하소서 시 90:10-12

삶의 시간을 계수하며 사는 사람이 지혜자입니다. 우리는 자신의 남은 날을 계수하며 살아야 합니다. 우리에게는 부활의 복음이 있습니다. 그러므로 죽음을 두려워할 필요가 없습니다. 육체적으로 죽고 사는 것은 우리 삶의 주제가 아닙니다. 우리는 부활의 복음을 가졌기 때문입니다.

우리는 종말의 때를 어떻게 살아야 합니까? 성경은 "너는 이것을 알라 말세에 고통하는 때가 이르러 사람들이 자기를 사랑하며 돈을 사랑하며 자랑하며 교만하며 비방하며 부모를 거역하며 감사하지 아니하며 거룩하지 아니하며 무정하며 원통함을 풀지 아니하며 모함하며 절제하지 못하며 사나우며 선한 것을 좋아하지 아니하며 배신하며 조급하며 자만하며 쾌락을 사랑하기를 하나님 사랑하는 것보다 더하며 경건의 모양은 있으나 경건의 능력은 부인하니 이 같은 자들에게서 네가 돌아서라"(딤후 3:1-5)고 말씀합니다.

지금 모든 것이 뚜렷해지고 있습니다. 시간의 개념이 명확해지고 있습니다. 죽음을 선고받은 사람에게는 시간의 개념이 분명해집니다.

모든 것이 사라진다면 무엇이 남을까요? 남은 시간 무엇을 위해 살아야 할까요? 평소에는 이것을 전혀 생각하지 못하고 살아갑니다. 영원히 살 것처럼 생각하며 삽니다. 돈이 많을 때는 항상 돈이 있을 것이라고 생각합니다. 그러나 망하고 나면 그때서야 '돈 있을 때 이렇게 살았어야 하는데…'라고 후회합니다.

종말의 때에 믿음의 사람은 깨어 있어야 합니다. 종말의 때에 가장 중요한 것은 깨어 있는 것입니다. 영적으로 잠들면 안 됩니다. 그러므로 우리는 날마다 자신을 영적으로 각성시켜야 합니다.

아차 하는 순간 잠들어버릴 수 있습니다. 매일 새벽기도를 하고 열심히 신앙생활을 한다고 해도 아차 하는 순간 잠들어버립니다. 영적으로 잠드는 순간 세상을 따라가게 되고 심판을 받게 됩니다. 타락의 극을 달리는 이 세상에서 우리의 영혼을 잃지 않으려면 항상 영적으로 깨어 있어야 합니다.

마태복음 25장에 보면 예수님은 달란트 비유를 말씀하셨습니다. 우리는 하나님에게서 달란트를 받았는데, 주인이 올 때가 다가옵니다. 어떻게 해야 합니까? 달란트를 남겨 주인한테서 칭찬을 받아야 합니다. 악하고 게으른 종이 되어서는 안 됩니다.

주인은 한 달란트 받은 종에게 "이 무익한 종을 바깥 어두운 데로 내쫓으라 거기서 슬피 울며 이를 갈리라"(마 25:30)고 말했습니다. 얼마나 혹독한 심판입니까! 그러나 주인은 다섯 달란트, 세 달란트 받은 종에게 "잘하였도다 착하고 충성된 종아 네가 적은 일에 충성하였으매 내가 많은 것을 네게 맡기리니 네 주인의 즐거움에 참여할지어다"(마 25:21, 23)라고 말했습니다.

하나님은 우리에게 시간을 주셨습니다. 24시간을 공평하게 주셨습니다. 시간을 낭비하면 우리는 악한 자가 됩니다. 시간을 낭비하는 것은 죄의 종 노릇을 하는 것입니다. 주인의 의도와 다르게 사는 것입니다.

지금은 종말의 시대입니다. 심판이 임박했습니다. 그러므로 다른 곳으로 눈을 돌려서는 안 됩니다. 우리의 시선을 주님께 고정해야 합니다. 항상 깨어 주의 일에 힘써야 합니다. 이 세상을 따라가지 말고 저항해야 합니다. 오늘이 마지막인 것처럼 최선을 다해 후회 없이 살아야 합니다.

시간의 질을 높여 최선을 다해 달음박질하기 바랍니다. 정욕에 따라 마음대로 살고 싶은 욕구를 이겨내기 바랍니다. 하나님이 주신 거룩한 사명에 붙들려 의의 병기로 쓰임받기를 바랍니다. 그리하여 주님 앞에 섰을 때 잘했다고 칭찬받으며 상급받고 승리하기 바랍니다. 마지막 때에 잠자는 영혼과 잠자는 교회를 깨우는 일에 쓰임받기를 바랍니다. 시간의 끝이 올 것을 기대하며 살아가기 바랍니다.

17

치료의 빛이 오신다

2 내 이름을 경외하는 너희에게는 공의로운 해가 떠올라서 치료하는 광선을 비추리니 너희가 나가서 외양간에서 나온 송아지같이 뛰리라
3 또 너희가 악인을 밟을 것이니 그들이 내가 정한 날에 너희 발바닥 밑에 재와 같으리라 만군의 여호와의 말이니라
— 말라기 4:2-3

본문에 보면 여호와를 경외하는 자에 대한 축복의 말씀이 기록되어 있습니다. 한쪽에서는 하나님의 진노가 쏟아졌지만, 한쪽에서는 축복이 선포되고 있습니다. 구원과 회복의 메시지가 선포되고 있습니다.

"내 이름을 경외하는 너희에게는 공의로운 해가 떠올라서 치료하는 광선을 비추리니 너희가 나가서 외양간에서 나온 송아지같이 뛰리라"(4:2). 햇빛이 비칠 때 어떤 일이 일어납니까? 생명체는 살아나지만 균은 죽습니다. 빛이 비치면 생명을 살리는 역사와 심판의 역사가 나타납니다.

말라기서에 보면 메시아에 대해 분명히 예언하고 있습니다. 공의로운 해는 예수 그리스도를 뜻합니다. 예수님은 참 빛이십니다. 성경은 "참 빛 곧 세상에 와서 각 사람에게 비추는 빛이 있었나니"(요 1:9)라고 말씀합니다.

말라기서를 통해 우리는 어둠이 짙다는 것을 느낍니다. 이스라엘 전체가 어둠으로 가득했습니다. 이 어둠은 언제까지 계속되었습니까? 그리스도께서 오실 때까지 계속되었습니다. 그리스도께서 오지 않으셨다면 어둠은 계속되었을 것입니다.

우리의 인생에서도 마찬가지입니다. 예수님이 찾아오시기 이전까지 우리 삶은 어두웠습니다. 죄악 가운데서 방향을 잃고 망가진 인생을 살았습니다. 아직 예수님을 만나지 못한 사람은 계속 망가지고 있습니다. 깊은 어둠 속으로 들어가고 있습니다.

빛이 없는 곳에서는 어둠이 왕이 됩니다. 죄가 왕 노릇을 합니다. 사람들은 죄의 종 노릇을 할 수밖에 없습니다.

다시, 새롭게

──── 병든 곳에서 불법이 넘쳐난다

이스라엘 백성은 온전한 예배를 드리지 못했습니다. 그들은 하나님을 멸시했고, 무시했고, 거부했습니다. 그 속에서는 불법이 판을 쳤습니다. 불법이 난무하는 곳에서는 서로 죽이고 죽는 살육이 일어납니다. 그러나 공의로운 해가 떠오르면 어둠의 실체가 드러납니다. 빛은 악에 대한 심판입니다. 빛이 비치면 공의가 드러납니다.

세상이 고통하는 이유가 무엇입니까? 공의가 없기 때문입니다. 세상 사람들은 정의를 말하지만 그것을 행할 능력이 없습니다. 그래서 한쪽에서는 정의를 말하지만, 다른 한쪽에서는 불법을 행합니다. 공의는 오직 하나님만 행하실 수 있습니다. 죄가 깊이 들어가 병든 곳에서는 불법이 넘쳐납니다.

오늘날 세상은 중병을 앓고 있습니다. 사람이 죄로 말미암아 망가지면 삶의 모든 것이 문제로 바뀝니다. 돈은 문제가 되지 않습니다. 돈을 다루는 인간이 문제입니다. 돈은 축복이지만 저주가 될 수도 있습니다. 우리 안에 죄와 어둠이 있기 때문입니다. 그러므로 우리는 항상 양면성을 생각해야 합니다.

세상은 지금 정의에 목말라 있습니다. 세상에는 불법이 난무합니다. 우리는 행복한데 주위 사람이 불행하다면, 우리가 행복한 것이 무슨 의미가 있겠습니까!

말라기 시대에 사람들은 어둠 속에서 상처를 주고받으며 병들어 갔습니다. 치료의 광선을 발하시겠다는 하나님의 말씀을 통해 우리는 그 시대가 깊이 병들었음을 알 수 있습니다.

공의로운 해가 떠오르면 치료의 광선을 비춥니다. 치료는 재앙과 반대되는 뜻입니다. 재앙 가운데 있다는 것은 중병을 앓고 있다는 뜻입니다. 그러나 공의로운 해가 뜨면, 그리스도께서 오시면 치유의 역사가 일어납니다. 성경은 "그는 돋는 해의 아침 빛 같고 구름 없는 아침 같고 비 내린 후의 광선으로 땅에서 움이 돋는 새 풀 같으니라"(삼하 23:4)고 말씀합니다.

지금 우리가 고통하는 이유는 무엇입니까? 우리는 육체적 병이 아니라 마음의 병 때문에 고통합니다. 우리의 마음에 병을 일으키는 실체는 무엇입니까? 죄입니다. 죄는 우리의 영혼을 병들게 합니다. 오늘날 세상을 자세히 들여다보면 감기에 걸린 정도가 아니라 중병을 앓고 있습니다.

의사 폴 투르니에(Paul Tournier)는 《인간치유》(*The Healing of Persons*)에서 "아무도 사람을 죽이지 않는다. 스스로가 자신을 죽일 뿐이다"라고 말했습니다.

죄 가운데서 살아가는 모든 사람은 정상이 아닙니다. 모두 심각한 결함을 가진 불량품입니다. 정상적으로 작동되지 않습니다. 망가지고 깨어져 온전하지 못합니다. 그래서 사람들은 상처를 주고받으며 고통 가운데 살아갑니다. 사랑하려고 해도 온전히 사랑하지 못합니다. 죄를 짓고 싶지 않지만 죄를 짓지 않을 수 없습니다. 마음대로 되지 않습니다. 병들었기 때문입니다.

원하는 대로 선을 행해야 하는데, 선을 행하지 못합니다. 자신이 원하는 대로 살지 못합니다. 그리고 이런 자신으로 말미암아 갈등합니다. 기능이 제대로 작동하지 않기 때문입니다. 심각한

다시, 새롭게

결함이 있기 때문입니다. 또한 심각한 결함을 가진 두 사람이 만나 결혼하여 가정을 이루면 결함이 눈에 띄게 드러납니다.

성경은 "너희가 어찌하여 매를 더 맞으려고 패역을 거듭하느냐 온 머리는 병들었고 온 마음은 피곤하였으며 발바닥에서 머리까지 성한 곳이 없이 상한 것과 터진 것과 새로 맞은 흔적뿐이거늘 그것을 짜며 싸매며 기름으로 부드럽게 함을 받지 못하였도다"(사 1:5-6)라고 말씀합니다. 상처투성이로 살아가지만 치료할 방법이 없습니다. 그런데 제때 치료하지 못하면 어떻게 됩니까? 죽습니다.

성경은 다음과 같이 말씀합니다.

> 여호와 하나님은 해요 방패이시라 여호와께서 은혜와 영화를 주시며 정직하게 행하는 자에게 좋은 것을 아끼지 아니하실 것임이니이다 시 84:11
>
> 이는 우리 하나님의 긍휼로 인함이라 이로써 돋는 해가 위로부터 우리에게 임하여 어둠과 죽음의 그늘에 앉은 자에게 비치고 우리 발을 평강의 길로 인도하시리로다 하니라 눅 1:78-79
>
> 참 빛 곧 세상에 와서 각 사람에게 비추는 빛이 있었나니 요 1:9

본문에서 "해" "치료하는 광선"은 그리스도를 뜻합니다. 공의로운 해가 떠올라서 치료하는 광선을 비춘다는 것은 그리스도의 임재를 뜻합니다. 그리스도께서 우리의 인생 가운데 임하시면 그때부터 치유의 역사가 시작됩니다. 어둡고 병든 곳에 그리스도께서 임하실 때 치유의 역사가 일어납니다.

그동안 말라기서에서는 절망적인 이야기가 주를 이루었습니다. 그러나 이제 말라기 선지자는 희망의 메시지를 전하고 있습니다. 본문 말씀을 통해 치료의 광선이 우리 심령 가운데 깊이 비추어지는 은혜가 있기를 바랍니다.

——— 치료하는 광선을 비추어 보호하시는 하나님

하나님이 치료하는 광선을 비추실 때 무슨 일이 일어납니까?

첫째, 하나님이 보호하십니다. 광선에는 보호의 뜻이 있습니다. 광선은 날개에 비유되기도 합니다. 하나님의 날개는 하나님의 백성을 품습니다.

> 나를 눈동자같이 지키시고 주의 날개 그늘 아래에 감추사 **시 17:8**

바람이 세차게 불어오면 어미 새는 날개로 새끼를 보호합니다. 이와 마찬가지로 우리는 하나님이 비추시는 광선을 통해 그분의 따뜻한 사랑을 느낄 수 있습니다.

이 세상은 얼음 바다와 같습니다. 세상에는 사랑이 없습니다. 사람들은 비교와 경쟁 속에서 치열하게 싸우며 살아갑니다. 경쟁하지 않으면 세상 속에서 살아갈 수 없습니다. 사람들은 두려움, 불안, 강박증으로 서로 경계하며 살아갑니다. 더 많은 것을 쌓아 올려야 살아갈 수 있다고 생각합니다.

세상에서는 모두가 경쟁하며 삽니다. 세상에서는 고소와 고발이 난무합니다. 상대방의 허물과 약점을 감추어주지 않습니다.

약점을 알면 하나라도 더 들추어내어 죽이려고 합니다. 세상에는 자비가 없습니다. 매정하고 냉혹합니다. 이런 세상에서 살아가는 사람들은 상처를 입을 수밖에 없습니다. 세상 사람들 가운데 병들지 않은 사람이 없습니다. 모두 영혼이 병들어 있습니다.

하나님이 치료하는 광선을 비추실 때 그분의 사랑이 비칩니다. 하나님이 빛을 비추신다는 것은 우리에게 얼굴을 돌리신다는 뜻입니다. 성경은 "여호와는 네게 복을 주시고 너를 지키시기를 원하며 여호와는 그의 얼굴을 네게 비추사 은혜 베푸시기를 원하며 여호와는 그 얼굴을 네게로 향하여 드사 평강 주시기를 원하노라"(민 6:24-26)고 말씀합니다.

하나님이 우리에게 얼굴을 향하신다는 것은 치료하는 광선을 비추신다는 뜻입니다. 하나님은 얼굴을 돌려 치료하는 광선을 비추십니다.

복음이 우리에게 주는 은혜가 무엇입니까? 하나님은 우리를 무한히 받아주십니다. 절대 내치지 않으십니다. 하나님은 얼마나 망가졌든지 무슨 죄를 지었든지 무슨 짓을 했든지 상관하지 않고 우리가 돌아오기만 하면 받아주십니다. 받아주시는 데 조건이 전혀 없습니다. 우리에게 완전한 용서와 사랑을 베푸십니다. 이것이 복음의 능력입니다.

가정에서 먼저 부모가 복음 안에서 치유를 경험해야 합니다. 그러면 자녀들과의 관계가 좋아집니다. 그런데 오늘날은 부모가 자녀를 감시합니다. 치료하는 광선을 비추는 것이 아니라 무서운 레이저를 쏘면서 자녀를 감시합니다. 품어주기보다는 부모 자신의 이기심을 충족시키기 위해 자녀를 이용하는 경우가 많습니다. 때로는 자녀에게 분노를 쏟아내기도 합니다. 살다 보면 자녀로 말미암아 분노할 때가 많습니다. 그때는 그 분노의 내면에 무엇이 있는지 생각해 보아야 합니다.

하나님은 모든 것을 품고 받아들이십니다. 내치지 않으십니다. 하나님의 사랑이 우리를 치유합니다. 하나님이 비추시는 광선이 우리에게 생명을 주고, 사람들의 마음을 녹입니다. 그리스도의 빛에서 멀어지면 그곳에는 어둠과 절망, 상처만 있을 뿐입니다. 그러나 그리스도의 빛이 자리한 곳에는 온기가 있고 사랑이 있습니다.

영국에서는 겨울에 햇빛을 볼 수 있는 날이 아주 적습니다. 날씨가 흐려 햇빛 보기가 어렵습니다. 그래서 분위기가 우중충하고 음산합니다. C.S. 루이스는 "영국의 겨울 날씨를 보면 지옥이 연상된다"라고 말했습니다. 그러다 보니 영국에는 우울증 환자와 신경질환자가 많습니다. 이처럼 빛이 없고 냉혹한 곳은 지옥과 같습니다.

우리나라 사람들은 남향집을 좋아하는데, 햇빛이 잘 들어와 집이 환하기 때문입니다. 이처럼 빛은 매우 중요합니다. 빛을 보지 못하면 쉽게 우울해집니다. 나무가 햇빛을 많이 받으면 열매가 잘 익습니다. 당도가 높습니다. 그러나 햇빛을 받지 못하면 열매가 자라지 않습니다. 생명의 역사가 일어나지 않습니다.

빛은 생명이요 사랑이요 축복입니다. 빛은 하나님의 사랑입니다. 그러므로 빛에 가까이 가야 합니다. 최고의 빛은 그리스도의 십자가입니다. 십자가에 가까이 가면 하나님의 사랑의 빛을 경험할 수 있고, 하나님의 사랑을 경험하면 다시 살아납니다.

고대 사회에서는 태양신을 많이 섬겼습니다. 당시 사람들은 태양을 신으로 착각했습니다. 그러나 태양은 하나님이 만드신 것입니다. 하나님이 모든 빛을 만드셨습니다.

빛은 우리에게 생명을 줍니다. 그러므로 생명의 빛, 그리스도의 빛이 우리 안에 들어와야 합니다. 그 빛이 계속 들어오면 얼어붙은 마음을 녹입니다. 꽁꽁 언 것은 촛불이나 성냥불로 녹일 수 없습니다. 마음이 꽁꽁 얼어붙으면 가까이 다가가 아무리 사랑을 베풀어도 마음이 녹지 않습니다. 엄청난 열기가 있어야 합니다. 얼어붙은 마음은 하나님의 사랑으로만 녹일 수 있습니다.

상처 입은 영혼은 얼굴에 웃음기가 없습니다. 웃는 날이 없습니다. 언제 웃었는지 기억조차 가물가물합니다. 그러다 보니 싸늘함이 느껴집니다. 어쩌다 웃어도 그 웃음이 어둡습니다.

상처 입은 영혼은 굉장히 예민합니다. 그래서 작은 일에도 상처를 잘 받고 너무 날카롭습니다. 호의를 베풀어도 반응하지 않습니다. 그러므로 하늘에서 치료의 광선이 비쳐야 합니다. 그 광선은 하나님의 사랑입니다.

치료의 광선은 하나님 사랑의 터치입니다. 하나님이 계속 사랑의 레이저를 쏘시면 마음의 병이 치유됩니다. 하나님의 사랑은 응어리진 것도 풀 수 있습니다. 그 어떤 것도 녹일 수 있습니다. 하나님의 사랑을 경험하면 마음에 봄이 찾아와 얼굴이 환해집니다.

거울을 들여다봤을 때 그리스도인은 그 얼굴에 회복이 나타나야 합니다. 그러므로 그리스도인은 얼굴이 매우 중요합니다. 얼굴을 보면 마음의 상태를 알 수 있기 때문입니다.

우리는 치료하시는 하나님의 광선을 경험하고, 복음 안에서 사랑의 온기를 경험해야 합니다. 이것은 이 세상 어디에서도 경험할 수 없는 것입니다.

경쟁사회에서 끊임없이 비교당하며 상처받은 우리의 영혼이 하나님 앞에 나아오면 세상에서 지금껏 경험해 보지 못한 사랑을 복음 안에서 그리스도의 십자가를 통해 경험할 수 있습니다. 하나님이 사랑의 레이저를 쏘시면 우리는 치유를 경험하고 회복됩니다. 계속 하나님의 사랑을 경험하면 따뜻해집니다. 예수님을 믿는 사람은 따뜻해야 합니다. 온기가 느껴져야 합니다.

빛은 따뜻하게 누군가를 품어줍니다. 사람을 살립니다. 우리의 심령 가운데 치료하는 광선이 비치기를 축원합니다. 치료하는 광선이 비쳐 세상의 상처가 녹아야 합니다. 마음이 봄날처럼 따뜻해져야 합니다. 얼굴이 환해져야 합니다. 그래서 우리의 삶과 마음이 회복되어야 합니다.

——— 자유케 하시는 하나님

둘째, 하나님이 자유하게 하십니다. 본문에 보면 송아지가 외양간에 갇혀 있습니다. 하나님은 갇혀 있는 송아지를 풀어주어 밖으로 나가게 하셨습니다. 외양간 밖으로 나간 송아지는 기뻐 뛰며 춤을 춥니다. 이것이 자유입니다.

다시, 새롭게

오늘날 사람들은 모두 묶여 있습니다. 그래서 현대인들은 자유가 없습니다. 죄는 우리를 가둡니다. 우리를 억압하여 어딘가로 몰아가서 가둡니다. 빠져나오지 못하게 합니다. 마음대로 살지 못하게 합니다. 죄의 힘이 누르면 우리는 그것을 꺾지 못합니다. 그래서 죄의 지배를 받게 됩니다. 죄의 종 노릇을 하게 됩니다.

부부관계가 왜 깨어집니까? 부부가 하나 되어 사는 것은 쉽지 않은데, 부부관계가 깨어지는 데는 많은 요인이 있습니다. 이것을 하나로 요약하면 죄의 문제라고 할 수 있습니다.

죄는 우리를 자유롭게 살지 못하도록 만듭니다. 하나님과의 관계를 깨뜨립니다. 하나님과의 관계가 깨어지면 우리는 고장 난 자동차처럼 마음대로 달려가게 됩니다. 이것을 회복하는 길은 그리스도의 십자가밖에 없습니다. 부부가 함께 십자가 앞으로 나아가면 부부관계가 회복됩니다. 상대방을 탓하던 사람들이 자신의 허물과 약점을 발견합니다. 자신에게 문제가 있음을 발견하는 순간 치유가 시작됩니다.

빛이 비치면 어둠이 보입니다. 어둠의 실체를 알면 자신의 문제에 직면하게 됩니다. 자신의 문제를 고치려고 합니다. 부부관계에 그리스도의 빛이 비치면 회복이 이루어집니다. 상처로 얼룩진 공동체 가운데 그리스도의 빛이 비치면 공동체가 회복됩니다. '이렇게 살아야 하는구나'라고 깨닫게 됩니다. 어둠에서 벗어나 자유를 누리게 됩니다.

오늘날 우리를 자유하지 못하게 하는 것이 너무 많습니다. 중독은 우리를 무언가에 매이게 합니다. 자유하지 못하게 합니다.

현실의 문제에서 도피하게 만듭니다. 중독은 심각한 내적 결핍으로 나타나는 현상입니다. 결핍을 채우기 원하는 강한 갈망에서 비롯된 현상입니다.

결핍을 채우기 원하지만 채울 수 없는 현실 상황으로 말미암아 무언가에 중독되고 깊이 빠져들게 됩니다. 그러면 관계가 깨어집니다. 격리됩니다. 스스로 고립됩니다. 이기적인 사람, 배려하지 못하는 사람이 됩니다. 몸은 어른인데 어린아이처럼 행동하게 됩니다.

우리 사회는 강박사회입니다. 사람들은 정신적으로 억압당하고 스트레스에 시달리고 무언가에 쫓기듯 살아갑니다. 강박 증세에 시달릴수록 좌절을 경험합니다. 그래서 분노의 수위가 높아지고 사소한 일에도 폭력을 행사하게 됩니다.

우리 안에서 오랫동안 형성된 죄의 습관, 중독은 견고한 진과 같습니다. 습기 찬 지하 벙커와 같습니다. 빛이 잘 들어가지 않습니다. 그러므로 치유되기가 어렵습니다.

구원받았지만 여전히 죄가 주인 노릇을 하고 있습니까? 이전의 삶에 묶여 살아갑니까? 그리스도의 빛을 충분히 경험하지 못하면 과거의 삶을 되풀이하며 살 수밖에 없습니다. 절대 삶이 나아지지 않습니다. 자신을 묶고 있는 것으로부터 자유를 얻지 못했기 때문입니다.

예수님은 "진리를 알지니 진리가 너희를 자유롭게 하리라"(요 8:32)고 말씀하셨습니다. 진리는 그리스도이십니다. 예수님이 우리를 자유하게 하십니다. 진리가 우리를 자유하게 하면 묶인 것으로부터 자유로워질 수 있습니다.

우리는 하루도 빠지지 말고 말씀을 들어야 합니다. 말씀을 통해 은혜를 받아야 합니다. 말씀이 우리의 내면을 비추도록 해야 합니다. 그러면 우리 안에 있는 족쇄가 풀립니다. 자유를 경험해야 됩니다. 자유를 경험해야 우리 안에 기쁨이 있고 즐거움이 있습니다. 우리 삶에 생동감이 넘칩니다.

자신을 결박하는 사슬이 있습니까? 자세히 들여다보기 바랍니다. 우리는 자신을 만족시켜 줄 것 같은 달콤한 유혹을 단호하게 끊어내야 합니다. 우리를 결박하고 있는 것으로부터 풀려나야 합니다. 그리스도로 말미암아 자유를 경험해야 합니다.

이전에 가지고 있던 좋지 않은 습관을 버리고 거룩한 습관을 가져야 합니다. 거룩한 습관이 우리 삶 가운데서 이어질 때 우리 안에 있던 견고한 진이 무너져 자유를 경험할 수 있습니다. 하나님이 원하시는 삶을 그분 안에서 살아가게 됩니다.

우리의 육체는 죄의 습관에 길들어 있습니다. 우리의 육체가 원하는 대로 따라오도록 훈련해야 합니다. 우리의 마음도 훈련해야 합니다. 그리하여 자유를 경험해야 합니다. 끊어야 할 것을 단호하게 끊어낼 때 자유가 옵니다.

지금 우리를 얽어매는 것이 얼마나 많습니까! 사람들은 돈, 정욕, 명예의 노예가 되어 살아갑니다. 혀를 달콤하게 하는 것이 우리의 육신을 망가뜨리려고 한다면 단호하게 거절해야 합니다. 죄는 달콤합니다. 무언가에 중독되면 점점 고립되다가 결국 하나님으로부터 멀어집니다.

중독 가운데 종교중독도 있습니다. 하나님과의 깊은 교제를 통해 건강하게 신앙생활을 하는 것이 아니라 사회에서 완전히 격리되어 정상적으로 살지 못한 채 황홀경만 경험하려고 합니다. 사람들과 관계를 맺을 줄도 모른 채 살아갑니다. 이것은 잘못된 것입니다.

빛이 임할수록 자유로워야 합니다. 복음은 자유하게 합니다. 묶인 것을 풀어줍니다. 그래서 우리를 기뻐하게 하고 춤추게 합니다. 오늘 우리를 구속하는 것으로부터 자유를 경험하기 바랍니다. 그리하여 진리 안에서 자유하며 하나님 앞에서 살기 원하는 삶을 살아가기 바랍니다.

───── **상처를 안아주는 치유자가 되라**

셋째, 하나님이 강하게 하십니다. 외양간에서 나온 송아지같이 뛴다는 것은 강한 이미지를 보여줍니다. 외양간에 갇혀 있는 송아지의 모습과 다릅니다.

삶이 병들면 생기가 없습니다. 살아있지만 활력이 없습니다. 어둔 곳에서 오랫동안 지낸 사람들이 왜 성장하지 못합니까? 죄의 습관으로 말미암아 에너지를 빼앗겨 힘이 없기 때문입니다.

죄를 짓는 데도 많은 에너지가 필요합니다. 그래서 상처 가운데 사는 사람이 많습니다. 상처 입은 영혼은 홀로 설 수 없습니다. 바람만 불어도 아파합니다. 상처에 시달리다 보면 삶이 퇴보합니다. 쉽게 상처에서 벗어날 수가 없습니다.

이스라엘 백성은 광야에서 죽어 갔습니다. 그들은 애굽에서 받은 상처에서 쉽게 벗어나지 못했고, 앞으로 나아가지도 못했습니다. 그들은 죄에 끌려다녔습니다. 상처에 매여 살았습니다. 그래서 늘 그 모습 그대로 슬픔에 갇혀 살았습니다. 제대로 된 삶을 살지 못했고, 자존감도 낮았습니다. 삶이 전반적으로 어두웠습니다.

치료의 광선이 비치면 치료될 뿐 아니라 성장합니다. 빛을 계속 비추면 식물은 강해집니다. 성장합니다. 그리스도의 빛이 계속 비치면, 하나님의 말씀이 계속 주어지면 영혼은 자라납니다. 온전한 치유가 일어나면 그 후에는 다른 사람을 치유할 수 있습니다. 헨리 나우웬(Henri Nouwen)은 상처 입은 치유자였습니다. 자신의 상처가 치유되면 치유자로 변신할 수 있습니다. 그러면 상처는 오히려 축복이 됩니다.

늘 상담을 받던 사람이 상담해주는 사람이 됩니다. 상담을 받고 치유되면 자신이 겪은 문제를 동일하게 겪는 사람을 도울 수 있어야 합니다. 상처로 얼룩진 가슴이 치유되면 다른 사람의 상처를 끌어 안아주는 가슴이 되어야 합니다.

오늘날에는 치유자가 많이 필요합니다. 자신의 문제에 갇혀 그 속에서 빠져나오지 못하는 사람이 많습니다. 평생 자신의 문제에 갇혀 지내는 사람이 많습니다. 자신의 문제에서 빠져나오지 못하면 다른 사람을 도와줄 수 없습니다. 불행하게 살 수밖에 없습니다.

오늘날 병든 사람이 얼마나 많습니다. 우리는 하나님 안에서 치유를 경험하고 치유받은 가슴으로 세상 사람들을 치유하는 사람이 되어 살아야 합니다. 우리 가운데 치유자가 많아져야 합니다.

예수님은 우리를 치유의 과정으로 인도하실 뿐 아니라 온전한 사람으로 세우기 원하십니다. 그리하여 다른 사람을 성장하게 하는 영적 아비가 되기를 원하십니다.

────── **다스리는 자, 승리하는 자가 되라**

넷째, 하나님이 승리하게 하십니다. 본문에 보면 "또 너희가 악인을 밟을 것이니 그들이 내가 정한 날에 너희 발바닥 밑에 재와 같으리라 만군의 여호와의 말이니라"(4:3)고 기록되어 있습니다. 치유를 경험하고 강해지면 성장합니다. 승리자가 됩니다.

이전에는 악인들의 지배를 받았습니다. 무엇인가에 지배를 받는 것은 저주입니다. 사탄의 지배를 받고, 환경의 지배를 받고, 악한 자의 지배를 받고, 좋지 않은 감정의 지배를 받는 등 지배를 받는 것은 비극입니다.

그러나 반전이 일어났습니다. 본문은 지배받지 않고 다스리는 자로 살게 되리라고 말씀합니다. 이기는 자로 살게 되리라고 말씀합니다. 이는 예수님의 이름으로 승리를 선포하라는 것입니다. 예수님 이름의 능력을 사용하며 살라는 뜻입니다.

우리는 두려워할 것이 없습니다. 마귀는 이미 꼬리를 감추었습니다. 우리는 빛의 사자입니다. 어둠은 빛을 이길 수 없으므로 빛은 어둠을 두려워할 필요가 없습니다. 그리스도의 빛을 품고 이 세상 가운데서 어둠을 걷어내야 합니다. 상처를 치유하고 사람들을 살려내야 합니다.

다시, 새롭게

우리가 믿는 것은 구원과 회복입니다. 우리는 주님 앞에 나아가야 합니다. 자신의 문제를 생각하지 말고 주님 앞에 나아가 주님을 우리의 마음에 모셔 들여야 합니다. 하나님과 함께하는 시간을 가져야 합니다.

하나님의 음성에 귀 기울여야 합니다. 하나님의 손길을 붙잡아야 합니다. 날마다 주님을 노래해야 합니다. 바라보아야 합니다. 묵상해야 합니다. 주님께 시선을 맞추어야 합니다.

그러면 치료의 광선이 우리의 영혼을 온전히 치료해줄 것입니다. 우리를 치유자로, 세상을 이기는 자로 살게 해줄 것입니다. 빛 가운데서 날마다 기뻐 뛰고 춤추는 자유인으로 살게 해줄 것입니다.

18

돌이키면 살리라

4 너희는 내가 호렙에서 온 이스라엘을 위하여 내 종 모세에게 명령한 법 곧 율례와 법도를 기억하라

5 보라 여호와의 크고 두려운 날이 이르기 전에 내가 선지자 엘리야를 너희에게 보내리니

6 그가 아버지의 마음을 자녀에게로 돌이키게 하고 자녀들의 마음을 그들의 아버지에게로 돌이키게 하리라 돌이키지 아니하면 두렵건대 내가 와서 저주로 그 땅을 칠까 하노라 하시니라

──────── 말라기 4:4-6

우리는 마지막 날을 준비해야 합니다. 그날, 주의 날은 옵니다. 성경은 그날을 말합니다. 시간이 끝나는 날, 인류의 종말, 하나님의 심판, 하나님의 자비가 멈추는 순간은 반드시 있습니다. 그날은 두려운 날입니다.

본문에 보면 그날을 가리켜 "여호와의 크고 두려운 날"이라고 했습니다. 그러므로 우리는 그날을 준비해야 합니다. 그날은 갑자기 임하기 때문입니다. 준비된 사람만 재앙을 면할 수 있기 때문에 우리는 늘 깨어 있어야 합니다.

구약의 마지막 책, 마지막 부분인 본문의 내용은 간단합니다. 기억하라고 했습니다. 모세가 전한 하나님의 법, 율법을 기억하라는 것입니다.

신명기와 말라기는 짝을 이룹니다. 신명기의 주제는 '기억하라, 잊지 말라'입니다. 조상들이 실패한 이유를 기억하라는 것입니다. 그리고 말라기서의 마지막에 보면 기억하라는 말씀이 나옵니다. 하나님의 율법을 기억하라고 했습니다.

신앙생활에서 기억력은 매우 중요합니다. 하나님은 이스라엘 백성과 맺은 언약을 그들이 기억하기를 원하셨습니다. 그러나 이스라엘 백성은 잘 잊어버렸습니다. 이 망각증은 불순종으로 이어졌습니다. 이 시대를 살고 있는 우리도 마찬가지입니다. 그래서 하나님과의 언약을 지키지 못합니다.

─────── **돌이켜 말씀으로 돌아가라**

하나님과의 언약을 지키는 것은 이스라엘 백성의 의무였습니다. "율례와 법도를 기억하라"는 것은 하나님의 말씀에 순종하라는 뜻입니다. 우리는 하나님의 말씀에 순종하려고 노력해야 합니다. 하나님의 말씀대로 실천하려고 노력해야 합니다. 말씀대로 지키려고 힘써야 합니다. 말씀으로 돌아가야 합니다. 하나님께로 돌이키는 것은 말씀으로 돌아가는 것입니다.

그런데 우리는 연약하여 말씀을 온전히 지킬 수 없습니다. 말씀대로 지키려고 애쓰지만, 연약하여 말씀을 지킬 수 없습니다. 우리는 끊임없이 불순종합니다. 하나님을 떠납니다. 하나님의 말씀을 지키지 않습니다. 우리는 율법 앞에서 죄인입니다. 그러므로 우리는 계속해서 돌이켜야 합니다. 끊임없이 회개해야 합니다. 죄를 지은 인간이 회개하지 않으면 하나님께로 돌아갈 수 없습니다.

본문에는 "내 종 모세에게 명령한 법 곧 율례와 법도를 기억하라"(4:4)고 기록되어 있습니다. 그다음 말씀에는 "내가 선지자 엘리야를 너희에게 보내리니"(4:5)라고 기록되어 있습니다. 엘리야 선지자는 세례 요한을 가리킵니다.

모든 선지자와 율법이 예언한 것은 요한까지니 만일 너희가 즐겨 받을진대 오리라 한 엘리야가 곧 이 사람이니라 마 11:13-14

말라기 선지자와 세례 요한 사이 400년 동안 하나님이 침묵하셨기 때문에 세상은 어둠으로 뒤덮이고 말았습니다. 말씀의 빛이 임하지 않아서 어둠으로 가득했습니다.

다시, 새롭게

긴 침묵의 시간을 깨고 세례 요한이 등장했습니다. 400년간 침묵하신 하나님은 세례 요한을 통해 말씀하고 싶은 것이 얼마나 많으셨겠습니까! 그러므로 그가 가장 먼저 선포한 말씀은 매우 귀중합니다. 귀 기울여 들어야 합니다. 세례 요한이 전한 메시지에는 침묵하신 하나님이 백성들에게 전하고 싶은 말씀이 꽉 차 있습니다.

─────── 회개보다 앞서는 것은 없다

하나님이 세례 요한을 통해 가장 먼저 선포하신 메시지는 무엇입니까? 세례 요한은 "회개하라 천국이 가까이 왔느니라"(마 3:2)고 선포했습니다. 천국에는 아무나 갈 수 없습니다. 회개해야 갈 수 있습니다. 그래서 세례 요한은 천국을 말하기 전에 회개부터 말했습니다. 회개보다 앞서는 것은 없습니다.

하나님이 침묵하셨던 것은 회개가 없었기 때문입니다. 사람들이 하나님으로부터 멀어졌기 때문입니다. 하나님은 긴 침묵을 깨고 가장 먼저 회개하라고 말씀하셨습니다. 그렇다면 말라기서의 마지막 메시지는 무엇입니까? 돌이키라는 것입니다. 이것 역시 회개를 뜻합니다.

그렇다면 오늘날 우리가 들어야 할 메시지는 무엇입니까? 회개입니다. 회개는 그리스도를 만나는 데 필요한 선결 조건입니다. 회개하지 않으면 천국에 갈 수 없습니다. 예수님이 가장 먼저 전하신 메시지도 "회개하라 천국이 가까이 왔느니라"(마 4:17)는 말씀이었습니다.

예수님은 산상수훈을 시작하며 "심령이 가난한 자는 복이 있나니 천국이 그들의 것임이요 애통하는 자는 복이 있나니 그들이 위로를 받을 것임이요"(마 5:3-4)라고 말씀하셨습니다. 심령이 가난한 사람은 자신이 죄인임을 고백하는 사람입니다. 애통하는 자 역시 회개하는 사람입니다.

말라기서의 마지막에서 세례 요한과 예수님이 가장 먼저 회개를 말씀하신 것은 죄에서 돌이키지 않으면 어떤 것도 시작할 수 없기 때문입니다. 회개 없이 하는 것은 모두 변죽을 울리는 것에 불과합니다.

회개를 선포했던 세례 요한은 옥에 갇혔습니다. 그리고 목 베임을 당했습니다. 오랜 침묵을 깨고 선포된 하나님의 말씀이 묵살당하고 말았습니다.

─────── **모든 세대여, 하나님께 돌이키라**

말씀을 들을 때 우리는 자신이 듣고 싶은 말이 아니라 하나님이 들려주시는 말씀을 들어야 합니다. 그러면 이 시대를 향해 하나님이 선포하기 원하시는 말씀은 무엇일까요? 우리가 들어야 하는 가장 중요한 메시지는 무엇일까요? 이 시대에 가장 시급하고 중대한 말씀은 무엇일까요?

'돌이키다'는 히브리어로 슈브(shub)입니다. 이 단어가 성경에 1,000번쯤 나옵니다. 하나님은 끊임없이 돌이키라고 말씀하시면서 우리에게 다가오십니다. 그러나 인간은 끊임없이 하나님을 떠납니다. 배반합니다.

다시, 새롭게

본문에서 하나님은 매우 강경하게 "돌이키지 아니하면 두렵건대 내가 와서 저주로 그 땅을 칠까 하노라"(4:6)고 말씀하셨습니다. 하나님은 저주라는 단어를 즐겨 쓰지 않으시는데, 본문에 보면 저주를 말씀하셨습니다. 얼마나 심각한 상태이기에 하나님은 저주를 말씀하셨을까요?

저주는 무섭고 두려운 것으로, 이 말을 들으면 온몸이 떨려야 합니다. 그러나 심각한 말을 엄중하게 받아들이지 않는다면 그것이야말로 심각한 일이 아닐 수 없습니다. 저주는 기근, 전쟁, 전염병 등 다양한 형태로 나타납니다. 고통이 멈추지 않는 삶, 복을 전혀 찾아볼 수 없는 인생, 하나님 없이 사는 삶 자체가 저주입니다.

안타깝게도 이스라엘 백성은 말라기 선지자의 말에 귀를 기울이지 않았습니다. 그들은 메시아가 오시리라는 것을 알지 못해 오히려 반대되는 짓을 했습니다.

이스라엘 백성은 그리스도를 죽였습니다. 이유가 무엇일까요? 그들은 죄 지은 것을 회개하지 않고 종교적 열심으로 죄를 덮어버렸기 때문입니다. 당시 종교지도자들과 바리새인들은 외적 행위와 종교적 열심으로 자신의 죄를 묻어버렸습니다. 그러자 회개하지 않은 삶은 위선으로 이어졌습니다. 위선적으로 사는 사람에게는 소망이 없습니다. 그래서 예수님은 혹독하게 바리새인들을 책망하셨습니다.

빛이 비치는 순간 위선적인 삶이 드러났습니다. 그러자 이스라엘 백성은 거북하고 불편했습니다.

그 정죄는 이것이니 곧 빛이 세상에 왔으되 사람들이 자기 행위가 악하므로 빛보다 어둠을 더 사랑한 것이니라 악을 행하는 자마다 빛을 미워하여 빛으로 오지 아니하나니 이는 그 행위가 드러날까 함이요 **요 3:19-20**

이스라엘 백성은 하나님께로 돌이키지 않았습니다. 그리하여 질곡의 역사를 살아야 했습니다. 하나님은 이스라엘 백성을 구원의 도구로 쓰려고 선택하셨지만, 하나님께로 돌이키지 않음으로써 그들의 삶은 거칠고 혹독했습니다.

성경은 "여호와의 말씀이니라 너희를 향한 나의 생각을 내가 아나니 평안이요 재앙이 아니니라 너희에게 미래와 희망을 주는 것이니라"(렘 29:11)고 말씀합니다. 하나님은 우리를 축복하기 원하십니다. 이것이 하나님의 본심입니다.

구약성경의 마지막 메시지에서 하나님은 아버지의 마음을 자녀에게로 돌이키게 하고, 자녀들의 마음을 아버지께로 돌이키게 하리라고 말씀하셨습니다. 여기서 '아버지'는 누구를 가리킵니까? 히브리어 성경에 보면 '아버지'가 복수로 되어 있는데, 이는 하나님을 가리키는 것이 아님을 알 수 있습니다. 그러므로 육신의 아버지로 해석할 수 있습니다. 가정 안에서 아버지와 자녀가 하나 되어 하나님의 나라를 성취해야 한다는 것으로 해석할 수 있습니다.

모든 세대가 하나님께로 나아가야 합니다. 세대가 단절되어서는 안 됩니다. 서로 존중해야 합니다. 자녀 세대는 부모 세대를 존중해야 하고, 부모 세대는 자녀 세대를 존중해야 합니다. 하나님 나라를 성취하는 데 모든 세대가 쓰임받아야 합니다. 믿음의 대가 끊어지면 안 됩니다.

> 곧 선지자 요엘을 통하여 말씀하신 것이니 일렀으되 하나님이 말씀하시기를 말세에 내가 내 영을 모든 육체에 부어 주리니 너희의 자녀들은 예언할 것이요 너희의 젊은이들은 환상을 보고 너희의 늙은이들은 꿈을 꾸리라
>
> 행 2:16-17

말라기서가 가정에 대한 말씀으로 끝난다는 것은 의미심장합니다. 말라기서의 앞부분에서 가정이 깨어진 것을 말씀하셨습니다. 하나님은 이방 결혼이 왜 무서운지, 불신자와 결혼하는 것이 왜 무서운지를 말씀하셨습니다.

우리는 가정을 통해 하나님의 언약을 이루어야 합니다. 가정 안에서 언약이 깨어지면 신앙의 유산을 물려줄 수 없습니다. 그러면 다음 세대가 무너집니다. 요즘 사람들은 쉽게 이혼합니다. 이것은 가정의 미래를 어둡게 하는데, 우리는 가정을 중요하게 생각해야 합니다.

그리스도인의 결혼은 세상 사람들의 결혼과 다릅니다. 그리스도인의 결혼은 언약의 행위입니다. 언약을 지켜야 합니다. 한 세대만 언약을 지키는 것이 아니라 언약은 계승되어야 합니다.

하나님은 자신을 가리켜 "아브라함의 하나님, 이삭의 하나님, 야곱의 하나님"(출 3:6, 15)이라고 말씀하셨습니다. 모든 세대가 함께 하나님의 언약을 지켜야 합니다.

세대 간의 단절로 말미암아 한국 교회가 위기를 맞고 있습니다. 가정에서 신앙이 계승되지 않고 있습니다. 가정 안에서 언약이 깨어지고, 세대와 세대가 하나 되지 못하면 하나님의 언약을 성취할 수 없습니다. 그러므로 돌이키라는 하나님의 말씀은 가정 안에서 적용되어야 합니다. 모두 하나님께로 돌이켜야 합니다.

——— 신앙의 핵심을 회복하라

모든 문제는 하나님으로부터 멀어지는 것에서 시작됩니다. 하나님에게서 멀어졌기 때문에 예배가 타락했고 가정이 붕괴되었고 불법이 성행했습니다. 그래서 말라기 선지자는 "돌이키라"고 했습니다.

처음 예수님을 믿었을 때 근본적으로 하나님께로 돌아가는 것이 회심입니다. 그러나 회심으로 끝나면 안 됩니다. 회심했어도 우리는 여전히 죄를 짓고 하나님으로부터 멀어져 가는 삶을 삽니다. 그러므로 반복해서 돌이켜야 합니다. 반복해서 돌이키는 것이 바로 회개입니다.

회심은 하나님과의 관계가 회복되는 것을 뜻합니다. 하나님과 원수 되었던 관계가 회복되는 것을 뜻합니다. 회심한 이후 하나님과 인격적으로 교제하려면 회개가 필요합니다. 회개를 통해 하나님과 더 가까워질 수 있고 친밀하게 교제할 수 있습니다.

신앙에서 핵심은 하나님과의 관계를 회복하는 것입니다. 하나님과의 관계가 막히면 인생의 모든 것이 막히기 때문에 이 관계가 막히지 않도록 해야 합니다. 빨리 회복해야 합니다. 그러려면

다시, 새롭게

무엇보다 죄로부터 돌이켜야 합니다.

우리는 모두 탕자와 같습니다. 집을 나간 탕자, 집 안에 있는 탕자 모두 그 마음이 아버지를 떠나 있습니다. 집을 나간 작은아들은 확실한 탕자입니다. 집 안에 있는 큰아들은 교묘한 탕자입니다. 큰아들은 아버지와 같은 공간에 있었지만, 아버지가 안중에도 없었습니다. 큰아들은 아버지의 재산에만 관심이 있었습니다. 그러므로 모두 아버지를 떠난 것이나 다름없습니다.

교회에 열심히 다닌다고 해서 하나님 안에 있다고 말할 수 없습니다. 교회에 열심히 다니지만 하나님을 떠난 사람이 많습니다. 마음이 하나님으로부터 멀어진 사람이 많습니다.

작은아들은 아버지를 떠나 먼 곳으로 갔습니다. 아버지와의 관계가 끊어지는 순간부터 고난은 시작됩니다. 작은아들이 죽을 고생을 한 이유는 하나입니다. 아버지의 집을 떠났기 때문입니다. 답은 하나밖에 없습니다. 아버지께로 돌이켜야 합니다. 무엇을 돌이켜야 합니까? 마음을 돌이켜야 합니다.

이스라엘 백성은 매일 제사를 드렸습니다. 하나님께 제물을 드렸습니다. 그러나 그 마음이 하나님에게서 떠났습니다. 이것이 문제입니다. 우리는 매주 예배를 드립니다. 그때마다 마음을 다하고 목숨을 다하고 뜻을 다하여 하나님을 사랑하고 있는지 확인해야 합니다. 하나님은 제물을 원하는 것이 아니라 제물을 통해 백성들의 마음을 보기 원하십니다(시 51:17).

처음부터 마음이 하나님을 떠나는 것은 아닙니다. 마음은 서서히 떠납니다. 마음이 떠나면 무슨 일이 일어납니까?

이 세상이나 세상에 있는 것들을 사랑하지 말라 누구든지 세상을 사랑하면 아버지의 사랑이 그 안에 있지 아니하니 이는 세상에 있는 모든 것이 육신의 정욕과 안목의 정욕과 이생의 자랑이니 다 아버지께로부터 온 것이 아니요 세상으로부터 온 것이라 **요일 2:15-16**

마음이 떠나면 사랑도 식습니다. 하나님을 향한 사랑이 식으면 예배에 감격이 없습니다. 찬양이 미지근합니다. 형식적으로 기도합니다. 하나님은 이런 예배를 싫어하십니다.

우리를 하나님에게서 떠나게 하는 것이 세 가지 있습니다. 그것은 육신의 정욕, 안목의 정욕, 이생의 자랑입니다. 여기에 마음을 빼앗기면 하나님에 대한 사랑이 급격하게 식어버립니다. 한 발은 교회에, 한 발은 세상에 걸치고 살게 됩니다. 이미 세상에 빠진 것입니다.

분주하게 살다 보면 마음이 다른 곳으로 가버립니다. 그러면 예배를 소홀히 여기게 되고 마음이 점점 멀어집니다. 우리의 마음은 가만히 있지 않습니다. 어느 쪽으로 치우칩니다. 결국 세상에 마음을 빼앗기고 맙니다.

안목의 정욕은 무서운 것입니다. 하와는 선악을 알게 하는 나무의 열매를 보았습니다. 성경은 "여자가 그 나무를 본즉 먹음직도 하고 보암직도 하고 지혜롭게 할 만큼 탐스럽기도 한 나무인지라"(창 3:6)고 말씀합니다.

요즘은 인터넷이 문제입니다. 휴대폰도 문제입니다. 우리의 마음을 빼앗아가는 것이 너무 많습니다. 이것은 우리를 하나님에게

다시, 새롭게

서 멀어지게 합니다.

우리의 마음에서 전쟁이 벌어집니다. 욕심에 끌려다니다 보면 영적 갈망이 식어버립니다. 아무리 뜨겁게 사랑했어도 사랑의 열기는 오래가지 않습니다.

말라기 시대에 예배가 변질된 것은 하루아침에 일어난 일이 아닙니다. 마음이 식는 것은 자연스러운 현상입니다. 마음이 식은 것을 감지하면 영적 권태와 탈선을 거부해야 합니다. 영적 탈선, 영적 침체, 영적 퇴보를 막으려면 현실의 삶에서 깨어 반응해야 합니다. 삶에 기쁨이 없고, 삶이 무겁고, 삶의 재미가 없다면 심각한 문제가 있는 것입니다. 예배를 드려도 기쁨이 없고, 신앙생활이 재미없고, 영적 활기와 생기를 잃어버렸다면 영적으로 문제가 있는 것입니다. 그 상태로 가만히 있으면 안 됩니다.

하나님과의 관계가 늘 뜨거울 수는 없습니다. 하나님과의 관계가 식을 수도 있습니다. 하나님과의 관계가 식었다면 그것을 감지해야 합니다.

신앙생활을 하는데도 마음이 답답합니까? 해결 방법은 하나밖에 없습니다. 회개하는 것입니다. 회개는 모든 것을 정상적으로 잡아줍니다. 멀어지고 뒤틀린 관계를 회복시켜 줍니다. 마음의 변화를 일으킵니다. 하나님과의 관계를 회복시킵니다. 하나님과의 회복된 관계를 통해 그분의 사랑을 경험하게 합니다.

─────── 회개는 결단이다

언제 회개해야 합니까? 즉각적으로 회개해야 합니다. 회개를 미루어서는 안 됩니다. 회개를 미루면 영적으로 둔감해집니다. 영적으로 둔감해지면 죄를 죄로 인식하지 못하게 되고 회개가 없어집니다.

우리는 회개하는 것을 두려워할 필요가 없습니다. 십자가가 있기 때문입니다. 하나님은 이미 우리의 모든 죄를 용서하셨습니다.

우리가 회개해야 하는 이유는 단 하나입니다. 하나님과의 관계를 회복하기 위해서입니다. 하나님과 친밀해지기 위해 회개해야 합니다. 그러므로 회개하라는 말을 거북하게 생각해서는 안 됩니다. 회개하라는 것은 축복을 받으라는 뜻입니다. 죄가 축복을 가로막고 있기 때문입니다.

하나님과의 관계가 막혀 있으면 무엇보다 회개를 통해 하나님과의 관계를 회복해야 합니다. 그러면 모든 것이 열립니다.

삶이 무겁고 어두운 사람은 회개하지 않습니다. 회개하지 않는다는 것은 자신이 지은 죄를 자신이 지고 가는 것입니다. 그 죄의 짐이 무거워 힘이 들고 죄의 짐 때문에 기쁨이 없습니다.

회개는 하나님과의 관계를 본래 상태로 돌려놓습니다. 하나님께 가까이 나아갈 수 있게 합니다. 그러나 회개하지 않으면 하나님과 멀어지고 탕자의 삶, 밑바닥 삶을 살게 됩니다. 거기에는 축복이 없습니다.

어떻게 회개해야 합니까? 죄를 버려야 합니다. 회개는 감정이 아닙니다. 결단입니다. 울고 나서 후련해진 것이 회개가 아닙니다. 회개는 돌이킴입니다.

이전의 것을 붙든 채로 하나님께 돌아갈 수 없습니다. 이전에 사랑했던 것과 완전히 결별해야 합니다. 옛 습관을 내려놓아야 합니다.

죄에 익숙해지는 것은 무서운 일입니다. 죄에 익숙해지면 죄에 대해 미온적으로 행동하게 됩니다. 그러므로 우리는 죄를 적극적으로 다루어야 합니다. 죄에 대해 무감각해지면 영적인 것에 관심을 갖지 않게 되기 때문입니다.

우리는 회개하되 구체적으로 회개해야 합니다. 회개하면서 계속 거짓말을 해선 안 됩니다. 회개하면서 계속 동거한다면 회개하는 것이 아무 소용없습니다. 회개한다면 헤어져야 합니다. 도둑질하던 사람은 도둑질을 멈추어야 합니다. 좋지 않은 것에 중독되었다면 돌이켜야 합니다. 회개한다면 하던 일을 그만 멈추어야 합니다. 회개는 돌이키는 것입니다.

하나님이 계속해서 회개를 말씀하신 것은 돌이키지 않으면 죽기 때문입니다. 살아도 사는 것이 아니기 때문입니다. 그러므로 우리에게 회개보다 시급한 것은 없습니다. 돌이키면 돌이킨 것에 대한 큰 보상이 따릅니다.

세례 요한과 예수님은 "회개하라 천국이 가까이 왔느니라"(마 3:2, 4:17)고 선포했습니다. 회개하면 천국이 임합니다. 회개하는 순간 하나님의 나라가 임합니다. 참된 회개는 이것을 경험하게 합니다. 예수님은 "도둑이 오는 것은 도둑질하고 죽이고 멸망시키려는 것뿐이요 내가 온 것은 양으로 생명을 얻게 하고 더 풍성히 얻게 하려는 것이라"(요 10:10)고 말씀하셨습니다.

이스라엘 백성은 말라기 선지자가 한 예언의 말씀을 깊이 받아들이지 않았습니다. 그들은 그 예언을 무시했습니다. 그리고 영적 어둠 속에 갇히고 말았습니다.

말라기 선지자가 예언한 대로 예수님이 오셨지만 사람들은 여전히 예수님의 말씀을 귀담아듣지 않았습니다. 그들은 돌이키는 데 실패했습니다.

이스라엘 백성은 초림의 예수님을 맞이하는 데 실패했지만 예수님은 다시 오실 것이라고 말씀하셨습니다. 우리는 마지막 때를 살고 있습니다. 다시 오실 그리스도를 기다리고 있습니다. 그러면 우리는 긴장해야 합니다. 완전한 하나님의 나라가 우리에게 가까이 다가오고 있으므로 방종해서는 안 됩니다. 때를 분별해야 합니다.

또한 너희가 이 시기를 알거니와 자다가 깰 때가 벌써 되었으니 이는 이제 우리의 구원이 처음 믿을 때보다 가까웠음이라 밤이 깊고 낮이 가까웠으니 그러므로 우리가 어둠의 일을 벗고 빛의 갑옷을 입자 낮에와 같이 단정히 행하고 방탕하거나 술 취하지 말며 음란하거나 호색하지 말며 다투거나 시기하지 말고 오직 주 예수 그리스도로 옷 입고 정욕을 위하여 육신의 일을 도모하지 말라 **롬 13:11-14**

우리는 때를 알아야 합니다. 지금은 자다가 깰 때입니다. 밤이 깊습니다. 영적 어둠이 깊습니다.

다시, 새롭게

하나님이 400년간 침묵하신 것은 들을 자가 없었기 때문입니다. 수많은 말씀을 외쳐도 들을 자가 없었기 때문에 침묵하셨습니다. 이 침묵을 깨고 하나님은 세례 요한과 예수님을 통해 "회개하라"고 말씀하셨습니다. 우리는 깨어 있지 않으면 무슨 일이 일어나는지 알 수 없습니다.

깨어 있는 것이 얼마나 어려운지를 목회하면서 실감하고 있습니다. 그래서 저는 새벽기도에 빠지지 않습니다. 목회에 몰두합니다. 딴짓을 하지 않습니다. 교회에서 살다시피 합니다.

깨어 있는 것은 어렵습니다. 매일 성경을 읽고, 매일 설교를 준비하고, 매일 하나님을 위해 산다고 생각하지만 깨어 있는 것은 어렵습니다. 교회에 다닌다고, 예배를 드린다고 깨어 있는 것은 아닙니다.

어둠이 깊어졌습니다. 눈을 크게 뜨지 않으면 분별하기가 어렵습니다. 정욕을 위해 육신의 일을 도모해서는 안 됩니다. 자신도 모르는 사이에 하나님으로부터 점점 멀어지게 됩니다. 회개가 약해지고 있습니까? 그것은 하나님에게서 점점 멀어지고 있다는 사인입니다. 하나님으로부터 멀어져 가는데도 그것을 자각하지 못한다면 위험천만합니다.

하나님은 "너는 마음을 다하고 뜻을 다하고 힘을 다하여 네 하나님 여호와를 사랑하라"(신 6:5)고 말씀하셨습니다. 부드럽고도 강력한 하나님의 음성이 우리의 귓전에 울려야 합니다. 하나님은 "돌아오라, 돌이키라, 나를 떠나지 말라"고 말씀하십니다. 회개가 우리 신앙의 중심부에 있어야 합니다. 그러므로 우리에게는 날마다 십자가가 필요합니다.

신앙생활을 잘하는 사람은 열심히 회개하는 사람입니다. 언제나 심령이 가난한 사람입니다. 언제나 애통해하며 사는 사람입니다. 죄를 인정하고 고백하고 회개하는 죄인과 죄를 고백할 줄 모르는 죄인은 천지 차이입니다. 마치 고장 난 수도꼭지처럼 눈물이 마르지 않아야 합니다.

그런데 언제부턴가 우리 눈에서 회개의 눈물이 사라졌습니다. 이는 무서운 징조입니다. 회개는 이 시대에 우리가 붙잡아야 하는 가장 중요한 주제입니다. 우리 삶에서 회개가 회복되어야 합니다.

하나님은 "돌이키고 돌이키라"고 말씀하십니다. 돌이키면 살수 있습니다. 우리가 돌이키기만 하면 무궁무진한 하나님의 축복이 우리에게 임할 것입니다.

회개하는 자는 천국을 누리게 됩니다. 회개하는 자는 아버지의 풍성함을 누리게 됩니다. 기쁨과 즐거움, 희락과 평강, 자유와 안식 등 모든 것이 회개를 통해 주어집니다. 하나님과의 관계가 회복될 때 우리에게 풍성함의 은혜가 주어지고 매일 천국을 누리며 살게 될 것입니다. 그러므로 회개는 축복입니다.

돌이키며 산다는 것은 단순히 목숨을 연명한다는 뜻이 아닙니다. 회개할 때 하나님의 백성답게 살 수 있습니다. 회개함으로 이 세상에서 최고의 인생을 살고 천국을 누릴 수 있음을 기억해야 합니다.

다시, 새롭게